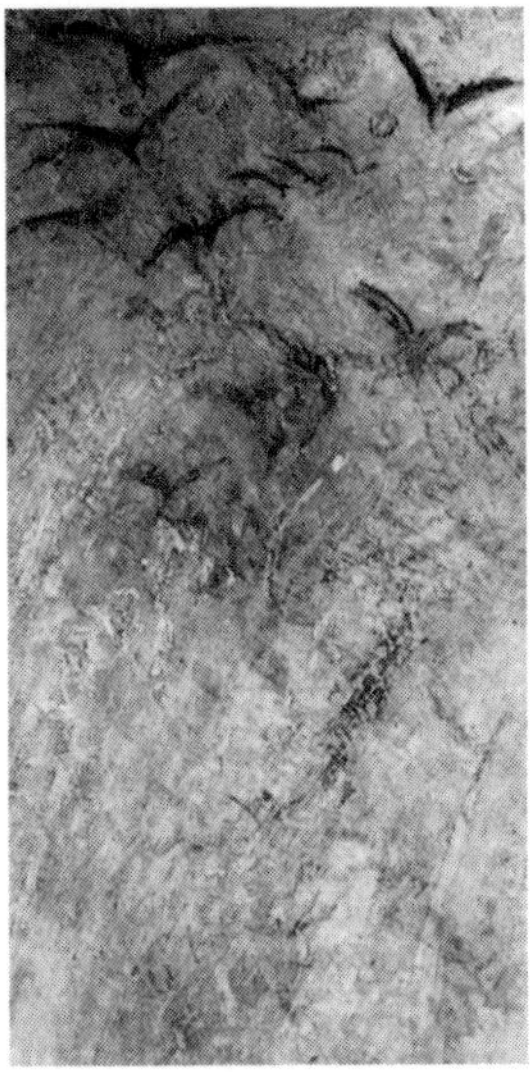

ヒッチコック

Eric Rohmer & Claude Chabrol, HITCHCOCK

エリック・ロメール　クロード・シャブロル

木村建哉・小河原あや=訳

インスクリプト

INSCRIPT Inc.

ヒッチコック

結論

［凡例］

――原注には＊を付し見開きの左端に掲載した。訳注は（1）（2）……と付し巻末にまとめた。訳注番号が＊印に続く場合は、原注に対する訳注を示している。本文および原注での［　］は訳者による補足である。

――原著に見られる記述の誤り（映画の内容に関して、著者の記憶違いによると想定されるもの）は原則的に修正していない。訳者後書きを参看されたい。

――映画作品のタイトルは原則として日本公開時の邦題を採用している。未公開作品については一般に流通している邦題を充て、適宜別題も補足した。訳者による訳題もごく一部ある。

――作品名に付された年代は原則的に公開年である。原著の表記は製作年・公開年が不統一であるので、誤りである場合も含めて断りなく修正・訂正した。文脈の都合上、制作年を優先すべき箇所のみ、例外的に注記した。

――本文中の引用に関しては、邦訳のあるものも新たに訳出した。

――巻末のフィルモグラフィは原著に掲載されたものを参考にしつつ、訳者があらたに作成した。索引は本訳書独自のものである。

序文

アルフレッド・ヒッチコックが今日まで監督してきた四十四本の映画それぞれについて個別の詳細な分析を百五十頁で行うのは、むこうみずに見えるかもしれない。それにもかかわらず、我々は一見するとより魅力的に思われる他の二つの方法を退けて、現行の最終的な解決法に落ち着いたのだ。

一つ目の方法は順序をたどるというもの、ただし年代順ではなく論理的な順にたどり、我らが演出家に馴染みの諸々のテーマと彼のスタイルにいつも見られる特徴とを引き出すというものだった。しかし、内容を表現から切り離すことが常に不当であるのに加えて、形式の問題と実質の問題は、『ロープ』の作家にあっては、特別に厳格な仕方で結びつけられている。例えば、彼の全作品を通じて我々が出会うことになる「交換」という概念の表現は、道徳的(1)(罪責の移動)でもあれば、心理的(疑惑)でもあり、劇的(ゆすり、さらには純粋な「サスペンス」(2))でもあれば、その上物理的(行ったり来たり)でもあるだろう。これら様々なモチーフを無理矢理ばらばらにしたならば、我々は作品から作品へと際限なくうんざりするほど堂々めぐりをするはめになっただろう。

我々の二つ目のアイディアは、他の映画を犠牲にして、重要なあるいは意義深い映画のみを徹底的に研究することだった。だがどうやって選ぶのか。外れ年はいつで当り年はいつなのか。技術的な実験でさえ見掛けほど技術的ではなく、商業的な作品は見掛けほど商業的ではないのだ。イギリス時代を犠牲にしなければならないのか。我々はこの修行時代を他の人々よりも少し控えめに扱ったのではあるが、ヒッチコックの初期の映画のいくつかは後に続く作品に恥じない出来映えであり、我々が最近シネマテークで幸運にもそれらを見られたことを読者に役立てるのは好ましく思われた。

ゆえに、我々は厳格な年代順から離れない。こうして、我々は一つのフィルモグラフィがゆっくりと生成するのに立ち会う喜びを得た。それは十分に多彩であるので、我々は冗長な繰り返しを避けることができ、十分に一つであるので、我々は話のまとまりを保つことができる。ヒッチコックの各々の映画は一種の「形式上の公準」に基づいており、我々は大抵の場合、とりわけ最近の作品、最も厳密に構成されている作品群に関して、その公準を明るみに出すだけでよかった。したがって『ロープ』以後は、副題によって我々の注解の主要なテーマを示した。

これ以上長々しい前置きはよそう。我々の技法は、親しんでもらうというものである。作品に親しむことにおいてこそ、我々はヒッチコックを高く評価し愛することを学ぶのである。その際には、ピアノのレッスンと同様、ある順序、ある教程を守ることが重要である。そういうわけで我々は、少しずつ深部へとたどり着くように努めた。我々の最終的な視座が、後から振り返って、それまでの部分を必ずや照らし出すことになるのを願いながら。ちょうど、我らが映画作家の諸作品が、相互に有益な光を投げ掛け合っているように。

「私は、言ってみれば、花を描く画家のようなものだ。興味があるのは、事物を扱うまさにその方法だ。だが他方で、画家だったならばこう言うだろう。「私は、メッセージを持ったものしか描くことができないのだ。[3]」」

——アルフレッド・ヒッチコック

父君は深き水の底
白き珊瑚は彼が骨
そは彼《か》の眼なりし真珠かな
身は何もかも移ろいて
げに妙《たえ》なるは海の業
奇しき宝となりぬかな

Full fathom five thy father lies;
Of his bones is coral made,
Those are pearls that were his eyes.
Nothing of him that doth fade,
But doth suffer a sea-change
Into something rich and strange[4]

——『テンペスト』第一幕第二場

第一章
イギリス時代

アルフレッド・ジョゼフ・ヒッチコックは一八九九年八月十三日にロンドンで生まれた。エセックス出身の彼の父は鶏肉の販売業者で、カトリックだった。アルフレッドはかなり厳しく育てられた。父は躾に厳格で、独自の忘れがたい罰を編み出す術を心得ていた。例えば、ある日幼いアルフレッドはお気に入りの気晴らしに没頭しようと短い家出をした。バスに乗って街の端から端へと散策するのだ。地区の警察署長の友人だったパパ・ヒッチコックは大がかりな演出をして、放蕩息子を一晩投獄させるに至った。もしアルフレッド・ヒッチコックの言い分を信じるならば、彼が警官を怖がるのはこれが理由に他ならない。しかし彼は本当に警官が怖いのだろうか。

生まれながらカトリックの若きアルフレッドは、聖《セイント》イグナチウス・カレッジでイエズス会士の下、教育を受けた。彼は真面目に勉強し、特に秀でたところはなかったが、地理だけは別だった。実際、アルフレッドの部屋には巨大な世界地図があって、彼は小さな旗を使って英国の様々な大型船の運行を印づけていた。彼は相当「数学に強い」頭をしており、またデッサンが非常に上手かった。至極当然のように、彼は技師になりたがった。彼がイエズス会の神父たちの許を離れた際に入っていくことになったのは、まさにこの分野であった。というのも、ヒッチコックの主張によれば、神父たちは彼に「実際的にものを見る」ことを教えてきたのだから。

技師の勉強はあまり長く続かなかった。アルフレッドは美術に惹かれて夜間講座に通い始め、その後広告代理店に入ってポスターの下絵描きで週十五シリングを稼いだ。彼はこの職に長くとどまらず、より気に入ったW・T・ヘンリー電信会社に移った。この立派な会社で、彼は管理職や重役を容赦なく茶化し、悪ふざけ屋というあまり芳しくない評判を得た。
だが、アルフレッド・ジョゼフ・ヒッチコックは映画に夢中になっていた。彼は映画制作の職を見つけたいと願い、ウォードー・ストリート[5]に足繁く通った。彼には運があった。一九二〇年に、ヘンリーで時折働いていた役者の仲介で、彼は字幕《タイトル》デザイナー[6]の職を任せてもらえたのである。すぐに彼は、組織が整ったばかりのあるアメリカの会社の字幕制作部チーフになった。このフェイマス・プレイヤーズ・ラスキー[7]の構想は壮大で、イギリスやアメリカのスター、そしてハリウッドの演出家との一連の「国際的」製作《プロダクション》を準備するために、イズリントンの撮影所《スタジオ》を創設したところだった。

こうして二年間ヒッチコックは以下のような映画の字幕を制作し、そこに絵を描いた。ヒュー・フォードの『幽谷の叫声』と『青春の呼び声』、ドナルド・クリスプの『ニューヨークの姫君』と『子供にきちんと言いなさい』、ジョージ・フィッツモーリスの『生霊の踊』（この映画のスターはエドモンド・グールディングだった）等である。ヒッチコックは猛烈に、見事に、迅速に働いた。彼の評価は高かった。そんなとき、『奥さんにはいつでも正直に』（一九二二〔制作〕）の監督〔ヒュー・クロワーズ〕が、撮影中に病気になった。いつもセットをぶらついていたヒッチコックは、主演のシーモア・ヒックスを見掛けた。彼は途方に暮れた様子だった。というのも、この映画の演出を請け負わざるを得ず、ほとんどどうしていいか分からなかったのだ。「太った若者」[8]は大喜びで助手を務め、ヒックスが映画を完成するのを助けた。

初期の映画

ゲインズボロー時代（一九二三―一九二七）

このようにして演出を体験したヒッチコックは、ここにこそ自分の天職があることを理解した。待ち切れなかった彼は女優のクレア・グリートと協力し、二十三歳で、初めての自分の作品として、ロンドンの下層民を扱った『第十三番』（一九二二）を製作し監督した。資金不足のためこの映画が完成することは結局なかった。しかしヒッチコックにとっては時間の無駄ではなかった。フェイマス・プレイヤーズ・ラスキーがイズリントンでの制作をやめ、その際にマイケル・バルコンが撮影所を手中に収めた。(9) そしてバルコンは、グレアム・カッツが撮る『女対女』（一九二三）の助監督のポストをヒッチコックに任せたのである。アルフレッドは非常に積極的に振る舞い、その結果、マイケル・モートンの戯曲を基にした脚本の執筆者としてもクレジットされることとなった！

引き続きヒッチコックを信頼したマイケル・バルコンは、グレアム・カッツのもう四本の映画で、助監督、美術監督、編集という三役を任せた。『淑女の転落』（一九二三）、(10)『白い影』（一九二三）、『街の恋人形』（一九二四）、『与太者』（一九二五）である。

『与太者』は、ドイツのノイバーベルスベルクにあるＵＦＡ《ウーファ》の撮影所で撮影された。マイケル・バルコンには、このイギリス＝ドイツの共同制作のシステムが大変好都合だと思われたので、エメルカ社と提携して今度はミュンヘンで新作を二本撮ることに決めた。バルコンは、ヒッチコックをこの二本の映画の演出家として押し込むことに成功した。『快楽の園』(一九二五)と『山鷲』(一九二六)である。

これら二本の作品について判断するのは難しい。我々は見ていないし、それらを好まないヒッチコックは回顧を拒んでいる。その頃の批評によれば――そうした批評を信頼し過ぎてはなるまいが――『快楽の園』は成功で『山鷲』は半ば失敗だった。それでも、どちらの場合も「華々しい演出」が言及されている。

これらの映画の主題は少なくとも一風変わっている。

『快楽の園』はあるコーラス・ガールの災難の物語である。彼女はお気に入りの女の子に役を世話するが、その子はすぐに鼻持ちならない存在となり、熱帯に旅立つ婚約者を捨てる。ヒロインはこの婚約者の友人と結婚するが、彼もまた熱帯に発ってしまう。ついには彼女も熱帯へと向かい、そこで夫が放蕩し不貞を働いているのを知って不愉快な驚きを覚える。夫の愛人は自殺し、夫は妻を殴るが、地震で死んでしまう。(11) ヒロインは、かつてのお気に入りだった女の子のかつての婚約者の腕に抱かれてイギリスに帰る。

『山鷲』はさらに極端であり、ケンタッキーの小さな町で小学校の若い女性教師が、地元の百貨店主に、最初は憎しみから、次に執着心から追い掛けられる話である。彼女が拒絶したので、彼は彼女が自分の息子を誘惑しようとしていると告発し、街全体が彼女に反感を持つように煽り立てる。女性教師は山に隠れ、「神への恐れ《フィアロゴッド》」という名のハンサムな世捨て人に出会う。彼は彼女を匿い、それから下山させて街に連れ戻し、百貨店主の目の前で彼女と結婚する。激怒した店主は息子が家出したのを利用して、「神への恐れ《フィアロゴッド》」が息子を殺したと告発する。不運な世捨て人は裁かれ、有罪宣告を受け投獄される。一年後彼は逃亡し、妻子と共に山にたどり着く。いくつかの小さな波瀾の後、店主の息子が父の家に戻り、すべては上手く収まる。

しばらくの間ヒッチコックの正式な脚本家となるエリオット・スタナードによるこうした主題について、際限なく論じようとすれば可能だろう。これらの映画が極めて面白かっただろうと考えるのを禁じるものは何もない。いずれにしても、これらの映画はその演出家の評判の基礎を固めたのである。

しかし、こうした最初の努力がどれほど称賛に値したとしても、ヒッチコックから見ればどうでもよかった。初めての大きな成功であり、初めての「サスペンス」映画である——だがこれは偶然か——『下宿人』(一九二六［制作］)で、彼は自身のキャリアを開始した。

『下宿人』は、ベロック・ローンズ夫人のよく知られた、評価の高い小説[12]をヒッチコック自身とエリオット・スタナードが脚色した。* ヒッチは初めて脚本を共作したのだが、この事実から二つの結論を引き出せる。第一に、既にバルコンがヒッチコックを大いに信頼していたということである。第二に、この主題がとりわけヒッチコックの関心を惹き、彼の考えでは、思い切った試みを可能にしてくれるはずだったということである。それは正しい計算だった。この映画は批評家にも観客にも非常に好意的に受け入れられ、ヒッチコックの名は、既に硬直化していた映画業界においてたちまち知れ渡った。

実は、いわゆる「ヒッチコック・タッチ」となっていくもののほとんどの部分は、切り裂きジャックの主題《テーマ》に基づいて見事に構築されたこの変奏《ヴァリエーション》に含まれている。

脚本はこうだ。偏執的殺人者である「復讐者《アヴェンジャー》」によってロンドンが恐怖に陥れられている。若い男が下宿に住み始めるが、彼の奇妙な振る舞いがすぐに下宿のおかみの疑いを生む。その男が、刑事と婚約している自分の娘に言い寄っているだけになおさらである。告発され逮捕された男は手錠を掛けられたまま逃亡し、彼をリンチしようとする民衆に追い掛けられる。間一髪で、真犯人が発見される。よそ者〔下宿人〕は、下宿の主人たちの娘と結婚することになるだろう。

ここには既に、後の作品にしばしば再び現れるテーマあるいはディテールが見られる。無実の者がいるが、見掛けは揃って彼に不利に働き、その振る舞いが避けがたく罪を示唆する。手錠、すなわち奪われた自由の象徴。疑惑がいくつかの対象《もの》（ここでは火かき棒）に、実はありもしない、人を脅かす役割を与える。また、キリストの図像《イコノグラフィ》の強迫観念が見て取れる。主人公が手錠で柵に

＊……この作品は何本ものリメイクが撮影された。一九三三年にモーリス・エルヴィ監督で（再びイヴォー・ノヴェロ主演）、一九四四年にジョン・ブラーム監督で（レアード・クリーガー主演）、一九五三年にヒューゴ・フレゴネーズ監督で（ジャック・パランス主演の『屋根裏の男』）。

ひっかかり、群衆に罵声を浴びせられる姿は、どうしても十字架上のキリストを思い出させる。そして『下宿人』は既に、傑出した超絶技巧と視覚的センスを示している。映画の始まりには目が眩む。階段の手すりに乗せられた、男の手のクロースアップ。パンによって階段の吹き抜けが見えてきて、そこが不気味な仕方で光と影とによって塗り分けられる。男が闇の中へと立ち去る。またしても犯罪があったことを告げる新聞のショット。

全篇を通じて、この種の着想が豊富に現れ、そして写真的な凝った表現もある。例えば、女の死体の金髪《ブロンド》が（殺人者は金髪がお好きだ）下から照らされて闇を突き刺すのを示す驚くべきイメージだ。また例えば、ガラスの天井によって、よそ者が自室で行ったり来たりするのを見せる仰角。

こういった超絶技巧は必ずあるシニシズムを伴う。それは既にヒッチコックの人を欺く性向を露呈させているのだが、こうした精神はずっと後になってやっと彼が昇華することになるもので、イギリス時代の映画の何本かを損なうものだ。しかし彼にはもちろん色々と口実がある。思い切ったことをし、「［無名の］誰か」が、映画産業が重視すべき〈大物《ムッシュー》〉であるのを示すことが重要だったのである。このような戦術的観点からは成功は確かなものであり、『下宿人』の仰々しい側面を、商業的・興行的なセンスの抜かりない誇示と考えることが可能である。我々はこうした性向のありようを、より不愉快な形で『サボタージュ』（一九三六）の内に再び見出すことになるだろう。それはヒッチコックが、自分が「国際的に一流」であることを決定的に示し、今後あり得るハリウッドへの出発のために自らの地位を強化したいと望んだときのことである。それでもなお『下宿人』

は、我らが映画作家の傾向を大いに明らかにする映画である。この映画は、あるタイプのヒッチコック的な俳優の完璧な例を、主演俳優であるイヴォー・ノヴェロを通じて与えている。ハンサムで、不気味で、不可思議かつ物悲しい優しさがあり、ロマンティックな匂いがする。その上、「俳優陣の」演技は実に見事で（この点については、ヒッチコックは極めて迅速に完璧さへと到達した）、特筆すべきはマルカム・キーン（刑事役。ヒッチは一九二九年の『マンクスマン』で再び起用することになる）とマリー・オールト（下宿のおかみ）である。

既に述べたように成功は相当なものだった。ヒッチコック＝ノヴェロのコンビはプロデューサーに大いに利益をもたらすように見えたので、翌年、ゲインズボロー社は『ダウンヒル』［『下り坂』］（一九二七）というノヴェロ作の戯曲の映画化をヒッチコックに任せ、もちろんこの人気俳優が主役を演じた。当時の批評家にとってこの映画は大きな期待外れだった。時が経ってみると、彼らの判断は厳しく不当に思われる。批評家たちはヒッチコックに関して誤った考えを抱き（これが最後ではないのだが！）、この演出家がそうした誤った考えを裏づけてくれないことを非難したのだろう。実際今日見直してみると『ダウンヒル』は多くの美点を持っており、それを『下宿人』よりも好むことは許される。

たしかにこの映画の主題はかなり凡庸である。御曹司の若い学生が、ルームメートの犯した些細な盗みで告発されるが、名誉のため、仲間を売ることはしない。彼は退学になり、父に勘当される。

彼は女優と束の間の関係を持ち、パリで社交ダンサーになると、そこでは中年女たちから物欲しげな眼差しを送られる。やがて彼はマルセイユのスラム街に行き着くが、精神的にも肉体的にも錯乱状態に陥っている。彼は、南方に向かうと信じて船底に乗り込んだ貨物船によってイギリスへと連れ戻され、両親に放蕩息子として迎え入れられる。(13)

まず、主題が——その価値がどんなものであろうと——犯罪ものあるいは恐怖もののいかなる特徴も持たないことに注意しよう。『下宿人』の成功の後で、ヒッチコックがそうしたジャンルのスペシャリストになることは容易かった。彼は他の方向を探す方を好んだのだが、とりわけ『下宿人』の成功が犯罪ものの物語にとどまるよう後には彼を決意させた。とはいえこの時点では彼は、犯罪ものに囚われることは相変わらず全くなかった。という次第で『ダウンヒル』においては、彼は三つのシーンの「凝った演出をする」機会のみをもっぱら見出し、雰囲気作りの名手、諷刺家、カメラの達人としての才能を誇示する。

冒頭の学校は類稀に真に迫っており、このシークエンスは、楽しげな、あるいは皮肉の効いた描写に富んでいる。先生、生徒、親たちといった端役はしっかりと造形されている。しかしヒッチコックは、破廉恥な言動の驚くべき描き手《ペインター》であったのだ。この点でパリのナイトクラブのシーンは、ぞっとするほど正確で残酷なポートレート集を提示する。貪るような眼差しと弛んだ頬をした中年女たちの顔は、ヒッチコックの主題についてよく語られる女性嫌悪という言葉を裏づける。たしかに、まさにこうした「怪物のような雌」を、『疑惑の影』(一九四三)の主人公が計画的《システマティック》に抹殺していくことになる。しかしながら後に見るように、この女性嫌悪は見掛けのみであり、女性を非常に高く評価する捉え方に由来するのである。

後にしばしば見出される道程*という概念がここで初めて介在することを、最後に指摘しよう。主人公の失墜は北から南への方向をたどる。文字通り彼は下るのである。この観念はマルセイユでの精神錯乱の主観的なシーンの演出で極めて明確に表現されており、それは彼が降りる階段とタラップに他ならない。超絶技巧による、心理的で精神的な観念の視覚化《イラストレーション》であり、形式と内容が相互に支え合う見事な例である。ヒッチコックが「取り上げる主題よりも、それを取り上げる方法の方に興味がある」と述べるとき、そして一本の映画を「形式として、ある一つの方向に動く何本かの線として」構想すると彼が説明するとき、何を言わんとしているかは分かる。[14] 我々は後にこの点にたびたび立ち戻る機会を持つことにしよう。『ダウンヒル』では、学校は水平の前方トラヴェリングによって、ナイトクラブは澱みを表現する一連のパンによって、マルセイユ港は上から下への垂直のトラヴェリングによって描かれていることのみ書き留めておこう。

要するに『ダウンヒル』の演出は、一見すると『下宿人』の演出のようには華々しくなく思われるとしても、効果がより劣るわけではない。その演出はたしかにより「考えられて」おり、一歩前

*……とりわけ、『リッチ・アンド・ストレンジ』、『三十九夜』、『第3逃亡者』、『バルカン超特急』、『逃走迷路』、『海外特派員』、『白い恐怖』、『知りすぎていた男』において。

進を画している。映画の不成功ゆえに、こうした形式的な探求はしばらく中断されることになる。

他の結果はといえば、この失敗はゲインズボロー社がノエル・カワードの戯曲『ふしだらな女』の映画化（一九二七）をヒッチコックに押し付けるきっかけとなった。この罰課は、今回は見返りなしだった。人生をやり直すことができないこの離婚した女の物語の中で、ヒッチの興味を惹くものは何もなかった。彼は要領に頼り切り、入念だがいささか精彩のない演出に加えて、主演女優イザベル・ジーンズを完璧に指導することによってなんとか窮地を切り抜けた。この映画は無情にも、カワードの戯曲の作為的で皮相だったかもしれない部分を際立たせた。ヒッチコックにとってこれは、ゲインズボローに向かって舌を出し自らの自由を取り戻すエレガントな方法だった。

サイレントの終わり、トーキーの始まり
ブリティッシュ・インターナショナル時代（一九二七―一九三二）

ヒッチコックは非常に上手く立ち回った。二十七歳にして彼は、イギリス映画界最大のホープと公然と見做されていた。マイケル・バルコンのために撮影された映画は、大当たりした一本（『下宿人』）と、評判は様々ではあるが「上手い演出」とされた五本とを含んでいた。[15] 専属にならないかという申し出がイギリスのあらゆる撮影所から舞い込んだ。彼はジョン・マックスウェルを製作の責任者とするブリティッシュ・インターナショナルを選んだ。この会社のために彼はサイレント

映画四本とトーキー映画六本を監督した。そこでは最良のものが最悪のものと隣り合わせであったが、この最良のものが完璧さに至ること四度であった。もしイギリス時代の「黄金期」を選ばなければならないとすれば、我々は通説に反して、ブリティッシュ・インターナショナルと協働した時期を、それに続くゴーモン＝ブリティッシュ時代（一九三四―一九三七）よりもむしろ採るだろう。

我々の心を大いに動かすこの時代は、驚くべき幸先の良さで始まった。ジョン・マックスウェルに全幅の信頼を寄せられたヒッチコックは、『リング』（一九二七）で脚本家、台詞《ダイアローグ》担当、演出家を同時に務めた。これは『マンクスマン』（一九二九）と並んで彼の最良のサイレント映画となった。『リング』の主題は、当時の観客に大変好まれていたスポーツ・コメディに非常に似ている。それは古典的で平凡な三角関係の様相をすべて備えている。縁日興行のボクサーであるジャック・サンダースは、小屋の切符売りのネリーと婚約しており、ウィンクで見物客を集めるのが彼女の役目だ。見物客の一人がサンダースをまともにKOする。彼はオーストラリア・チャンピオンのボブ・コービーで、勝利を利用してネリーに言い寄り、おまけに、彼女を手の届くところに引き止めるためにサンダースをトレーナーに選ぶ。にもかかわらず、サンダースはネリーと結婚し、コービーは彼に小さな試合を何度か世話する。しかしある試合の夜、ネリーはサンダースを捨ててコービーとよりを戻す。二人の男はリング上で再び相対する。サンダースが勝者となって妻を取り戻すが、結末はある曖昧さを漂わせている。

この筋立てはたしかにひどく平凡なのだが、ヒッチコックは筋立ての平凡さを決して恐れない。

『リング』は、彼の大いに成功した映画のほとんどと同様に、作品の内容に反する外観を多く持っている。これは一見するとテクニックの超絶技巧以外のいかなる理由にもよらないが、当時としては並外れたテクニックで、それ以前の映画の技術に対して重要な前進を画するものだった。省略が非常に巧みに用いられているが、しかしそれは当時十分に一般的だった。一般的でなかったのは、カメラの動きのセンスとそれをモンタージュ(16)に統合するセンスであり、これはシーンを、造形的なショットの連続としてではなく、ドラマとダイナミズムの観点から全体的に考えるということである。要するに、『ヴァリエテ』〔一九二五〕におけるE・A・デュポンとはあらゆる点で反対の仕方で映画を構想することだ。こうした見方からすると、アンドレ・バザンの言葉(17)に従えば、『リング』はまさにルノワールを思わせる。

とはいえその脚本でさえ、あまりにも性急に糾弾しないのがよい。この脚本のおかげでヒッチコックは、姦通という自分にとって大切なテーマを、極めて繊細な仕方で扱うことができたのである。この作品は大衆メロドラマの見掛けの下で、独自の描写と驚くべき象徴に富んでいる。題名は複数の意味に解釈される。「リング」とは、ボブ・コービーが「サンダースの」若い妻に贈ったブレスレットであり、映画全体を通じて姦通の象徴となる。様々な創意工夫がヒッチコックの意図を際立たせる。ネリーは、夫や愛人との関係次第で、あるときは恥ずかしげに、あるときは残酷にも勝ち誇って、このブレスレットを隠したり見せびらかしたりする。しかし「リング」はまた結婚指輪でもあり、ヒッチコックはこうした象徴を突き詰めることを決して躊躇わず、ラストで夫がブレスレットを奪い、それをまるで結婚指輪のように妻の指にくぐらせるところを見せる。これは最高の洗練である。というのもブレスレットは蛇の形をしているのだから。カトリック信徒のヒッチコックにとって、姦通はイヴの原罪と同一である。

この映画を彩るまばゆいばかりのアイディアは挙げ切れないほどである。夫が妻の服を引き裂くと、彼女は愛人の写真で胸を隠す。サンダースは試合後に帰宅してパーティを催す。シャンパンがグラスに注がれる。サンダースは妻がその場にいないのに気づき、彼女が愛人と一緒だと察する。もう気の抜けたシャンパンのグラスのクロースアップ。

映画冒頭の縁日興行は時間をかけて扱われている。ヒッチコックは雰囲気を巧みに創り出し、たっぷりと時間を割き、またギャグを増やした。彼は、縁日を夢遊病者のように歩く人々のぼうっとした足取りであれ、ブランコの卑猥さであれ、どんな異様な滑稽さ《グロテスク》をも捉えた。彼はこのシークエンスを、口を開いた男と玉通しゲーム［板に描かれた顔の口の穴にボールを通すゲーム］の二つのショットで終える。

まさに『リング』で、ヒッチコックはジャック・コックスという名の「自分の」［常連の］チーフ・カメラマンを見出し、コックスは一九三三年まで[18]ヒッチコックのすべての映画を撮影することになる。ヒッチコックのスタイルは正確さに基づいている。構想と実現の間のほんのわずかなずれが命取りになりかねない。それゆえ、ヒッチコックは常に理想の「チーム」を作り上げることを模索し、そのチームを他の映画でも維持するよう努めた。この観点からすると、ヒッチコックの作品は容易に三つの時代に分割することができ、それぞれが一つのスタイルの完成に対応する。ジャック・コックスは、ゴーモン＝ブリティッシュ時代になるとバーナード・ノウルズに交代する。アメリカ時代について言えば、ヒッチコックは九年間理想のカメラマンを見つけられないでいたが（せいぜいジョゼフ・ヴァレンタインへのちょっとしたひいきが認められるだけだ）、今やアメリカ時代にも「自分の」カメラマン、ロバート・バークスが現れ、彼は『見知らぬ乗客』以降ヒッチコックの全映画の［撮影と］照明を担当した。(19)『リング』でのジャック・コックスの仕事の質の高さには異論を挟む余地がない。それはフレーミングの正確さ、その単純さ、ならびにこの時代のヒッチコックにとって重要な灰色と白の調和によって特徴づけられる。

したがって、『リング』は単にある会社から別の会社への移行を印すだけではないことが分かる。それは行程という言葉に全く相応しいものである。若きホープが完成された作家になり、その若さが卓越した技量と相容れないことはない。彼はイギリスで有名だったが、というのも、様々の業界紙が「宣伝要素、ヒッチコックの名前」と書くのを躊躇わなかったのである。しかしながら、これから見るように、彼の才能はいまだ成熟には至っていないし、それどころか成熟にはほど遠い。もはやテクニックが彼にとって隠された秘密ではないとしても、彼はまだ真に作品と呼ぶに値するものを創造することはできない。彼は模索する。

こうしてヒッチコックは『リング』の次に、イーデン・フィルポッツによる一種の田園喜劇を撮影することに決め、脚色としてクレジットされた。『農夫の妻』[20]（一九二八）である。結果は議論の余地なく『リング』よりも劣っていたが、それは映画が悪いからではなく――このジャンルにおいては成功であるからである――、ヒッチコックがここでは自らの真に進むべき道から遠ざかっているからである。これは、五年のやもめ暮らしの後に再婚を決意した中年の農場主の物語である。彼は女中と一緒に配偶者候補のリストを作成し、すぐさま順に訪ねていく。ヒッチコックはここで戯曲にちょっとした変更を加えた。戯曲では農場主は三回続けて手荒く拒絶され、うぬぼれを傷つけられる。映画の見方はわずかに異なる。農場主はたしかに次々と失敗するが、何にもましてこれらの女たちの態度に嫌気がさすのだ。彼は［女中に向かって］彼女たちを数々の美点の持ち主と褒めていたのに、彼女らは、あるいはひどく取り澄まし、あるいは信心にすっかり凝り固まり、あるいは全く堪えがたい姿を見せるのだ。女性嫌悪？　そうではない仕方で、結末は映画を照らし出す。農場主は女中と結婚するのだが、彼女は長いこと密かに彼を愛しており、しかも理想の結婚相手である。というのも、妻とは何よりもまず主婦であるのだから。これは食い道楽の見方だが、また女性らしさを愛する男の見方でもある。その証拠に、アラミンタという登場人物（『リング』のスター、リリアン・ホール＝デイヴィスが演じている）は、寛大に扱われている唯一の人物である。

『農夫の妻』でおそらくヒッチコックの関心を惹いたのは、舞台となるウェールズの田舎であり、ジャック・コックスの助けを借りた彼はその田舎の見事な撮影に成功した。今世紀始めのイギリスの田舎暮らしの雰囲気が非常に綿密に再現された。その代わりに、超絶技巧を用いた箇所は主題と調和しない。なぜならここでの主題には、綿密でいささかくすんだ写実主義《リアリズム》がぜひとも必要と思われたからである。なるほどそれらの箇所によって映画はより面白くなったが、それでもやはりヒッチコックの気質がこのジャンルの物語と合わなかったのは事実である。彼はこのことを大変よく理解した。というのも、道徳的な葛藤の存在が彼を触発したときにだけ、雰囲気の描写へと立ち戻ることになるのだから。それが『マンクスマン』（一九二九）である。

しかしその前にヒッチコックは、エリオット・スタナードの脚本に基づいた一種のアメリカ風コメディ(21)という、全く異なる映画を監督する。『シャンパーニュ』（一九二八）である。たしかにとても滑稽だが、期待外れのコメディで、この作家の停滞を示すものだ。まさにオーソン・ウェルズの言う「貧相な仕掛け(22)」の過度の犠牲となったこの映画は、オーヴァーラップ、デフォルメ、コマ落としばかりで、そして安ものの装飾品、巨大な羽飾り、グロテスクなアクセサリーの濫用に他ならない。諷刺は滑稽だが皮相である。しかしながら、このわざとらしいユーモアの中に、予期せぬ調和、一瞬の厳粛さが不意に現れる。億万長者である若くいかれた娘が、自分は破産したと父親が言うのを信じ込まされて、ホステスとして生計を立てることになり、店主には尻をつねられる。父親は自らの嘘を告白し、それに対して娘はコルネイユ風(23)の非難を爆発させる。「あんたは私にも誇りがあるなんて思いもしなかったのね。誇りって何なのかを知らないのよ！」。これは、皮相なものを描こうとして自ら仕掛けた罠に足を取られた映画の、真剣な一条の光だ。『シャンパーニュ』は失敗だった。ヒッチコックにとって、それはたしかに発泡しているのだが、一匹の蝿もそこに溺れることはないだろう。

この作品に同時代の批評が欺かれることはなかった。控えめな評価は彼らの幻滅と見合っていた。『シャンパーニュ』のヒッチコックは彼らが期待したものではなかった。現在の批評がヒッチコックとその作品の内に、この愛想のよい人形《プルエット》(24)と同程度のものしか見て取らないことが実感されるとき、この事実は棘を失わない。

非常に幸運なことに、『マンクスマン』は『シャンパーニュ』と正反対であった。これは大変野心的で譲歩を知らない映画である。主題は次の通りだ。ピートとフィリップは子供の頃からの友人で、ずっとマン島の村に住んでいる。ピートは漁師でフィリップは弁護士である。ピートは宿屋の主人の娘ケイトに恋をしている。自分の思いを言えない彼は、結婚の承諾を父親から得るのに、代わりにフィリップを行かせる。ところが、フィリップもまたケイトに密かに恋をしている。にもかかわらず彼は何も言わずにいるのだが、ピートが文無しだという口実で宿屋の主人が娘との結婚を断ると、喜びを抑えることができない。そこで漁師は財を成しに遠くへ旅立つことを決意する。彼はフィリップに、自分を待つと誓ったケイトの面倒を見るよう頼む。

念のため確認すると、この始まりは実に凡庸である。ヒッチコックはこれを手早く提示し、登場人物と彼らの関係を十分に明確にすることに専念する。この明確さを利用して、彼は島の生活の状況を絵になる美しさ抜きで非常に精密に描写する。ここにはいかなる無駄な超絶技巧もなく、単純で正確なデクパージュがあり、それをジャック・コックスの見事なイメージが支えている。

まさに［冒頭部が終わって］そこから映画はトーンを上げる。フィリップは誠実にケイトの気晴しに努め、彼女は誠実に漁師を待つ。少しずつ彼らの関係は、告白されざる恋愛の親密さへと発展していく。ピートの死の知らせが解放として突然もたらされる。ケイトとフィリップは、誓いから解き放たれたように感じて、互いに身を捧げ合う。もちろんピートが帰って来る。そこでフィリップとケイトは、沈黙を守ること、もう愛し合わないことを決意する。ケイトはピートと結婚し子供を産む。フィリップの子供を。ピートは相変わらず何も疑わない。彼は幸福に浸っている。しかし、変わることなくフィリップを熱烈に愛するケイトは、一緒に逃げてほしいと恋人に言う。フィリップはピートへの友情から、そしてまた自身の社会的立場から断るのだが、なぜなら彼は判事に任命されたところであり、そのようなスキャンダルは自分のキャリアを台無しにするだろうからである。ケイトはこの行き詰まりの状況に絶望し自殺を試みる。この犯罪ゆえに（ここはイギリスである）[25]彼女はフィリップに裁かれるが、彼は今度は自分の過ちを公に告白することを道徳的に免れ得ないと考える。恋人たち二人はピートに真実を打ち明けに行き、自分たちに子供を渡さなければならないことを理解させる。村人の罵声の下、彼らは立ち去る。

諸々の前提においてメロドラマ的であるこうした主題は、この映画作家が果敢にもそれに正面から取り組むときにのみ、崇高に達し得る。ヒッチコックは初めて、自分にとって大切となった領域、目の眩むものの領域に深く入り込もうとすることになる。『マンクスマン』の状況が崇高なのは、解きほぐすことができず、技巧を拒むからである。それが解きほぐし得ないのは、登場人物の卑劣さも、運命の激しさも拠り所としないからである。ヒッチコックは、行動においては実際のところ非難のしようのない三人の存在を対立させる道徳的な葛藤を、綿密に、完全に、そして逃げを打たずに描くことを好んだのだ。この過ちは人類に属する過ちである。通常の道徳は彼らの問題を解決するのに無力である。それぞれが自分自身の責任を負わなければならず、自分のために倫理を作り出さなければならない。冒頭の引用句で、ヒッチコックはこの作品の道徳的意義に我々の注意を促す。「人は自分を曲げようとすることで魂を失う」(26)。この映画の形式がまさに、こうしたインスピレーションの高みを共有する。無用な技巧はもはやない。演出は意図的に、顔、視線を軸にしている。波瀾万丈の物語は背景に押しやられる。称賛すべきこの純粋さはしかも、その裏面を伴わずにはいない。すなわち、『リング』によって効果が証明されたヒッチコック・タッチは、ここではほぼ全面的に不在なのである。しかしながら、以下の見事なアイディアを挙げておこう。フィリップは、裁判所で自身の過ちを認めた後、判事のかつらをあたかも仮面であるかのように外し、辞職する。

この重々しさが、『マンクスマン』が理解されなかった原因であるかもしれない。それにもかかわらず、これは目的に向かってまっすぐに進む映画である。ある名前が思い浮かぶとすればグリフィスである。しかし批評家はヒッチコックに派手な技量しか期待せず、既にそうした技量を彼の皮相さの徴《しるし》であると解釈していた（『マンクスマン』が単なるメロドラマではないこと、ヒッチコックがそれをメロドラマとして構想したのでも演出したのでもないことは明白である。逆に彼はメロドラマ的な不純物の内から、自分を魅了する道徳的な核を抽出することに専念したのである）。こうした見方の誤りは、何よりもまず自らが演出家であることを望む一人の作家にとっては深刻である。今日イギリス時代をある嫌悪をもって語るヒッチコックが、この見事な映画を自分のものではないと否認することなど微塵もない、ということに留意するがよい。

半ば失敗が二つ続いたことは、その一つは不当なものだったとしても、映画作家のキャリアに決して良い影響を与えない。そしてロンドンのワンダーボーイの評判が危ういほどに揺らぐ恐れが強くあった。ヒッチはそのことが完璧に分かっていた。自分のキャリアが懸かっているのだ。彼はそこで、様々な自らの「実験」を断念することに決め、注文仕事に堕することなしに、初めて商業的な要請と妥協しようと試みた。ヒッチは自身の映画を検討して、商業的に、さらには批評的に、最も大きく成功した映画が『下宿人』であることに気づいた。それで彼は犯罪ものの面白い題材を探し、それをチャールズ・ベネットの戯曲に見出した。プロデューサーはすぐに、彼に白紙委任状《カルト・ブランシュ》を与えた。ヒッチコックの技量の向上と、予期せぬ状況すなわちトーキーの誕生とによって、『恐喝』［『ゆすり』］（一九二九）はあらゆる期待を上回ることができた。

ヒッチコックの最後のサイレント映画でありイギリス最初のトーキー映画である『恐喝』はまた、

その作家にあっては、「熟慮の上で」作られた映画の最初の実例である。ヒッチコックはこの作品において、商業的要素と創造的意志の配合、すなわち「譲歩」と「メッセージ」の配合を導入する。その後の通例となるが、脚本が「譲歩」であり、演出が「メッセージ」である。

刑事の婚約者であるアリスは、ライアンズ(27)なる店で画家に引っかけられて、彼のアトリエに連れて行かれる。彼は明らかに彼女を犯そうと企んでいる。彼女は自らの貞節、人からはそこまでかけがえがないとは思われないかもしれないものを守るために、パン切りナイフで彼を刺す。見知らぬ男が、アリスが画家と一緒にいたところを見ていて彼女をゆすりにかかる。だが、婚約者の無実を信じ込んだ刑事のおかげで（彼女が羽目を外したことの証拠を持っているにもかかわらず）、疑惑はその男に向かい、今度は刑事がその悪党をゆする。警察に追われたゆすり屋は大英博物館の屋根の上に追い込まれ、ガラス張りの屋根を突き抜けて墜落し死ぬ。一件落着である。しかしアリスはそれでもやはり自分の罪を刑事に告白する。

ヒッチコックは、当初は別の結末を検討していたのだと好んで語っている。すなわち、アリスは殺人の廉で追われフィアンセの助けで逃亡しようとする。他の警官たちが到着し、殺人者を捕まえたといって刑事を称える。アリスは投獄される。ある警官がフィアンセに「今夜は恋人とデート？」と言うと、フィアンセは「いや、今夜は」と答える。これが戯曲の方の結末であった。ヒッチコックがこれを残さなかったのは、信じられがちかもしれない商業的な理由のためでは全くなく、むしろ反対に、個人的な好みのためである。ヒッチコックが置き換えた結末は、実際、その後の彼の作品に大変に近い。

映画全体は登場人物の相互の関係を軸として展開される。加害者と被害者はシーンごとに交代し、加害者が被害者になり、被害者が加害者になる。同じ一つのシーンの中で、時に同じ一つのショットの中で、登場人物たちの精神的［道徳的］な立場が入れ替わる。例えば、ゆすり屋と刑事の間に短い議論が起こる。刑事が右にいるが、その次に、婚約者を救うために今度は彼の方がかなり卑劣な取引をゆすり屋に提案すると、彼はフレームの左側に位置するようになる。ここでは登場人物の位置が彼らの関係を表現する。このタッチはまさに「純然たるヒッチコック」のものだ。この演出家はアメリカ時代の作品において、この原則を何度も、洗練を加えながら再び取り上げることになる。

映画全体はさらに、次の観点に従って構成されている。すなわち、ヒッチコックにとって重要なのは、物語を線的《リニア》に語ることよりも、物語が見られるべきアングルを映画の力によって［観客に］強いることである。そういうわけで最初の十分間は、筋《アクション》の展開にとっては無用に思われる。犯罪者の逮捕とその投獄の様々な局面とを見せるこの十分間の目的は、ヒロインが自らの犯罪の後に受けるであろう罰を指し示すことに他ならない。それは脅しである。それはまた、そしてとりわけ、社会が要求する犯罪の代償である。結末は我々に、アリスが代償を払うのを拒絶することによって道徳的な罰に従うことになるのを明らかにするだろう。その道徳的な罰がどのようなものであるかを、ヒッチコックは用心深く、明示はしないものの、我々に示唆する。実際ヒッチコックは、過度に単純化されてはいるかもしれないが、やはり驚くべき象徴を介在させる。あざ笑う道化の絵だ。この絵は、アリスが画家のアトリエで殺人の直後に怯えながら凝視するのだが、我々は、遠ざかる恋人たちを捉える最後の画面《イメージ》において、それを再び目にする。この絵は悔恨よりも罪〔犯罪〕そのものを、拭い去れない罪をこの最後の瞬間に表す。この種の象徴を、ヒッチコックは後にしばしば、『三十九夜』、『パラダイン夫人の恋』、『山羊座のもとに』、『舞台恐怖症』、『私は告白する』等で使うことになる。その上『恐喝』は、将来の作品の多くの側面を先取りしている。例えば、ハリウッド時代初期の重要なテーマの一つになる、女性の苦悩の描写である。そしてとりわけ、罪責の「移動」という例の概念が表現されているのを我々はここで初めて見る。一方で警察を前にした恐喝者の絶望的な逃亡を見せ、他方で悔恨と祈りの内に打ちひしがれた真の殺人者の素晴らしいクローズアップを見せる、平行モンタージュにおいてである。

『恐喝』はサイレント映画として構想され撮影された。しかしトーキー映画が急速に広まったせいで、既にサイレント映画は、たとえ優れた作品であっても大きな損害を被っていた。ジョン・マックスウェルとアルフレッド・ヒッチコックはこの映画に音を付けることを決定した。ヒッチは、アリスと画家のシーンを、ピアノを一台付け加えて違った仕方で撮影した。サイレント版では（前方トラヴェリングにおいて）画家がアリスの方に前進したのに対して、トーキー版では彼はピアノに合わせて歌を口ずさみ、彼女に飛び掛かる前に少しずつ気持ちを昂ぶらせた。残りの部分は、物音と音楽と会話を加えるだけだった。アリスを演じたアニー・オンドラは自身で吹き替えができな

かったので、イギリス人女優のジョーン・ベリーが彼女に代わって台詞を話した。(28)

結果は非常に興味深いものであった。ヒッチコックは俳優たちの台詞の話し方を思い出し、「字幕《サブタイトル》を暗唱しているような感じだったよ」と言って泣くほど笑う。その通りである。とはいえ俳優の演技は、先行するサイレント映画（もちろん、『下宿人』『ダウンヒル』の」イヴォー・ノヴェロを例外として）よりも全体に良かったのである。ヒッチコックが考えたような演技は台詞を求めた。この点については二つのヴァージョンの違いは驚くほどだ。台詞まわしの凡庸さにもかかわらず、トーキー版はサイレント版よりも演技が上手く見える。ヒッチコックが多かれ少なかれ俳優に意図的に強いる様式化が、音と共に真の存在理由《レゾン・デートル》を見出したのである。

さらにヒッチは、音を用いる際に溢れんばかりの想像力を示した。例えば、［シーンの］つながりというただ一つの観点からだけでも、死んだ画家の姿勢で横になっている浮浪者にアリスが不意に直面するショットから、家政婦が死体を見つける次のショットへの悲鳴によるつなぎを、どうして称賛しないのか！* この演出家は、殺人の翌日の朝食のシーンにおいても、音を同様に素晴らしい仕方で使用した。殺しに用いたのと似たパン切りナイフ（ブレッドナイフ）が食卓にあるのをアリスが目にした瞬間に、近所のおばさんが新聞を話題にしてどっと話し始め、その言葉からブレッドナイフ、ブレッドナイフ、と一つの単語のみが際立つというものだ。という次第で、当時は非常に独創的だったこのアイディアは見事に活用されているのだが、今日のすれた観客にとってさえも有効であり続けている。しかしヒッチコックはさらに実験を推し進め、単なる小さな物音を使うことで、表現しがたいものを実感させるのに成功した。ピーター・ノーブルが正当にも称賛しつつ引き合いに出すのは、(29) 犯罪の翌日に、フィアンセの刑事が父の店に入って来るのをアリスが見るシーンである。アリスが彼の顔に疑念とそこから来る困惑とを見抜くと（彼はアトリエでアリスの手袋の片方を発見したのだ）、ドアのベルが彼女の頭の中で弔鐘のように鳴り響く。**(30)

『恐喝』は華々しく成功し、ヒッチコックの立場はさらに強いものとなった。彼は今やイギリスの演出家でナンバー・ワンだった。ヒッチコックは、イギリス初のミュージカル映画である『エルストリー・コーリング』の一エピソードを監督した後、ショーン・オケイシーの有名な戯曲を映画化することをジョン・マックスウェルから任された。それが『ジュノーと孔雀』（一九三〇）である。時にあることだが、威光のある［prestigieux］監督は「高級な［de prestige］映画」を任された。ヒッチコックは気乗りのしないままその仕事に取り組み、当時立派な映画として讃えられたものは、今では耐えがたい罰課に見える。それはただ単に撮影された演劇であり、『ロープ』や『山羊座のもとに』の探求とは何の関係も持たない。ここではデクパージュにおけるいかなる創意工夫もなく、

＊……このアイディアは『三十九夜』で、少し違う仕方で再び取り上げられることになる。
＊＊……愛好家に向けて指摘しておくと、『恐喝』では、ロナルド・ニームがカチンコを担当し、マイケル・パウエルがスチルカメラマンだった。

いかなる創意工夫の意志もない。なるほどオケイシーの戯曲が忠実にたどられてはいるが、なんという退屈さがそこから引き出されていることか！ 内戦を背景にしたこの小悲劇、アイルランドのカトリックの魂を理解しようとするこの試みを、ヒッチコックは極端に軽蔑して扱う。『ふしだらな女』の脚色がノエル・カワードのからくりを解体したのと同様に、ヒッチコックの『ジュノーと孔雀』は情け容赦なく――そして今回はおそらく故意にではなく――、ショーン・オケイシーの過剰な悲壮感と構成上の様々な弱点を強調する。しかし、映像があまり興味深くないとしても、音にはとりわけ配慮がなされている。足取りにあわせて木の床が軋む音、訛りの強烈で滑稽《グロテスク》な用い方、さらには座席で居眠りしている観客を飛び上がらせる短時間の機銃掃射。ヒッチコックは二つの場面だけを楽しんだ。一つは、ジュノーと友人たちが、古い蓄音機のまわりで、ひどく酔っ払った声で何曲か古い民謡を歌う場面である。これは、登場人物から放たれる度を越えた愚かさゆえに、いささかイヨネスコ[31]のようである。また一つは、シンフェーン党員が自分たちを売った精神薄弱者を殺そうと拉致しに来る場面である。

『ジュノーと孔雀』で顕著なもの、すなわちショーン・オケイシーの絶対的信仰、そのアイルランドのカトリシズムは、やはりカトリックであったヒッチコックにとってもひどく気詰まりであった。この事実は重要である。実際それは、スクリーンにおける宗教的諸問題の表現に対するヒッチコックの立場について貴重な手掛かりを与える。『リング』、『マンクスマン』、『恐喝』はカトリックの精神から生まれた映画である。［人間］存在の様々な関係、夫婦、家族、姦淫といった概念、それらすべてが揃ってヒッチコックがカトリック作家であることを指し示している。しかし彼は説教、勧誘を自らに禁じ、そしてずっと禁じ続けるだろう。このため観客は、彼の作品の本質的なこの側面をすぐに忘れてしまう。またこのため、うわべ［仮象］を越えて見ることが観客にはできず、これらの映画はこの映画作家の様々な意図に関する全くの誤解を生じさせることになる。

ショーン・オケイシーの作品において何がヒッチコックの気に障ったかは理解できる。『ジュノーと孔雀』は勧誘を含んでいなかったどころか、勧誘そのものだったのである。ヒッチコックは、曖昧さ、繊細さ、不可解［神秘］を好む。こうしたものはショーン・オケイシーには皆無で、彼は全く単純で、全く率直で、全く揺るぎなく、文の端々まで幼稚である。この映画では注文仕事への絶対的な忠実性が求められ、ヒッチコックはいつもの洗練と再構築の仕事を達成すること、主題を自分に引き寄せることができなかった。こうした状況で、演出家はこの注文仕事を注文仕事として完成した。俳優（セーラ・オールグッド、エドワード・チャップマン）の選び方は称賛できるが、それでもやはり『ジュノーと孔雀』はアルフレッド・ヒッチコックの映画ではない。

とはいえ成功は絶大で、大喜びのショーン・オケイシーはこの映画作家に、ハイド・パーク[32]に関する脚本を勧めた。しかしヒッチコックは心惹かれなかった。彼はクレメンス・デーンとヘレン・シンプソン*の戯曲『サー・ジョン登場』を映画化する可能性はないかと、彼らと交渉していた。オケイシーの脚本は『門の中で』という戯曲になった。二ヶ月後、ヒッチは『サー・ジョン登場』を基にした映画に着手し、それを『殺人！』（一九三〇）と題した。

ヒッチコックは、『ジュノーと孔雀』の撮影にうんざりしていた分だけ、『殺人！』では創意に富み、繊細で、奥深く見える。この映画は古びなかっただけでなく、ここにこそ彼の最も偉大なる成功の一つがあり、あるいはいずれにせよ、『リッチ・アンド・ストレンジ』、『三十九夜』と共に、イギリス時代最高の三作品のうちの一本である。実際『殺人！』は、イギリスの地における彼の作品においてはごく稀にしか出会うことのない思いがけぬいくつかの特徴、すなわち表現の成熟、真摯さ、確実さ、そして自由さを持っている。それればかりか、この映画はヒッチコックと犯罪もののジャンルとの未来の諸関係を明らかにする。この観点からは、『殺人！』はほとんど比類のない望外の授かり物である。プロットは最もありふれた犯罪もののジャンルに属し、殺人が起き、次いで調査が行われ、最終的に犯人［罪責ある者］が発見される。この映画に「妥協」はなく、なぜなら不要だからである。最後に、そして最も大事なことだが、この映画のスタイルは非常に多彩であり、トーンはある音域から別の音域へと軽やかに移行し、それはまさに、ヒッチコックがついに様々な手法を完全に自らのものにしたと感じ、形式に関わる自身の強迫観念をすべて「フィルム上に焼き付け」たいと願ったかのごとくである。『殺人！』の主題は、要約すると以下の通りである。

若い女優ダイアナは、友人である女性の死体の横にいるところを虚脱状態で発見される。彼女は殺人で起訴され、裁判にかけられ、陪審員の一人であるサー・ジョンが色々と努力するにもかかわらず、とうとう有罪の判決を下される。彼は演劇界の大物で、彼女の無実を確信しているのだが、それは彼女に夢中になってしまったからである。彼はこの若い女性から殺人についての正確な説明を得ようとするが、上手く行かない。実は彼女は、明かすことのできないある秘密を握っているようなのである。彼は自力で警察の捜査を洗い直し、ついには奇妙な真実を発見する。すなわち、殺人者は被告人の婚約者である。彼はサーカスで働いており、女装して空中ブランコの出し物を演じている。彼はダイアナと被害者の間の会話をふと耳にし、彼が混血であることを被害者がダイアナにばらしたために、被害者を殺したのである。

なるほどこれは最も古典的な犯罪もののプロットであるが、非常に重要で特徴的な細部によって引き立たせられている。間違いなく、殺人者の本当の秘密は、普通の意味合いの混血だということではなく、性的な混血、男色家だということである。ヒッチコックは自身の意図を少しも隠そうとしない。というのも、その登場人物の数々の女性的な仕草を我々に示し（彼は手で髪をかきあげ、鏡で自分を見つめ、くるりと回り、神経を昂らせる）、女装さえしている彼を見せるのだから！　それゆえこの映画は思いがけない光で照らされる。この映画は、ある三部作[33]の最初のものであって、他の二つは『ロープ』と『見知らぬ乗客』ということになる。この三部作は、ホモセクシュアリティの問題を三つの観点から描く。『殺人！』では道徳的［精神的］な観点から、『ロープ』では現実主義的《リアリスト》な観点から、『見知らぬ乗客』では精神分析的な観点からである。

＊……ヒッチコックは、ヘレン・シンプソンの小説『山羊座のもとに』を後に映画化することになる。

『殺人!』で男色家は、正体を暴かれたときに殺人を犯す。彼は自身を異常な存在と見做し、*自身の悪徳が過ちであることを知らないわけではない。しかしまた彼には愛することが不可能で、おまけに彼は自身の犯罪の結果から逃れようとするばかりである。ヒッチコックが上記の映画においてホモセクシュアルの問題を深めていくとき、我々は気づくことになるのだが、男色家への彼の非難［有罪宣告］はまさにホモセクシュアルな真の愛が不可能であることに基づいており、というのも、こうした愛がまがいもの《イミテーション》でしかなく、それゆえ非‐相互性を余儀なくされる［宣告される］からである。[34]ダイアナは彼の代わりに有罪判決を受けるままになっているのだから、男色家を愛しているのだが、男色家は彼女がそうするままにしているのだから、彼女を愛していない。

しかしながら、『殺人!』のいくつかの主要な美点は純然たる演出に依存する。既に述べた、トーンとスタイルの自由さ。実際、この映画は長い横移動《トラヴェリング》に始まり、それが叫びと足音で区切られ、そこで黒猫が画面を横切るのだが、これは差し迫った殺人を暗示して不安を掻き立てるトラヴェリングとなっている。そして全く予期せぬ仕方で、一連の下劣なあるいはおどけた《バーレスクな》描写が続く。太った女が寝間着［の着替え］に色々と手こずり、男が上げ下げ窓を開けることができない。このシーンはロンドンで起こるにもかかわらず、イギリスらしいところは何もない。ドイツ表現主義が思い出され、まるでベルリンにいるようだ。後にこの印象は、最も緻密な細部の写実主義《リアリズム》と諸場面全体の厳格な様式化とが交互に出てくることによって明確になる。陪審員が討議しているのに、大時計の音も画面外の騒音もそのまま聞こえる。だが、少しずつカメラはサー・ジョンの顔にとどまり、その顔のまわりに代わる代わる他の陪審員の顔が現れ、罵り、自分たちの見解を延々と述べ、腹を立てる。音が大きくなって、ざわめく声が凄まじくなり、徹底的に非現実的なものになる。次に監獄のシーンを思い起こしてみれば、そこではサー・ジョンが、自分が愛し、まさに絞首刑になろうとしている女性を問いただすのだが、すべてが、フレーミング、ライティング、必要不可欠な数本の線に還元されたセットに至るまですべてが、抗いがたくムルナウを想起させる。『マンクスマン』におけるグリフィスの後で、ここでは今やムルナウである。ヒッチコックは自分の師《マスター》[巨匠]たちを忘れはしない。しかし彼はまた、いかなる点によって彼らから自分が離れるかを示す。そして『殺人!』は、驚くほど純粋な「ヒッチコック的瞬間」を我々に与える。浴室でガウン姿のサー・ジョンは、鏡で自分を見ながら年代もののポートワインを味わい、『トリスタンとイゾルデ』の序曲(35)を聴いている。我々には彼の考えが「聞こえる」。投獄された若い女性へと彼の心を向かわせる様々な考えが。ほんのかすかな前進移動を加えられたこの非常に長いショットにおいて、あらゆる視覚的・音響的要素の組み合わせが、この人物の心の中で、愛撫のように、ゆっくりと抗いがたく愛が込み上げてくるのを我々に文字通り実感させる。一方、主役にハーバート・マーシャルを選んだのは天才的なアイディアであった。イヴォー・ノヴェロと同様に、マーシャルはヒッチコック的なタイプの俳優だった。風変わりで、魅惑的で、知的である。この特徴は、『間

*……『ロープ』の主人公たちおよび『見知らぬ乗客』のブルーノ・アントニー(R・ウォーカー)とは反対である。

諜最後の日』のロバート・ヤングにおいて、『疑惑の影』のジョゼフ・コットンにおいて、『泥棒成金』のケーリー・グラントにおいて……、そしてまた『海外特派員』のハーバート・マーシャルにおいて、再び見出されることになる。

またしても、ヒッチコックはラストの「クライマックス」への好みを見せる。既に『恐喝』で、大英博物館のシークエンスは黙示録的な様相を呈していた。ここでは舞台はサーカスであり、我々はそこで、チュチュを着た空中ブランコ乗りの目の眩むような運動を追う。スペクタキュラーなタッチで締めくくりたいという欲求が、この決断の唯一の理由ではない。『白い恐怖』、『見知らぬ乗客』、あるいは『泥棒成金』のある瞬間のように、作品が、綿密な細部によってしっかりと固定されていた大地を離れて、(36) めまいと発作［激情］の世界に飛び出すのである。

『殺人！』の並外れた質、それが切り開いた数々の著しい進歩、そして非常に大きな商業的成功を考えると、ヒッチコックが次にジョン・ゴールズワージーの戯曲に基づいた映画『スキン・ゲーム』［『いかさま勝負』］（一九三一）を引き受けた理由は不可解である。かろうじて理解できる理由としては、ゴールズワージーが評判の作家だったので、ヒッチコックが自らの野心の大きさを立証できそうだった、ということだけである。この戯曲は出来が悪く、注目されることもなしに時代遅れとなっていたが、おそらくヒッチコックはそこから「何かを引き出し」得ると見込んだ。もしそうだとしたら、彼はかなり早く見切りを付けてしまったのに違いない。というのも『スキン・ゲーム』は、彼がかつて署名をした最悪の映画であるだけでなく、やっつけ仕事であり、この仕事に作家は完全に興味を失ったように思われるからである。演技における様式化の痕跡も、演出の正確さの痕跡も全くない。幾度も撮り直したのに、カメラマンは、明らかに思いついたことをしている俳優たちの動きに対応できていない。したがって、すぐさま止められてしまうカメラの動きが粗描されるのを我々は目にし、あるいは逆に登場人物がフレームから外れ、パニックに陥ったカメラがその登場人物を絶望的に右へ左へと探す。スタイルの効果がそこに存在する見込みはほとんどない。この映画にあらゆるスタイルが欠けている以上は。絵コンテ［描かれたフレーミング］の名手《チャンピオン》におけるこの不正確さは、この映画がヒッチコックの作品においてどれほど重要でないかを示しており、その上彼は、人がその存在を自分に思い出させることを好まず、苦い痛悔のしるし(37)にすぐに目と耳をふさぐのである！　この埃まみれの『スキン・ゲーム』から、オークションの愉快なシーンと最後の巻《リール》の非常に見事なショットを救い出し、後は捨ててしまおう。なぜならこれはまさにその作家に相応しくない映画なのだから。

ヒッチコックは雪辱を果たさねばならなかった。少なくとも彼は、自分に対して雪辱戦をしなければならなかった。というのも、彼が非常に驚いたことに、『スキン・ゲーム』は好評だったからだ。そこで彼は、今度はいかなる種類の譲歩をすることもなく自分の考え通りに映画を作ろうと決意した。自由で肩の力の抜けた映画を。それが『リッチ・アンド・ストレンジ』［『金あり怪事件あり』（一九三二）だったのであり、彼はこれについて今でも大喜びで語る。この映画は、イギリス時代すべてを通じて彼のお気に入りである。

ヒッチコックが気に入っているのは容易に説明できる。ここで彼は、犯罪ものの装備を用いることなしに、夫婦の崩壊という彼にとって大切な主題を扱っている。しかも、彼を魅了する調子［音域］、すなわち、滑稽な描写［記譜法］という調子、風変わりな調子で。ヒッチコックは論理や真実らしさの狂信者ではなく、それらは彼にとって「妥協」のようなものである。彼はますます、自分は言葉の高尚な意味で「形式主義者《フォルマリスト》」であると感じるようになる。彼は、トーンの統一性のためにすべてを、すなわち構成、論理、真実らしさの一切を犠牲にすることを決して躊躇わない。『リッチ・アンド・ストレンジ』で、彼は自らの骰《さい》を投げる。ここでこの芸術家は、網《ネット》なしに、彼が後にしばしば自分の身を護るのに用いる犯罪もののプロットという網なしに仕事をする。

フレッドとエミリーの夫婦は、ある公正証書のおかげで、予想通りのことしか起きない生活を捨て去る。彼らが夢見ていたシナ海での船旅の最中に、船酔いという形で身体的［物体的］な不安定さが露呈し、また、彼らの仲の良さがゆっくりと次第に侵食されていくのを通じて、精神的なもろさが明らかになる。彼らの乗る船が沈み、船室のドアが開かない。丸窓に水が見えてくる。エミリーとフレッドは、死の瀬戸際で永遠の愛を誓い合い、自分たちの出奔を互いに許し合う。夫婦は数時間後に、海上で動かなくなった無人の大型客船で目を覚ます。彼らは、奇怪な中国人たちの小型帆船に助けられ、その中の一人の死を目撃し、その死によって「耐える」ことを学び、次に猫の解体を目撃し、それによってすべてが神秘であることを学ぶ。最後に自宅に帰った彼らは、日常の平凡さという地獄の中で幸福に過ごす。

この作品のトーンはその主題を映し出している。わざと戯画化された最初の部分全体が、ピカレスクという形容に値する。愉快で残酷な寸劇が、ポートサイード、スエズ、コロンボといった様々な寄港地を通過するにつれて増えていく。スケッチは常に残酷で、登場人物はひとりでに糸が引かれるマリオネットである。作家の立場は瞬間ごとに明白であり、すなわち『裏窓』等の最近の作品に見出される極度の軽蔑である。しかし、この軽蔑はモラリスト(38)の辛辣さを隠していて、それを消して愛情に変えるには、ほんのわずかなきっかけで十分である。このきっかけを、『リッチ・アンド・ストレンジ』の哀れな二人の主人公は難破の瞬間に知る。船室のシークエンスはたしかに、ヒッチコックの全作品の中で最も重要なものの一つである。液体〔海水〕の冷酷な表面という不条理が、クルージングの様々の無意味さによって狭量な夫婦の心の中に作られた予期せぬ深淵を、言葉よりも良く描く。ヒッチコックの偉大な作品すべての主要な鍵の一つである、あらゆる事物の〈統一性〉という非常に美しいテーマが、『マンクスマン』や『殺人!』における以上に、ここで手荒でありながら繊細な表現を見出す。三つの重要な場面においてヒッチコックはある戒めを我々に強烈に叩きつける。船室で抱き合った夫婦が目覚めるのは、根源的な統一性への回帰を示し、幸福の相対性を優しく強調する。次いで、中国人の到来と溺死「事件」(彼らのうちの一人が索具にくるぶしを取られ、仲間の平然とした眼差しの下で死ぬ)は、良く理解しようとする者にとっては、人の役割というものが何よりも受け容れることなのだと思い出させる。最後に、シナ海のただ中のこの小型帆船上で、イギリス人夫婦は神秘と向き合うのである。中国人たちによって解体され、そして磔にされた猫[39]は、輝きを全く失わない目で世界を見据え続けるだろう。

この不条理の限界にある寓話を、ヒッチコックは落ち着き払った大胆さで構想し、そこにいかなる狡猾さも持ち込まなかった。確たるジャンルを基準としてそれにしがみつこうとする観客は、なす術もなく足場を失う。『リッチ・アンド・ストレンジ』を見て感嘆する方法は、純粋にそして単純に受け止める以外にない。この企ては、ヒッチが完全に賭けに徹し、最小の説明、最小の注釈すら控えるだけにますます危険である。台詞は最も単純な表現、写実主義的な有用性へと切り詰められている。まさに映像そのものがメッセージを伝える。というのもメッセージがあるのだから。

加えて、大英帝国で最も著名な演出家が、一人の愛好家《アマチュア》という条件で一本の映画を作るという贅沢と大胆さを奮ったのである。『リッチ・アンド・ストレンジ』のかなりの部分は、マルセイユ、ポートサイード、あるいはコロンボで、サイレントのカメラを用いて撮影された。映画の五分の一に台詞が付いている。残りは単にサウンド版で、伴奏音楽によって引き立たせられている。こうした称賛すべき無鉄砲さは、撮影所《スタジオ》と厖大な予算に閉じ込められた数多くの映画作家のための模範となるべきだろう。

ああ、だが！　この映画は芸術的には素晴らしい成功であるのだが、商業的には大失敗だった。『スキン・ゲーム』を褒めちぎったイギリスの批評家たち（ああ神よ、なぜだ！）は、『リッチ・アンド・ストレンジ』の前では顔をしかめた。突然の頽廃という言い方がされた。イギリスの映画界において自由奔放と大胆さは認められなかったようだ。そしてこの映画は全く利益が出なかった。

この失敗がヒッチコックに影響したことは間違いない。大人気を博したこの人物が、結局のところ、最も大胆で最も率直な自分の諸作品を受け入れさせることが一度もできなかったのは逆説的である。『リッチ・アンド・ストレンジ』の失敗のせいで、随分後の『山羊座のもとに』の場合と同様、実り多いと彼が知ってはいた方向へと進み続けることができなかったのは確かである。今日［一九五七年］までのヒッチコックのキャリア全体を考えるとすぐに気づくことだが、彼の全作品は新しい道を開拓あるいは補強しようとしており、飛躍が行われるまさにその瞬間に、商業的失敗が躍進を妨げて彼に他の方向を探すように仕向けるのである。彼の最も誠実な諸作品、彼の「純粋な映画」、『マンクスマン』、『リッチ・アンド・ストレンジ』、『山羊座のもとに』、そしてつい最近では『間違えられた男』は到達点だったのであり、一方ヒッチコックの心の中では出発点だったに違いない。

『リッチ・アンド・ストレンジ』の後で、観客の無理解にうんざりしたヒッチは、彼らを楽しませようと努めた。『第十七番』［『十七番地』］（一九三二）がその機会となった。この映画は戯曲に基づいているのだが、その戯曲自体が冗漫な大衆作家ジェファーソン・ファージョンの小説を基にしており、[40] 最良のものと最悪のものの中間、ジョン・バカンとファーガス・ヒュームの中間、良いときのエドガー・ウォーレス（例えば『魔経』）と駄目なときのエドガー・ウォーレスの中間にある[41]。実際、映画の前半は演劇的視点を保っており、廃屋の階段と踊り場ですべて展開する。そこに謎の人物、浮浪者、イギリス人の女の子、三人の悪党、女山師が現れ、皆がある首飾りを追っていて、その首飾りは、環探し[42]の環のようにある者の手から別の者の手へと渡っていく。これらすべてが、恐怖映画のパロディとしててきぱきと処理される。様々な出来事が加速していくリズムで続く。退屈することはない。

後半は貨物列車の中で展開し、今一度全員が現れる。三人の悪党は互いに、正体を隠した刑事ではないかと疑っている。全員が全員に向けて引き金を引く。撃ち殺されるのは機関士である。機関士のいない列車は、当然ながら暴走し始めるものだ。この列車もその例にもれず、ついには波止場で大人しく列車を待っていたフェリーボートに突っ込んで滅茶苦茶にする。謎の人物と女山師が海から救い出され、警備員の部屋で震えている。謎の人物は自分が刑事であることを告白し、女山師は彼の両腕に倒れこむ。彼らはくしゃみをする！

前半の愛すべき謎めかした感じがここで常軌を逸し、抑えがたく奇天烈なものとなる。大のおもちゃ好き、模型好きであるヒッチコックは、電気仕掛けの列車とミニチュア・カーを追い掛けっこさせるのに用いる。『第十七番』は、大きな子供がお気に入りのおもちゃで遊んでいるのを見ることができるという限りで、気持ちの良い映画である。しかし、この可愛いらしい映画は、愉快ではあっても――ヒッチコックの中に、眠っているが、自覚されていないでもなかったトルンカの存在[43]

を明らかにした――、この作者の混乱のしるしである。これは無駄骨である。ヒッチコックがこの頃、映画を、少なくとも演出をやめるつもりだったのではないかと、ある程度まで疑うことさえできるだろう。実際、ブリティッシュ・インターナショナルとの契約は期限が来ていた。この会社のために協働した最後の映画では、彼はプロデューサーでしかなかった。『キャンバー卿の夫人たち』（一九三二）を監督したのは、彼のかつての脚本家ベン・レヴィであり、ヒッチコックが決して撮影現場に足を踏み入れなかったのは誰でも知っていることである。

こうして敗走の内に終了したのが、それでも傑出した作品に富む時代であった。ヒッチコックはより大きな自由を求めたのだろうか。それはあまり定かではない。いずれにせよ、彼は独立系の製作に一度限り手を出したのだが、真の破局に終わった。彼は、独立系プロデューサーのトム・アーノルドのために、ヨハン・シュトラウスのオペレッタ『ウィーンからのワルツ』の映画化(44)（一九三三）を引き受けたのである（我々はなぜかと訝り、彼自身も全く分かっていない）。ワルツは、撮影二週目から彼の興味を惹かなくなった。この映画が酷いということを完全に理解し、より良くしようという意図を持たなかったヒッチコックは、俳優、技術スタッフ、そして舞踏会のシーンのために動員された大勢の端役を呼び集めて、自身の「監督」用の椅子に上がって、次のように宣言した。「私はこの映画が大嫌いだ、この手の映画《ジャンル》が大嫌いだ。それに、そんなものを作る趣味はまるでない。私に必要なのはドラマであって、筋の展開なんだ！」。この映画は出来が悪かったし、今回は全く正当なことに、最悪の評判だった。

ゴーモン＝ブリティッシュ時代（一九三四―一九三七）

この平手打ちは効いた。そしてヒッチコックは細心の注意をもって、美に回帰する準備をした。『恐喝』の絶大な成功を思い起こし、彼は犯罪もののジャンルに再び手を染めることにしたが、幾重にも用心をしながらであった。犯罪物語は、『殺人！』のように野心的でさらに虚飾のないものである限りにおいてのみ、彼の興味を惹き、しかしまた、彼が少しばかり気づいていたことには、『第十七番』のように変化に富みさらに箍《たが》の外れたものである限りにおいてのみ、彼をその気にさせた。彼は『殺人！』を五十パーセント、『第十七番』を五十パーセントという巧みな配合の調整を試み、諜報機関のスパイ活動をめぐる大衆娯楽という新しいジャンルの創始を企てた。アクション、旅、悪党面、ギャグに満ち、時にある状況が予期せず掘り下げられる。

『恐喝』に［脚本家として］参加したチャールズ・ベネットは、今世紀初頭のロンドンのアナーキスト、ペンキ屋ピーターの話を映画化することをヒッチコックに提案した。ピーターは、アルバート・ホールで［要人への］襲撃を試み、当時内務大臣だったウィンストン・チャーチルその人によって仲間と共に隠れ家に追い詰められたのだった。ヒッチコックはチャーチルの件は取り除いたが、このアイディアを素晴らしいと思ってすぐに仕事にかかった。

見て取られるように、「誠実さ」はこちらの方の『知りすぎていた男』(45)［邦題『暗殺者の家』］の本質的な特徴ではなかった。しかしこの最初の調理には、大きな長所を色々と認めないわけにはいかない。ヒッチコックがレシピを模索したのは事実であるが、そのレシピは相当の部分をこの芸術家の才能に、そのスタイルに任せるものである。実を言えば、厄介だったのは、レシピよりはむしろそれを構成する要素の配合である。もっとも、この最初のヴァージョンはヒッチコックを満足させないままだった。というのも、彼は二十年後にそれを仕上げる必要を感じたのだから。*

主題はご存知の通りである。あるイギリス人一家がサン＝モーリッツで、次のような秘密諜報員の死に際の言葉を受け取る。「アルバート・ホールで、ある外国の要人への襲撃が行われることになっている」。イギリス人一家の娘が脅迫目的で誘拐される。結局テロは失敗し、スパイ一味は包囲され、撃ち殺される。

近年のヴァージョンは、後に論じることにするが、全体としてこの構想を受け継いでいる。しかし『暗殺者の家』では、含意は遠慮がちに表され、意味深長な細部は出し惜しみするように配されるのみだった。例を挙げれば、ピーター・ローレによって演じられた一味のボスで誘拐犯である人

*……一九五六年のこの映画のリメイクを「説明する」ために、ヒッチは、『暗殺者の家』はイギリス時代の映画の中でアメリカ人の知らない唯一の映画なのだと語った。それが優雅な嘘であるのを彼は我々に認めるだろう。というのも、この映画は逆に、アメリカで普通に公開されたイギリス時代の七、八本の映画の中の一本なのだから。

物が、ほとんど何を考えているのか分からないことに注意しよう。

さらに言えば、『暗殺者の家』は、数多くの美点にもかかわらず、フリッツ・ラングの『ドクトル・マブゼ』［一九二二］の銃撃戦からヒントを得たと思しく、それに比肩しようラストの銃撃戦（二度目のヴァージョンでは繰り返されていない）をおそらく例外として、少しいらいらさせ、不満を残す。しかし、そうした弱点があるからといって、この作品が戦略的に完全に成功していないことはなく、それどころか全くその反対であった。批評家と観客は、自分たちが想像していた通りのヒッチコックなるものをついに発見して惜しみなく称賛した。彼らは半分だけ間違えていた。ヒッチは翌年以降、この［商業主義と自らへの誠実さの配合の］原則を繰り返し、それを完成の極みへともたらしたのだから。

『三十九夜』［一九三五］の主題は、ヒッチコック、妻のアルマ・レヴィル、チャールズ・ベネットによって、ジョン・バカンの有名なスパイ小説(46)［『三十九階段』］から自由に脚色された。小説のプロットの修正は数多く（バカンの別の小説『三人の人質』のいくつかの細部も用いられたため）、すべて上手く行った。

若いカナダ人リチャード・ハネイは、ミュージック・ホールの出口で、ある女性に出会い、匿ってほしいと求められる。イギリスの秘密諜報員である彼女は、自分の命が謎の有力なスパイ組織「三十九階段」によって脅かされていることを知っている。真夜中にこの若い女性は短刀で刺され、死に際に、使命を果たしに行くはずだったスコットランドの小さな町をハネイに教える。数々の波瀾を経て、ハネイは温和な教授という容貌の下に身を潜めたジョーダンなるスパイを見つけ、すぐに警察に告発する。しかし彼の言うことは信用されず、ハネイは女性殺害の廉で逮捕される。彼は逃げ出し、今度は「三十九階段」の一味に捕らえられる。彼らはパメラという若い女性も連れているのだが、それはハネイが彼女にそれまでのいきさつを打ち明けていたからだ。彼は若いパメラと一緒に再び逃亡する。二人が手錠でつながれていたためである。彼らは、スパイが手に入れるはずの文書がロンドンのパラディウム劇場で渡されることになっているのを突き止める。彼らはそこに向かい、秘密の公式を暗記していた驚異の記憶人間ミスター・メモリーを撃たざるを得ないように追い込むことで、ジョーダンの正体を露見させる。重傷を負ったメモリーは死ぬ前に、警察に対して公式を暗唱することによって、自分の重荷から解放されるだろう。

この物語の中でヒッチコックを魅了したのは、それが非常に正確に、犯罪もののプロットを純粋なままに体現しているということだ。この物語は、あらゆる犯罪もののプロットに特有の意味を、元から持っていた属性のように備えていると言ってよいほどだ。波瀾は、それがどんなものであれ、〈善〉と〈悪〉とによって定義される相反する二つの力を対置するとき、道徳なるものを必然的に含む(R・L・スティーヴンソン『ジキル博士とハイド氏』参照)。一般的に犯罪小説が何も意味しないのは、対立し合う力が論理あるいはさらに心理によって和らげられているからである。例えば、グレアム・グリーンとアガサ・クリスティ(47)の違いはまさにここから来ている。『三十九夜』では、犯罪もののテーマは生のままで提示されている。一方に、主人公であるという以外の特徴を持たない主人公がいて、他方に、謎めいていて不吉で、バルザックの言葉を繰り返せば「闇に包まれた」[48]、そして大いに意味ありげな名前をもった組織がある。

それゆえ、一人の映画作家が、欠点がなく要求のひどく高いあるスタイル、トーンを〔観客に〕受け入れさせさえすれば、この物語は犯罪ものの寓話〔アレゴリー〕となるのである。当然ながらヒッチコックは、葛藤を高めるような、こうした要求を示唆する徴《しるし》を増殖させる様々なタッチを見出す。ジョーダン教授が手を上げて、呆然となったハネイに「三十九階段」の首領のものである徴[49]を見せるとき、クロースアップで二度繰り返されるこの徴は、一対の角と一対の先の割れたひづめと同じくらい確かに、そのことを指し示すのである。このアイディアはそれ自体として非常に見事であり、見掛けよりも深遠である。この徴はまさに不在であり欠如であるのだから。ジョーダンには指が四本しかないのだ。人間の本性を次のように定義したマルー教授の喩えを思い起こさずにはいられない。「乾いた海綿《スポンジ》。その孔《あな》はサタンの似姿《イメージ》であり、その素材はサタンには由来しないあらゆるものである」[50]。こうした点については以下のことを確認できるのが面白い。すなわち、ヒッチコックがフリッツ・ラングの『スピオーネ』〔一九二八〕から脚本のある細部（死を招く弾丸を本の厚みが止める）を借りて、それを自分に引きつけ、この本をハネイが知らずに胸〔の内ポケット〕に持ち歩いている聖書とすることで、その細部に全く独自の意味を与えている。

『暗殺者の家』にあった臆病さと譲歩が、熟慮されたものながら、衝撃を与えるまでの大胆さへと変容したことが見て取れる。例の配合の原則を保ちつつも、そしてこの映画にスパイものの娯楽小説の完璧な外観と形式を与えつつも、この演出家は、自らに馴染みのいくらかの観念《アイディア》を表現するのに成功している。そうした観念のまた別の実例、しかも最も異常な実例が、ミスター・メモリーの断末魔に見出される。メモリーは、ヒッチコックは実際ここで、告白のメカニズムを示し、そしてそれをまさに解体してみせる。メモリーは、自分を苦しめ悩ませている知識(それは全く馬鹿げてお話にならない、理解不能な物理の公式である)の重みを負って、それを吐き出すように口先で唱えた後で、こう言って死ぬ。「私は解放された」。もちろんこの隠れた主題系《テマティック》は、『三十九夜』の価値を計るのに十分ではないが、すべての初期作品以来素描されてきたヒッチコックの宇宙の構築に貴重な石[宝石]をもたらす。そして、それはこの作品の驚くべき形式的な特質をさらに強化する。

というのは、ここでもまた、ヒッチコックは大勝利を収めるからである。観客を魅了することを確信して、ヒッチコックは美点を易々と増やしていく。彼は肩の力が抜けている。当然のこととして、題材の充実に脚本の充実と演出の充実が応じる。諸々の影響を吸収し、個性がきらめきを放つ。二つのショットでロンドンの低級なミュージック・ホールの雰囲気が生み出される。彩りに富んだ細部を積み重ねることで、造作もなく真実が現れる。場面の連続がひとりでに出来上がる。各場面が見せ所の部分《ピース》になり、そして美が、あの偉大なムルナウが実に見事に創り出すことを心得ていた仕草や事物のありのままの美しさが、様々な場面全体に浸透する。例えば、スコットランドの農夫とその妻との出会い、あるいは羊たちが出て来て滝の下に逃げるエピソードのように。

間違いなく、『三十九夜』はヒッチコックの最も有名なイギリス映画である。それはまた彼の名を世界中に知らしめ、ハリウッドからの最初のいくつかの誘いをもたらした。あれこれの譲歩は、まさに配合の原則の内に含まれているのだが、この映画においては成功の完璧さによって昇華されている。商業的な野心作、ついに登場！　より十分にのみならずより盲目的に自らの力を注ぎ込んだ『リッチ・アンド・ストレンジ』の方をヒッチコック自身が好んだことは、何ら驚くべきことではない。というのも誠実さは、創造者が持ち得る唯一の価値尺度なのだから。それでもやはり『三十九夜』は、初めて、そして最終的にではないにせよ長きに亙って、アルフレッド・ジョゼフ・ヒッチコックが抱えた個人的な円積問題(51)を解決したのである。

この華々しい成功――ヒッチコックははっきりと理解していたが、そこには一部誤解も加わっていた――を前にして、彼は同じ手口を繰り返すのではなく、この道を先に進むことにした。『間諜最後の日』(一九三六)で彼は、自分の世界の見方を受け入れさせようとし、配合を誠実さ寄りに修正したのだが、しかし原則を捨て去ることはしなかった。彼はまた、ハリウッドの誘いがますます急き立てるようになっていたので、自分の野心に関してはあらゆる曖昧さを排除したかった。そこで彼はサマセット・モームの小説『アシェンデン』の一挿話を脚色することにした(52)。モームは、お馴染みのジョン・バカンよりも「真面目」で「文学的」な作家だと思われていたからである。おまけにヒッチコックは、脚本の協力者として、欠かすことのできないチャールズ・ベネットに加えて、アメリカ人の台詞担当者《ダイアローグ》ジェシー・ラスキー・ジュニアを選んだ。そういうわけでこの脚本は、後に続く脚本も皆そうだが、ヒッチコックが表現したいものを表現するのに必要な要素すべてが揃うように作られていた。こうしてこの形式主義者は理想の地点に到達したのであり、もはやそこを離れようとすることなく、そこにおいて形式は自らに相応しい内容を見つける。

情報部員アシェンデンはあるスパイを消すためにスイスに派遣されるのだが、その人相を知らない。彼は、二重スパイであるプロの殺し屋と新米のスパイで自分の妻ということになっているエルザに任務を助けられることになる。やがて一人の旅行者に疑いが掛けられる。すべてが一致するように思われる。もはや彼を消すしかない。その任務は二重スパイが引き受ける。しかし誤りがあった。真のスパイ、にこやかで愛想のよい若い男が、イギリスに戻る汽車の中で正体を現す。この汽車は爆撃されて脱線する。致命傷を負ったこのスパイは、死ぬ前に二重スパイを撃ち殺す。

この単純な構想の中に、ヒッチコック的な一連のテーマそのものを簡単に見て取ることができる。犯人［罪ある者］ではないのに犯人と見做される人物、異国での旅等々。さらに注目すべきは、というのもここで初めてこうした人物像が登場するからなのだが、謎のスパイ、裏切り者、悪人は、もはや『暗殺者の家』の不気味なアボットでもなければ『三十九夜』の冷酷なジョーダン教授でもなく、細やかな思いやりに溢れ、感じが良いだけに危険な、魅力的な若い男なのである。これは、アメリカ時代の多くの映画の主題を提供することになる若くて魅惑的な悪人の萌芽である。

これで『間諜最後の日』の美点が終わりというわけではない。この映画はさらに息を呑むようなヒッチコック・タッチに満ち満ちている。例えば、アシェンデンと二重スパイがオルガン奏者と接触するために赴く教会の場面。彼らが扉に着くと、パイプオルガンが一つの音を鳴り響かせているのが聞こえる。オルガンに近づくと、オルガン奏者が殺害されその死体が鍵盤にもたれているのを発見する。同様に、平和なチョコレート工場の中にスパイ組織のアジトが隠されていることが突然明らかになる。

しかし『間諜最後の日』はなお先へと行く。おそらく行き過ぎるまで。ヒッチコックは最も親しんだ手法の一つを用いることを躊躇わない。調子《トーン》を突然断ち切るというものである。ここでは、『リッチ・アンド・ストレンジ』と同様、冒頭が様々なギャグで出来ている。そこではスパイ行為はパロディすれすれである。メキシコ人の将軍と偽った二重スパイのピーター・ローレは、通りがかる女を皆口説き、そして気晴らしに、ケーブルカーで幼い女の子を怖がらせて面白がりさえする。スパイごっこに興じ、それを利用してスイスの超高級ホテルで豪勢に暮らす人々を見ているような印象が生じる。悲劇的な過失、無実の容疑者の殺害によって、この社交ゲームに、道徳、良心、疚しい良心が突然割って入る。二重スパイが物事を良い方に捉えるのに対し、アシェンデンと若い女性は自分たちの責任を十分に受け止める。二人はこの過失によって自分たちが殺人者となり、追っている人物と同類、あるいはほぼ同類になるということを理解する。こうした自覚は彼らの関係の内に現れる。彼は彼女の尊敬を取り戻さなくてはならない。彼女はもう一度彼を信頼するよう努める。彼らが対立する二つの場面には最高の霊感が備わっているのだが、それはジョン・ギールグッドとマデリン・キャロルという固く強張った二人の役者の手柄ではいささかもない。

『間諜最後の日』は、その様々な美点と類稀なる確かな演出にもかかわらず、『三十九夜』よりもいささか満足の行かない出来映えである。前作では非常に上手く行った「商業主義と誠実さの」配合を変更すると、作品のバランスを損なわざるを得なかった。ヒッチコックはより自分らしさを加えることを再び望み、葛藤を高めることを望んで、調和を乱したのだ。しかしながら、彼はこの作品のおかげで自身が「国際的な」クラスの演出家であることを立証し、ハリウッドに対して地位を確固としたものとすることができた。こうした証明《デモンストレーション》をさらに推し進めるために、彼はただちに『サボタージュ』（一九三六）に取り掛かった。

この作品はおそらくヒッチコックのキャリアにおいて特異である。最良の仕方でインスピレーションを与えてくれる主題を手にしたヒッチコックは、断固として、それを基に個人的な威信を誇示するような映画を作ることに決めた。彼は何事も厭わなかった。ヒッチコックは、自分に関して書かれた記事、向けられた非難、惜しみなく贈られた賛辞をふるいに掛けて、人々が自分について抱いているイメージにあらゆる点で合致する第二の個性を作り上げた。こうして撮られる映画が堅苦しく《アカデミック》、暖かみを欠き、誤魔化しのものになろうこと、しかしまた、これによって自分が明るい未来を期待できることに、ヒッチコックは完璧に気づいていた。

『サボタージュ』作戦の三つの柱は次の通りであった。

（1）文学的なだけでなく、今回は「古典的」でもある作家、具体的にはジョゼフ・コンラッドを選ぶ。

（2）その作家の作品を、[53] 誰からも裏切りだと非難されないよう忠実に脚色し、それでもヒッチコックが自分の気質を守れたのが至るところで見て取られるよう自由に脚色する。

（3）最良のハリウッド映画を思わせる驚くべき超絶技巧の演出を実現しながら、同時に、典型的に英国風の粋《シック》を残す。

ヒッチコックは確実に目標に到達すべく、アメリカの有名スターでありなおかつ卓越した女優（自分が真の才能を見分けられることを十分に示すためだ）、具体的にはシルヴィア・シドニーと契約した。

もちろん最高の媚態は、その上で、素晴らしい映画を作ることであった。しかし今回は「凝った」演出はなかった。必要なのは、強烈に、しかも卑怯なやり方で感動させることだったのである。破壊工作《サボタージュ》によってロンドン中の明かりが消える。破壊工作員は、映画館の支配人という人の好い見掛けの下に自身の活動を隠し、妻と彼女の弟と暮らしている。彼は新たな指令を受ける。地下鉄に爆弾を仕掛けろというのだ。男の子は運ぶのを任された包みの中身を当然ながら知らず、街をぶらぶらし、爆弾が彼もろともバスの中で爆発する。若い妻は夫に不審の念を抱いていたのだが、［警察の］捜査によってその疑いは確信に変わる。[54] 彼女は夫をナイフで刺し、逃げる。警察が破壊工作員を逮捕しにやって来る。思いがけず運良く爆発が起こり、若い妻の犯罪は露見を免れる。彼女は立派な警部と人生をやり直すことになるだろう。

　こうした物語から、『殺人！』と並ぶ映画が生まれ得たかもしれない。だがヒッチコックは、型にはまった権威主義《アカデミスム》を優先した。磨き上げ、さらに磨き上げ、あまりに磨き上げられ過ぎていて誠実ではあり得ない『サボタージュ』は、もちろん激賞された。それは人々がヒッチコックに長いこと期待していた「心理的な映画」だったのである。洗練された方々は小さな男の子の死に大胆さの極みを感じる。しかし、このことは認めなければならないが、ヒッチコックは、男の子の死にただ一つの見事なアイディアを与えることによって、それを意図的に丁寧に扱っていたのだ。歯磨き粉の実演販売人のせいで子供が貴重な数分間を足止めされてしまう、というアイディアである。絶賛された別の場面では、若い妻の犯罪に、実際のところ、『恐喝』や『間諜最後の日』の独創的で力強い着想とはほど遠い、一連の安っぽい仕掛けが用いられている。とはいえアイディア自体は見事である。哀れな男が、妻が（『恐喝』と同様にパン切りナイフを用いて）自分を殺そうとしていることに気づいて、自責の念から犠牲者の役割を受け入れる、という風にヒッチコックは我々に感じさせる。しかしヒッチコックはそれを感じさせ過ぎて、そうした意図を不愉快なほどしつこく強調する。自身のキャリアで初めて、また非常に喜ばしいことにこれきりでもあったが、ヒッチコックは観客の手の届くところに身を置き、自分のところまで観客を引き上げていない。

　それでも、大変見事なほんの短い場面を指摘しないのは不当であろう。殺人の場面の後で、通りに逃げた若い妻が、自分の方に来る弟の姿を見たかと思うところだ。最も純粋な叙情性の息吹が、一瞬スクリーン上を過ぎり、ついにはめまいが観客をとらえる。ああ、されど！　あっという間に我々は、「良質の」と言われた映画の内に再び打ち沈む。そう呼ばれたのはおそらく、疵があるのをヒッチコックがあまりにも恐れたからである。ゆえに、なぜ『サボタージュ』が、ヒッチコックを愛さぬ人々がひいきにするヒッチコック映画であるのかを理解することは容易い。

ゲインズボロー＝メイフラワー時代（一九三七—一九三九）

ヒッチコックは『サボタージュ』が必要だと判断したのではあったが、そこから立ち直るために自分の望み通りの映画に取り掛かった。マイケル・バルコンが［製作部門の閉鎖により］ゴーモン＝ブリティッシュを離れたので、この機に乗じてヒッチコックはその関連会社だったゲインズボローの扉を叩き、エドワード・ブラックという全くうるさ型ではなく自分に自由にさせてくれるプロデューサーを見つけた。

ジョセフィン・テイの『ロウソクのために一シリングを』(55)という「とても、とてもひどい」と感じられた犯罪小説を読んだヒッチコックに、それを映画にするというアイディアが閃いた。彼はチャールズ・ベネットと共謀して原作とまるで似ていなくなるまで脚本を手直しし、それから陽気に冒険へと乗り出した。

『第3逃亡者』（一九三七）には多くの欠点があるが、そうした欠点は『サボタージュ』の冷たい完璧さよりも愛着を抱かせる。これは「ヒッチコックのアメリカ映画」のある種の先駆けであり、イギリス映画をなお滲ませるあれこれが、いずれも全く人を苛つかせないわけではない。我々はこの映画の中に、ああした浮浪者たちや、ああした田舎や、ああしたヴィクトリア朝様式の食堂を見たくはなかったかもしれない。そして不幸な主人公は、シャルル・トレネ[56]に恐ろしく似ているのだ！ しかし、様々な美点は明らかであるので、やはり『第3逃亡者』はイギリス時代の映画の上位群に位置づけられる。

ある嵐の晩、男と女が口論している。実にアメリカ的な名人芸による実にアメリカ的なその暴力シーンは、稲妻に右目をしばたたかせる男の長めのクロースアップで終わる。そこからプロットはいつも通り下絵に従う。その女が海岸で、レインコートのベルトで首を絞められ死んでいるのが見つかる。疑惑はすぐに、レインコートの持ち主でしかも死んだ女のジゴロだった男に掛けられる。この我らが軽薄男は殺人者を探すため逃亡し、その企てを警部の娘に助けてもらう。若い二人はレインコートの行方を探し当て、さらに浮浪者が着ているレインコートそのものを見つける。そのコートは殺人犯が彼にくれたのである。浮浪者の助けを得て、若い男は、真犯人の右目の欠陥［目をしばたたかせる］のおかげで、その正体を突き止めることになる。真犯人は、黒人のメイクをして［ホテルの］ティールームのバンドに身を隠していたのである。

この平凡な筋立てによってヒッチコックは終始、主題から逸れた脇道に関心を払い、詩的な、滑稽な、あるいは恐ろしいショットをふんだんに提示するのに徹することができた。例えば、古い水車小屋の屋根裏の場面で、若い女性が逃亡者に食べ物を持って来る。あるいは貨物操車場のまた別の場面で、若い恋人たちが身を寄せ合って一夜を過ごす。あるいはさらに、子供たちの歓迎会では、その途中で子供好きのおじさんがおどけてみせる。あるいは、廃坑のシーンで、古いおんぼろ車が通ると地面が崩落する。そして『第3逃亡者』は、全映画史の中で最も見事な前方トラヴェリングを含んでいる。主人公たちが、おそらく殺人者の隠れている洒落たホテルのダンスホールに入る。観客はその殺人者を既に目にしており、彼について一つのことだけ知っている。彼は右目をしばたたかせるのだ。クレーンに載せられたカメラが四十メートル[57]の高さにあって、ホールに若者たちが入ってくるのを短いパンで追い、ホールの奥では黒塗りメイクのバンドが演奏しているのがちらりと見え、一方ダンスフロアではカップルたちが動き回っている。カメラは、バンドをフレームに収めようとするかのように、ゆっくりと斜めに下降し始める。カメラはそれをフレームに収め、前進し続けて、ついにはもはやバンドの一部のみを捉え、次に三人の演奏者を、さらにただ一人の演奏者を捉える。ドラマーだ。カメラはなおも近づき、今やドラマーの顔だけがスクリーン上にある。カメラは彼の目を探し、見つけ、［他から］切り離す。右目をしばたたかせている。

イングリッド・バーグマンの手の中の鍵に向かう有名なトラヴェリング（『汚名』）でさえこれほど印象的ではない。その上『第3逃亡者』には、『疑惑の影』における家庭の諸場面の下描きがあって、見事に成功している。様々な会話のざわめきが『疑惑の影』と同様に聞こえてくるのだが、これによって証明されるのは、音の領域においてヒッチコックが、信じられているかもしれないほどにはオーソン・ウェルズに影響されたのではないということである。[58] アメリカ時代の映画と比べて、あるいは『恐喝』と比べてでさえ、唯一の弱点は、ヒッチが、『暗殺者の家』の際に天才子役として既に起用していた女優ノーヴァ・ピルビームから、ほとんど触発されるところがなかったということだ。テレサ・ライトとアニー・オンドラが我々を魅惑するのと同じくらい、ノーヴァ・ピルビームはヒッチコックの、そして我々の心を動かさない。ヒッチと女優の関係を考察するのは非常に興味深い。彼が触発された女優もいれば、そうでない女優もいる。前者の中では、リリアン・ホール＝デイヴィス、アニー・オンドラ、マデリン・キャロル（もちろん！）、マーガレット・ロックウッド、ジョーン・フォンテーン、キャロル・ロンバード、テレサ・ライト、タルラ・バンクヘッド、イングリッド・バーグマン、マレーネ・ディートリッヒ、ジェーン・ワイマン、アン・バクスター、グレース・ケリー、ドリス・デイ、ヴェラ・マイルズの名を挙げよう。後者の中では、幸いにもより少数なのだが、ベティ・バルフォア、アン・グレイ、ジェシー・マシューズ、ノーヴァ・ピルビーム、モーリン・オハラ、ラレイン・デイ、ルース・ロマンの名を挙げよう。

ついに『バルカン超特急』（一九三八）の登場で、やはりエドワード・ブラック製作である。ヒッチコックの心積もりとしては、これがイギリスで撮る最後の映画となるはずだった。彼はハリウッドの誘いの一つを、どれにするかはまだ分からないのだが、この後すぐに受け入れることに決めていた。彼は有終の美を飾って、四年間の探求の到達点、総括の作品であると同時に終止符《ピリオド》でもあるようなものを作りたかった。ヒッチコックは、エセル・リナ・ホワイトのスパイ小説『車輪〔運命〕は廻る』[59]を脚色することに決めた。脚本をフランク・ローンダーとシドニー・ギリアットの若いコンビに任せ、さらにそれを妻〔アルマ〕と協働で撮影中に手直しした。

　バルカン半島。山中のホテルで、雪のせいで動かなくなった列車の乗客が集められている。いくつかのユーモラスな出来事の最中に、ギタリストの殺人が気づかれぬまま起こる。次の日、出発のために全員が駅のプラットフォームで再び顔を合わせる。車中では、結婚のためロンドンに帰るところの若いイギリス人女性アイリスが、ミス・フロイという老婦人と言葉を交わす。ミス・フロイが姿を消すが、彼女を見たのはアイリスの他には誰もいないらしい。アイリスはコンパートメントづたいに彼女を探し始め、その手助けをしてくれたのが青年ギルバートだった。彼は民族舞踊の専門家で、彼女とは前の晩にホテルでいざこざを起こしていた。別の乗客のハルツ博士は、彼女は幻覚に苛まれているのでありミス・フロイは存在しないのだ、とこの若い女性を説得しようとする。悲喜劇的な一連の出来事の後、アイリスとギルバートはその老婦人を発見するが、彼女は実は秘密諜報員であり、ハルツは彼女を消す使命を負っていたのだ。しかし彼らのいる車輌は支線へと引き込まれ、軍人たちに攻撃される。ミス・フロイは森の中に逃げ、一方、彼女に機密を打ち明けられたギルバートは機関車を操縦し、車輌を救済の道〔救いの待つ線路〕へと引き返させる。皆が、ミス・フロイも含めて、古き良きロンドン・シティで無事に再会する。

『バルカン超特急』は辞典のように見える点が多々ある。それはゴーモン＝ブリティッシュ・シリーズのまさに総決算である。それゆえ、ほとんど注釈を促さない映画だ。冒頭に、模型と機械仕掛けの自動車が見られるが、これらで遊ぶのがヒッチは大好きなのである。俳優は皆素晴らしく、若きマーガレット・ロックウッドは、たしかにノーヴァ・ピルビームよりコケティッシュである。ヒッチコックは、ついに、そしてわけなく、『リッチ・アンド・ストレンジ』と『間諜最後の日』では非常に不快に映ったらしい［ユーモアと深刻さの］二段階に分かれた構成を観客に受け入れさせた。時勢への当てこすりは痛烈であり、登場人物の一人で感じの悪い中立主義者が虚しく振る白いハンカチは、ミュンヘン(60)を思い起こさせずにはおかない。シドニー・ギリアットの台詞の才気はこの演出家の個性を少しも邪魔しない。これはイギリス時代の傑作であり、ヒッチコックの傑作である。

アメリカに出発する前に、ヒッチはチャールズ・ロートンとエーリッヒ・ポマーから魅力的なオファーを受けた。二人は製作会社のメイフラワーを創設したところで、自分たちのために（そしてもちろんロートンを出演させて）、ダフネ・デュ・モーリアの小説(61)に基づいて『巌窟の野獣』を撮るよう彼に申し出た。ヒッチは二つの理由で喜んで引き受けた。彼はロートンを監督したいと思っていたのであり、それは理解できる。ヒッチコックはハリウッドのデイヴィッド・セルズニックが提示した契約を受け入れたいと思っていたのだが、その条件は、セルズニックが権利を買ったダフネ・デュ・モーリアの別の小説『レベッカ』を自分に映画化させるというものであった。したがって『巌窟の野獣』を撮ることは、セルズニックに対する自身の立場を強化することに他ならなかった。

『巌窟の野獣』〔一九三九〕は、時代ものの映画（物語は十八世紀末を舞台とする）で、『ウィーンからのワルツ』の悲惨な体験以来ヒッチコックが近寄らなかったジャンルである。しかし彼は歴史の再現という罠に陥らず、むしろバロック的で彩り豊かな作品を作ろうと努めた。そしておそらくこの『巌窟の野獣』は、その後の傑作の一つ『山羊座のもとに』（一九四九）の下書きなのである。

ヒロインは若いアイルランド人メアリーで、イングランドにいる叔母ペイシャンスの許へと赴く。ペイシャンスの配偶者であるジョスは、コーンウォールの荒地にある不気味な宿屋〔兼居酒屋〕「ジャマイカ亭」の主人だ。道中メアリーは治安判事のハンフリー・ペンガラン卿（チャールズ・ロートン）に出会い、彼はメアリーに強く惹かれるが、彼女は本能的に彼のことを警戒する。少しずつメアリーは、ジョスとその居酒屋が恐ろしい海賊の隠れ家となっていることに気づく。彼女はハンフリー卿の許へと逃れるのだが、彼が一味の首領であり、暗礁へと誘導されて難破した大型船の掠奪を生業《なりわい》としていることを知らない。ハンフリー卿はメアリーを我がものにしたいと激しく望み、宿の主人とその妻を殺しこの若いアイルランド娘を連れて逃げ、フランス行きの船に一緒に乗り込むよう娘に強要する。警察が幸いにも、海賊に変装していた配下から通報を受け、錨をまさに上げようとしていた船を包囲する。常軌を逸したハンフリー卿は、投降せずに船の索具《ロープ》をつたって逃げ、そしてマストの高みから身を投げて自殺する。

我々はこの映画を見直すことができなかった。一九四五年以来、フランスで上映されていないのだ。しかし、いくつかの荒々しくも愉快な映像《イメージ》が我々の記憶に今でも生き生きと残っている。縛り首にされて死にかかっている者の縄を外すヒロイン、血まみれの短剣をシャツで拭いながらマズルカを口笛で吹く海賊、ヒースの木々の中を走る二輪馬車、そしてとりわけ甲板上へのハンフリー卿の転落。マックス・オフュルス(62)の二十年前に、カメラは高いマストから落ちて床に激突するように見える。これは、人工的で奇妙なところがいささか主人公に似過ぎた凡作の、最後の手品である。ただしこの主人公はチャールズ・ロートンによって見事に体現されており、彼は非凡なる自然さと創意工夫とを併せ持ち、この作品において生涯最高の芸《ナンバー》を披露している。

第二章

アメリカ時代（Ⅰ）

セルズニックと共に（一九三九―一九四五）

ハリウッドとの折衝は一九三六年に始まり、一九三九年に結論に達した。選ばれたのは、『風と共に去りぬ』［ヴィクター・フレミング、一九三九］を製作したばかりのデイヴィッド・O・セルズニックだった。ヒッチコックが予想していた通り、セルズニックは彼にダフネ・デュ・モーリアの小説『レベッカ』[63]の映画化を約束し、この約束が決断の決め手となった。夏の始めに、彼は妻と娘と秘書のジョーン・ハリソンと共に船に乗った。その二ヶ月後には撮影が始まった。

『レベッカ』の脚本は、『化石の森』［アーチー・メイヨ、一九三六］の作者であるロバート・シャーウッドと、ジョーン・ハリソンがクレジットされている。後者の名前があるのは、ヒッチコックが脚本の推敲をすぐそばから見張るという良き習慣を捨てていなかったことの証拠である。既に見たように、彼は自分の主題の出処に関して、偏見に基づいて判断したことは全くなかった。ダフネ・デュ・モーリアの小説は、文学的な価値については疑義を差し挟む余地があるものの、ベストセラーであるという利点をもたらした。読者を失望させないことが重要だったので、脚色は忠実だった。凝縮するという単純な仕事に専心し、新しい場面はほとんど付け加えなかった。例えばアマチュア映画［8ミリ映画］の場面は、新婚旅行の様子をかいつまんで示し、マクシムの様々な反応の不可解さを浮き彫りにし、ユーモアを華々しく披露する、という三重の利点を持っている。したがって、プロットは［小説と］常に同じである。［貴婦人の］付き添いの若い女性が、ハンサムな貴族と結婚する。彼は陰気で、最初の妻の記憶に苛まれている。この最初の妻レベッカは不在であるのにあたかもそこにいるかのようであり、ヒロインは、この死んだ女性の思い出に執着したままの女中頭と衝突する。しかし、トーンはといえば、変わったのである。冗長でいささか甘ったるい小説が、現代的で不気味な犯罪もののおとぎ話になった。ヒッチコックは、字面〔形式〕を細部にわたって尊重しながらも、精神〔内容〕を作り上げる。[64] あらゆる創造者は、自らの宇宙が組織されるに至る「結晶化」の段階を知っている。イギリス時代の最も成功した諸々の映画においてでさえ、ヒッチコックは、まだ完全に把握するには至らなかった何かを探し求めていた。『リング』、『マンクスマン』、『恐喝』、『殺人!』、『リッチ・アンド・ストレンジ』、『三十九夜』、『バルカン超特急』は、若き日の見事な作品である。『レベッカ』は全く別ものであり、一つの才能が成熟したことの最初の表れである。この成熟がアメリカ到着と時を同じくするのは、驚くべきことではない。環境の変化《デペイズマン》が触媒の役割を果たすのだ。

『レベッカ』と共に、以前は単なる特徴だった「ヒッチコック・タッチ」が、世界観となる。自発性〔自然に、衝動的に発生するもの〕がシステムに従う。これは芸術家にとって決定的な瞬間であり、悪癖、ひけらかしへの偏執に陥らないことが肝要だ。しかし、ヒッチコックはこうした罠を避けることになる。このとき以来、彼の未来の作品――というのも、これからはまさに作品という言い方ができるのだから――の両極がはっきりと現れる。一つは、魅惑、精神的な籠絡、すなわち、人格剝奪、分裂である。精神分析的に言えば精神分裂病〔統合失調症〕であり、哲学的に言えば無道徳主義であり、ボードレール的に言えば下方への請願、地獄堕ち〔劫罰〕である。[65] もう一方の極はその反対であり、自らを知ること〔connaissance〕、より正確には再‐認すること〔re-connaissance〕、存在の統一性、受容、告白、絶対的な一致である。[66]『レベッカ』のヒロインは次のように説明する。「私の父はいつも同じ花を描いていました。父の考えでは、芸術家の望みとは、自分の主題を見つけたらもはやそれしか描かないことでした」。そして実際、我らが芸術家の作品は、これ以降はもう自分の方針から離れないだろう。

しかしながら、この純化の仕事は衝突や試行錯誤なしには進まず、その数多くの例をアメリカ時代の初期の映画に見出せる。全く当然ながら、『レベッカ』は困難を承知で新しいことに挑んでいる。これはヒッチコックの名作の中で最も安定していない。『レベッカ』には採るべきものと手放すべきものとが見つかるが、それをその後ヒッチコックは採り、手放したのである。女中頭として登場するダンヴァース夫人は、『山羊座のもとに』のミリーほど繊細には描かれていない。ジョージ・バーンズの撮影は、この演出家が後にジョゼフ・ヴァレンタインやロバート・バークスに要求し得たような優れた技量を持たない。デクパージュ自体の優美さはいささか弱く、いくつかのカメラ移動は凝り過ぎである。その代わり『レベッカ』には、その後の作品で発展し洗練される多くの要素の端緒あるいは下書きが見出される。例えば、演技そして俳優の様式化は、一方の顔の素早い表情の変化と他方の顔のこわばった平静さとの関係に基づき、『汚名』において成果を得る。例えば、移動しながらのクロースアップは、既にイギリス時代に使われていたが、脆さ、不安定さを表現するためにこのとき以来体系的に採用される。[67]その上ここでは、ワイラーが『偽りの花園』〔一九四一〕で用いることになる、ラック・フォーカスが組み合わされている。だが、ヒッチコックは、この組み合わせをすぐにやめ、続く諸作品においては、移動しながらのクロースアップは、その方が論理的なのだから、一様にぼやけている〔ピントの合っていない〕背景でしかもはや撮影しなくなる。

しかし新しさは、とりわけ俳優の演技指導にある。ヒッチコックはハリウッドで、イギリスの撮影所とはかなり異なる役者たちと出会う。ハリウッドでは選択の幅が限りなく広く、これ以降ヒッチコックの全作品で演技が完璧となり、彼は俳優の信望厚き指導者として名声を博する。とはいえ、一緒に仕事をした役者は皆、彼がカメラの動きとの関係の中でしか自分たちに指示を与えないという印象を持っている。騙されてはいけない。この自由さは見掛けだけであって、まさにこの映画のジョージ・サンダースと『見知らぬ乗客』のロバート・ウォーカーほどに気質の異なる演者において、同じ物腰だけでなく同じ癖も見出されるほどなのだ。驚いた眉も同じ、口をとがらせた仏頂面も同じ、半ば男色家的で半ば幼児的な振る舞いも同じである。ジョーン・フォンテーンに関して言えば、彼女は最高の創造〔演技〕を行った。彼女は最も偉大な二人のヒッチコック女優の一人であり、演出家ヒッチコックに霊感を与えたのだ。数年後にイングリッド・バーグマンがするように。

『レベッカ』はその年の最優秀作品賞の「オスカー」を獲得し、ヒッチコックは大半の大会社から誘われた。セルズニックの目論見通りで、というのも彼の原則は、映画作家や俳優と契約しては彼らを右へ左へと貸し出すというものだったからだ。「七年間の独占契約」の間に、ヒッチコックは、実はセルズニックのために『レベッカ』、『白い恐怖』、『パラダイン夫人の恋』の三本しか監督していない。という次第で、ウォルター・ウェンジャーが次の映画を一九四〇年の始めにプロデュースした。『海外特派員』である。

ドクトル・ゲッベルス[68]は『海外特派員』を、素晴らしくまた非常に危険な映画だと考えた。ヒッチは、普段は「政治参加する《アンガジェ》」作家では全くないのだが、ナチズムに対しては例外だった。『バルカン超特急』、本作、『救命艇』、『汚名』、『ロープ』は、いささかに政治的な映画である。

アメリカ人ジャーナリストのジョーンズは、一九三九年の戦争［第二次世界大戦の勃発］の少し前に、「状況分析」のためにヨーロッパへ派遣される。彼はオランダのある高官に会うが、この高官は、ナチが何としても知りたいと望んでいる条約の秘密を握る人物である。それゆえ、ナチは高官を誘拐し、彼の代わりに瓜二つの人物を殺す。ジョーンズは真実を知って、オランダ高官の捜索に取り掛かる一方で、彼自身を追跡するのに放たれたスパイたちから逃れなければいけない。舞台は、風車の国からイギリスに移る。ジョーンズは逃走中に若いイギリス人女性と道連れとなり、彼女はロンドンで彼を父親［フィッシャー］に紹介する。この父親は、ある平和主義団体の会長だが、実はナチとグルである。彼がジャーナリストに付けたボディガードは殺し屋に他ならず、ただし幸いにも非常にへまであり、サスペンスに富んだある場面で、殺し屋の方が塔の高みから虚空へと落ちることになる。波瀾万丈の、ユーモラスなあるいは残酷な山場がいくつか続き、そのトーンは『三十九夜』を思い出させる。注目すべきは、ガウン姿で屋根の上を逃げていたのが、終いには思いがけずカクテル・パーティの真っ最中にたどり着いてしまうところ、田舎の宿のシークエンスで、必ずしもそうとは言えないのに、記者が淫らな意図を持っていると娘が思い込むところ、拷問の場面で、被害者の叫び声がジャズの音楽によって隠されるところ等々である。

オランダ高官は口を割らず、フィッシャーは正体を暴かれるものの、宣戦布告の日にアメリカ行きの飛行機に乗りおおせ、一方ジョーンズは彼の数席後ろに座る。ドイツ軍の攻撃で飛行機は海に墜落する。フィッシャーは娘を救うために自らを犠牲にする。難破した人々がついには救助される。ジョーンズは船長が禁ずるのに逆らって、滑稽な方法を見つけて勤め先の新聞社に電話し報告する。舞台はロンドンに戻り、ジョーンズはラジオで、同国人［アメリカ人］に向けてドイツの爆撃を公然と非難する。

精神と構成（スケッチの連続）が類似しているが、演出は『三十九夜』よりも冴え渡り、充実している。ハリウッドのメカニズムは、ヒッチコックにとって貴重な助けであった。イギリスだったならば、例えば、殺人者が山高帽と雨傘の大群を掻き分けて進むテロの場面を、同じように見事には演出できなかっただろう。ヒッチは、彼の名声をまるで見当違いに高めた音響的・視覚的な「トリック」をやめた。すなわち、同じ音声や身振りによるつなぎを、あるいは殺人に関わる対象《もの》のクローズアップを。彼はこの作品ではもうベストセラーに自由を奪われていないので、文体は『レベッカ』よりリラックスし変化に富んでいる。最後に言えば、スパイである博愛家、ハーバート・マーシャルによって演じられるフィッシャーは、典型的にヒッチコック的な登場人物である。彼は、『三十九夜』のジョーダン教授と『疑惑の影』の叔父チャーリーをつなぐ。彼は、ジョーダン教授からは威厳のある不気味な仮面を受け継ぎ（欠けた指先に代わって、片足を引きずる）、『疑惑の影』の主人公とはエレガンスと疚しい良心とを共有している。彼こそをヒッチコックは最も念入りに磨き上げたのであり、フィッシャーは、〈悪〉――この語の悪魔学的《デモノロジー》な意味で――の諸力をナチズムと同一視する考え方を体現する。既に述べたように、このテーマは後に再び取り上げられるが、ここでのアプローチはまだ慎重である。

次の映画は全く異なるジャンルに属す。それは戦前に、例えばレオ・マッケリーやフランク・キャプラが撮っていたアメリカン・コメディである。ノーマン・クラスナがRKOに売り込んだばかりの自分のコメディの一つを監督するようヒッチコックに提案すると、「サスペンスの巨匠」は喜んで引き受けた。彼は、少し『シャンパーニュ』を、そしてとりわけ『リッチ・アンド・ストレンジ』を思い出して、最大限の真剣さで取り組んだ。結果は最も興味深いものの一つとなった。ヒッチは、単純さと素早さという、このジャンルの常套手段に従いたくはなかった。俳優の演技だけが伝統に忠実なままである。しかも俳優は、素晴らしいベテラン喜劇俳優、ロバート・モンゴメリーとキャロル・ロンバードであった。彼らはスミス夫妻のような話を既に何度も演じたことがあった。ヒッチコックは、これら専門家《スペシャリスト》の数々の美質を上手く見分けたので、彼らに別のスタイルを押し付けようとは少しもしなかった。彼はすべての努力を演出へと傾け、そしてその分、演出が自分の個性を際立たせることを望んだ。

冒頭の場面から形式の独創性が炸裂する。緩やかなトラヴェリングとパンの組み合わせが、散らかった部屋を描く。衣服や雑多なものが床を覆い、家具を埋め尽くしている。カメラがベッドの前で一瞬止まると、女性の髪が現れる。カメラはさらに前進する。片目が見えて、次いでキャロル・ロンバードの顔が見えてくる。この最初のショットの緩慢さは、アメリカン・コメディで当時効力を持っていた様々な掟への明らかな違反である。このショットは一種の不安を表し、「サスペンス」映画の冒頭であっても全く不思議はない。他の部分も同様の原則に従う。あらゆる場面が主観的な視点から撮影されているのだ。さらに何度も、「主観的な」カメラの試みを我々は目撃する。登場人物とのこの強制的な一体化が笑いを遮る。アメリカン・コメディは一般的に、その諸効果を、客観的な観察という公準から引き出す。それは狂気の沙汰に関する調書である。この映画では、我々は登場人物たちの共犯者である。笑いは、生まれてもすぐにひきつる。ギャグは、その手段《ネタ》にされる者には可笑しくない。『スミス夫妻』において笑える数少ない機会は（ただしいくらかの気まずさがなくもない）、一つの主観からもう一方の主観への急激な移行の瞬間である。例を見よう。

自分たちの結婚が〔法的に〕無効だったので、スミス夫妻は、各々独身生活を送ることによって、自分たちの愛を試そうとする。死ぬほど寂しがっているスミス氏は、妻が男性同伴でいるのを既に見掛けていて、嫉妬に苦しめられる。彼は友人の一人にレストランに連れて行かれる。二人の男は、嘘のような尻軽女たちと食事を共にする。しかし食卓に着くやいなや、スミスは妻が遊び友達の男といるのに気づく。全く冴えない連れと一緒にいるところを目撃されてしまったのを恥じて、彼は、隣の席に独りでいる若くて美しい女性に目を付ける。彼は、自分の連れであるかのように彼女に話しかける振りをし、レストランの反対の端にいる妻が気に掛けているのを確かめて喜ぶ。凱歌を上げんばかりのとき、彼はくしゃみをする。連れの女の子たちの一人がすぐさま寄って来て、治療のためだと彼をテーブル上に無理やり横にならせる。そのとき、スミス夫人がどっと笑い出す。我々も……。この場面の前半の間、我々はスミスと、その気まずさを、そしてその勝利を共にしていた。くしゃみの後で、我々は、バリケードの向こう側にまわり、スミス夫人に味方している。ある「主観」からもう一方の「主観」へのこの飛躍が、笑いを突発的に引き起こす。安堵の笑いではない。我々は自分自身を馬鹿にしているような気がするのだから。

それでも『スミス夫妻』には、純粋な可笑しさが思いがけず見出されるところが色々ある。例えば、キャロル・ロンバードの履いているスキーが、カメラと、彼女が夫と交わすキスとの間で衝立のように立てられるラストの画面である。しかし、アメリカン・コメディに典型的なこうしたギャグは華麗さに欠ける。一方で、数々の最上の瞬間は——こうした際に我々は『リッチ・アンド・ストレンジ』の作家だと思い出すのだが——「深刻なものへの転換」の瞬間である。例えば、夫婦が最初の頃のデートの魔法を再び生み出そうとして失敗に終わる、記念日のディナー。レストランの新しいオーナーが敵意を持って彼らを横目で見ている間、たまらない静けさの中で、彼らはお気に入りだった料理の……でき損ないを味わう。『リッチ・アンド・ストレンジ』の難破の場合と同様に、愛が朽ち果ててしまったという感覚が、許容の限界に至っている。

成功しているか否かはともかく、ヒッチコックは、こうした主観的な演出の試みに魅入られていた。彼は、自らの探求を後押ししてくれる主題を探し、三年前に大成功を収めていたフランシス・アイルズの小説『犯行以前』(69)を選んだ。今回はヒッチコックは、絶対に忠実でなければならないとは感じていなかった。彼は自分の映画の共同プロデューサーだったのである。しかも初めて。彼は、サムソン・ラファエルソン、ジョーン・ハリソン、アルマ・レヴィル(家族揃っての仕事だ!)の助けを得て、一九四一年に、『犯行以前』を基にして映画『断崖』を作った。

その脚色は小説からかけ離れており、批評家は裏切りだと非難したほどだった。フランシス・アイルズが語ったのは、イギリスの田舎の上流社会の娘が、ある若い男と恋愛して結婚をする物語で、魅力的なこの男はしかし、遊び人で賭博好きで泥棒である。あげくに彼女は、彼が人殺しでもあることに気づく。さらに悪いことに、彼は彼女を殺そうと企んでいる。そして彼女は、愛ゆえに、毒の盛られたグラスのミルクを飲むことを受け入れ、こうして「犯行以前」に、自らの殺人の共犯者となる。この状況設定は優れているが、わざとらしく、作家は最後の場面のためにのみこの小説を著したのではないかと思わずにはいられない。ヒッチコックはといえば、この最後の場面のためにではなく、むしろこの場面にもかかわらずこの小説を選んだのである。映画では、若い妻はグラスのミルクを飲まないし、ミルクは毒を盛られていない。もはや主題は、「どのようにして彼女は、毒を盛られていると知っているミルクを飲むのか」ではなく、「どのようにして疑惑の錐は、夫婦の結びつきに穴を開けるのか」である。結末が違っている？　くだらない。物語が同じではないのだ！　実際、疑惑は、[70]『レベッカ』の作家が好むテーマの一つであり、ヒッチコック映画の中には、疑惑がしかるべき位置を占めていない作品は一本もないほどなのである。疑惑とは、言わば「交換」の概念の心理的な保証金であり、[71]この概念の道徳的な側面は後ほどさらに推し進めて検討することになろう。ここで問題なのは、ある特権的な映画的モチーフなのだとさえ言える。いずれにせよ、ヒッチコックは、まさにその表現手段によって、心［魂］から心への純粋な関係を表現し、振る舞いという遮蔽幕《スクリーン》に穴を開け、外面から内面へ、客観的なものから主観的なものへと達することができた。前作でいささか性急に進められた「主観性」に関する探求は、ここにおいて遥かに豊かな実験の領域を見出そうとしている。

　前半部全体は魅力的なラブストーリーであり、ワルツの調べに乗って展開する。ジョーン・フォンテーンとケーリー・グラントがカップルとなるのだが、二人は観客に、美男美女で、運命の糸で結ばれており、愛し合っている、と強く思わせ続ける。疑惑が入り込んでくるとトーンが変わり、スタイルもまた変わる。そこまでは客観的だった語り手の視点が、若い妻のそれと同一化する。ケーリー・グラントの振る舞いは、この俳優の演技そのものは微塵も変わっていないのに、次第に謎めいて見えてくる。我々はヒロインと同様に、疑惑の内にとどまり続ける。ヒロインが疑惑の内にとどまり続けることを望んでいるのと同様に、とすら言えるかもしれない。彼女がグラスのミルクを飲まないのは、疑惑を捨てざるを得なくなることを何よりも恐れているからである（それこそが、グラスのミルクは毒を盛られていなかった、という、背理法による証明である）。彼女は吸血鬼のようにこの疑惑を貪り、自らの愛の失敗に耽りたいのである。

まさに最後の場面において、我々は疑惑が一掃されるのを目にする。夫は自らの無実を完全に証明し、若い妻は、きちんと閉まっていなかったドアから似非《えせ》犯罪者が今にも自分を突き落とそうとしている、と信じて逃げた後で、再び車に乗る。しかし事実が証明されても、観客の心の中に疑惑が残るかもしれない。観客は自分に客観性があるのだと言い張って、自分が間違えていたことを認めるのを拒み、作家の方が浅はかで不誠実なのだと非難する。『断崖』以前、ヒッチコックに対して示された留保はむしろお世辞だった。「彼は自分に相応しくない物語に、時間と偉大なる才能を空費している」と言われたものだ。『断崖』以後は、「彼は限界を示した。深みを欠いた芸達者《ヴィルチュオーゾ》、テクニシャンであって、真の作家ではない」と言われることになる。我々はこういった非難に応じる機会を持ってきたし、これからもさらに持つだろう（それがまさにこの著作の目的だ）。実際のところ、こうした非難がまたしても、少なくとも一時的には、我らが映画作家に調子［音域］を変えるよう強いたのである。したがって、イギリス時代の追跡ものの諸作品が懐かしまれていることを読み取った彼は、昔の共謀者であるチャールズ・ベネットから提供されていたアイディアに基づいて、めまぐるしく入り組んだ脚本を起稿することを思い立った。商売上手のセルズニックは、当時ユニバーサルのプロデューサーだったフランク・ロイドとジャック・スカーボールにかなりの額でそれを売り、さらに、同じくらいの高額でこの作家［ヒッチコック］が仕事をするように彼らに貸し出した。こうしてアルフレッド・ヒッチコックは、『逃走迷路』(一九四二)を監督することになったのである。

この映画の原則は単純だった。彼に馴染みの下絵――無実の者が誤って容疑者となり追跡され、その一方で彼自身が真犯人を追う――に基づいて、ヒッチコックは我々にイギリス時代の作品のメドレーを提供しようと試みた。いくつかの特徴を再び取り上げて、度を越すほどにそれらを拡大し、暗示と目配せを増やした。出発点は、アメリカ合衆国におけるドイツのスパイ活動である。若い工場労働者が破壊活動《サボタージュ》の嫌疑を掛けられるが、彼が犯人でないのは明白である。彼は警察から逃れ、合衆国を横断して真犯人を探す。偶然彼に明らかとなっていたその名はフライである。(73) 筋《アクション》はカリフォルニアで始まって、ニューヨークの自由の女神像のてっぺんで終わり、そこで主人公は謎の男フライと再会する。この話は、突拍子もないものだと察しがつくが、建築家の知恵を用いて構築されている。一つの歯車も軋むことなく、諸場面は絶対的な正確さで互いにぴたりとはまる。地理学的、民族誌的細部、土地の訛りは、丁寧に描かれる。代わりに、演出は『海外特派員』ほど豪華ではないが、それだけに、イギリス時代の映画との類似がよりいっそう現れている。歴然たる無数の典拠の中から、『三十九夜』を思い出させる手錠と橋を挙げよう。映画館の場面では、警察に追われたフライが客席に向かって発砲するその一方で、スクリーン上では登場人物もまた発砲しており、これは『サボタージュ』の最良の場面を想起させる。同様に、慈善パーティでは、主人公とその連れがスパイたちに脅されるが、大勢の招待客はそれに気づくことがなく、これは『暗殺者の家』の教会を思わせる。自由の女神像の上からフライが最後に落下するのは、『巌窟の野獣』のラストでのチャールズ・ロートンの墜落を思わせる。スパイ恐怖症への素晴らしい諷刺、愉快な自己パロディである『逃走迷路』は、気晴らし《ディヴェルティメント》以外のものではなく、またそうなることのみを願っている。すべてが、あたかもヒッチコックがこれを最後に新たなページを捲るのを望んでいたかのように進み、にもかかわらず、批評家と観客が彼について抱いていた考えがどれほど表面的なものにとどまっていたかを実証している。「私は若い頃にトライアングルを演奏していたがやめた」と、この映画の主人公はピアノを弾く盲人に言う。それに対して盲人は、「あなたは間違っていた。トライアングルは高貴な楽器だ」と応える。我々はここに、『マンクスマン』へのさりげない言及を見て取りたい。というのも、その映画の失敗によってヒッチコックは、「三角関係《トライアングル》」という高貴な演劇の楽器〔道具〕をもはや演奏しないことを余儀なくされたのだから。彼が思い切ってそれを再び用いるのは、やっと『山羊座のもとに』になってのことである。

ヒッチの見通しは正しかった。『逃走迷路』は大成功だったので、ジャック・スカーボールは彼に好きな映画を撮るよう提案した。そこで彼は、ゴードン・マクダネルの物語を探し出し、二人の優れた作家、サリー・ベンソンとソーントン・ワイルダーの協力を得た。こうして『疑惑の影』(一九四三)が生まれた。外景はカリフォルニアの小さな街で撮影され、ジャン・ルノワールが二年前にジョージアで『スワンプ・ウォーター』［一九四一］を作ったのといささか似たやり方だった。この演出家［ヒッチコック］は、背景の真実性を最大限に重視していたのである。

主題は以下の通りだ。チャーリー・オークリー（ジョゼフ・コットン）は、裕福な未亡人を誘惑しては殺すことによって生計を賄っている。警察に疑われた彼は、サンタ・ローザにいる姉の一家の許へ逃げ込む。彼は放蕩息子[74]として受け入れられる。同じくチャーリーという名の彼の姪にして代子《だいし》[75]（テレサ・ライト）は、叔父についてこの上なく熱烈な賛美を公言する。しかし少しずつ彼女の中に疑惑が生まれ、この疑惑は、叔父を見張る任務を負った刑事によって消し去りがたいものとなる。警察によれば殺人者は彼に他ならず、さもなければ、東部にいるもう一人の容疑者である。後者は、今にも逮捕されようとする瞬間に飛行機のプロペラに巻き込まれてばらばらとなり、誤って真犯人とされてしまう。一件落着するが、姪の方のチャーリーは既に真実を発見していた。彼女は、叔父がその小さな街に落ち着く決意を固めているのを見て取り、心を悩ませる。彼女は胸中を彼に打ち明け、去るようにと懇願する。彼は拒否し、彼女が刑事に恋しているのを知って、二度にわたって彼女を消そうとする。ついに彼は逃げ、三度目の殺人を試みる最中に、列車の車輪に轢かれて命を失うことになる。葬儀が立派に執り行われ、敬意に満ちた弔辞が述べられるが、その一方で、チャーリーとその婚約者は、世界がこうした怪物を生み出し得ることについて驚きの言葉を小声で交わし合う。実は若いときに叔父チャーリーは事故の被害者となっていたのだが、彼のシニカルな信念は、あり得る哲学の一つとして、彼自身によって、そして作家によって、はっきりと開陳されている。

チャーリーを叔父へと結びつける絆は、全篇を通して明確に示されている。犯罪者とその姪は、同じ名前であるだけではなく、一種のテレパシーで互いに心を通じ合っている。その上、彼らの人物像は対照をなす。チャーリーは無垢であり、叔父チャーリーは偽善である。彼女は純粋さの輝きを持ち、彼はほとんど悪魔的《ルシファー》な魅力を人々に対して発揮する。したがって、チャーリーは、別々の二つの人格《ペルソナ》(76)として現れる一つの存在であるかのように理解できるだろう。すなわち、叔父は地獄に堕ちた者であり、姪は天使である。この作品の中に心理的な犯罪映画の独創的な見本しか見て取らないことは、まず不可能である。脚本の構造自体が、そして熟考された演出の詩法が、そうした見方を禁じるのだ。ここでは、すべてが脚韻の原則に基づいている。この映画の諸契機の中で、その影、その反映がいずれかの箇所に見出されないものは、おそらく一つもない。あるいは、その方が良ければ、フランソワ・トリュフォーから以下の例を借りて、(77)彼と共に、『疑惑の影』は二という数字に基づいて構成されていると言おう。

(1-a) ニューヨーク。叔父チャーリーが身なりを整えて、ベッドに横になっている。彼の顔は画面の右手にある。

(1-b) カリフォルニア。姪のチャーリーは身なりを整えて、ベッドに横になっている。その位置は——鏡の中の反映のように——叔父と左右対称《シンメトリー》である。

(2-a) チャーリーは、叔父に電報を打つために郵便局へ行く。

（2-b）そこで彼女は、叔父から電報が来ているのを知る。

（3-a）刑事が、チャーリーに彼女の叔父を見張っていると告白し、さらに次のことを言う。

（3-b）もう一人の刑事が、国の反対の端にいるもう一人の容疑者を見張っている。

（4-a）刑事の告げたところでは、東部の容疑者は、飛行機のプロペラでばらばらになって死んだ。

（4-b）叔父チャーリーは、列車に轢かれてばらばらになって死ぬことになる。


一方、『疑惑の影』には、教会の場面が二回、車庫の場面が二回、警官たちが家に訪ねて来るのが二回、食事の場面が二回、殺人未遂が二回ある。終いに、この演出家は、同じフレーミング、同じカメラ移動を、叔父と姪に交互に与えることになる。背中の二つのエクストリーム・クロースアップ・ショット、二つの前進移動、二つの仰角等々。しかし細部の味わいと正確さは、どんな点においても建築〔構築〕の厳密さにひけを取らない。音は、オーソン・ウェルズ風に（そして『第3逃亡者』風に）用いられており、登場人物は、やり取りの途中で互いに相手の言葉を遮り、自分の声が届くように声を大きくし、あるいは同時に話す。こうしたこと一切が数多くの真実味のある些細な出来事の描写と相俟って、この映画のドキュメンタリー的側面を強調する。田舎者の単純さ、西部のアメリカ人の陽気さをもって、人々は仕事に励んでいる。こういったありふれた文脈では、犯罪者の存在は当惑を引き起こすのだが、ヒッチコックは面白がってその当惑に輪をかける。彼にとって、異常なものは平常のものをより平常にする手段に他ならず、逆もまた真なりである。しかしながら我々は、大人ぶった妹や、愚かな父親、犯罪マニアの隣人といった脇役については、いささかの留保を付けよう。彼らの登場は誰の目にも滑稽であるが、諷刺は変化に欠ける。これらはどう見ても、『わが町』[78]の作者であるソーントン・ワイルダーの仕事に帰すべき欠点である。

この映画（作家ヒッチコックのお気に入りのうちの一本だ）の最大の素晴らしさは、指摘しておくにとどめよう。それは「交換」という道徳的観念であり、この建造物の主桁を成し、それ無しではトランプの城のように崩壊するだろう。このヒッチコック的「体系《システム》」の源となる観念に、我々は道の曲がり角でかつて出会ったし、これからさらに頻繁に出食わすだろう。魅惑的な叔父チャーリーは、『ロープ』のブランドンと『見知らぬ乗客』のブルーノ・アントニーを従弟として持つことになり、叔父の詭弁《ソフィズム》は従弟の詭弁を予告する。とはいえここで我々は、一見したところでは、正真正銘の「罪責の移動」の存在に気づかない。若い女性［姪のチャーリー］は自分に罪があるとは思わず、罪ある者として振る舞いはしないのだ。だが叔父の言葉を思い出してみよう。「世界は巨大な豚小屋だ」と彼は言う。彼は自分の認めたくない責任を、まさに世界へと負わせ、彼が世界に浴びせる汚辱は、これまでは純粋だった姪の魂に跳ね返る。というのも、彼女もまた世界の一部なのだから。映画の最後のやり取りは、今度はチャーリーとその婚約者の口で、またしてもまさにこの世界を非難する。「こんな怪物のような者［存在］たちがなぜいるのか」。宇宙［世界］を成立させる構成要素としての欠陥――〈悪〉の問題と哲学者は言うだろう[79]――を発見したことで、同時に、無垢なる者はその無垢を失うのである。

『疑惑の影』は輝かしい成功をもたらした。ヒッチコックは、セルズニックの管理下で撮影所を巡業《ツアー》し続け、フォックスのために、筋《アクション》が完全に一隻の救命艇の中で展開する映画を実現しようと企てる。『救命艇』（一九四三）である。彼はプロデューサーに、『ハリウッド・クォータリー』の発行人であるケネス・マッゴウワンを選んだ。彼は、ジョン・スタインベックに自らのアイディアを説明して二十ページのシノプシスを書いてもらい、台詞担当としてクレジットされているジョー・スワーリングの助けを得て自ら脚色に努力を傾けた。

映画の幕開けは、率直に言えば、深刻な危惧を呼び起こさずにはいない。「難破」というテーマは、様々な階層に出自を持つ、あるいは対立する意見を公言する人間のいくつかの見本をしばしの間自然状態へと帰らせることにあり、型紙《ステンシル》だらけの水溜まりなのだ。外部から孤立して、登場人物は心ならずも典型と化し、本性［自然］以上に型にはまって見えるだろう。そして演出家が彼らの人物像《ポートレイト》にニュアンスを込めようとすると、元々の特徴の苛酷さがますます際立つ。大型客船が魚雷攻撃されたところである。救命ボートへと以下の面々が順々によじ登ってくるのを我々は目にする。〈女性記者〉（大文字で言葉を始めるのは意図的である）[80]、共産主義シンパの〈技師〉、〈実業家〉、〈船乗り〉、善きキリスト教徒である給仕の〈黒人〉、可愛い〈看護婦〉、死んだ我が子を抱く〈イギリス人女性〉である。当然のように、演出家と台詞担当の脚本家はこの状況の一風変わった《ピクチャレスク》ところを利用する。だが、最も美しい部分になったはずの要素がある。海という要素《エレメント》[81]である。ヒッチコックは、人工であれ自然のものであれ、背景を利用するのに大抵長けていたのだが、ここでは奇妙にもったいぶっている。『救命艇』の撮影所の大洋は、『海外特派員』の最後の数分間の荒れ狂う素晴らしい大洋との比較には全く堪えない。冒険の詩情《ポエジー》を求めても無駄であり、我々は無味乾燥な教訓話を前にしているのである。

しかし、この寓話の教訓《モラル》は、というのも寓話があるからなのだが、心配されたかもしれないほどには単純すぎるものではない。新しい具材が追加されることで、鍋でとろとろと煮込まれたブイヨンの香りが引き立ってくる。最後の遭難者が突然出現するのだ。それは〈ドイツ人〉（やはり大文字で始める）で、潜水艦の乗組員である。そしてまさに寓話であるからして、この新顔は独自の魅力を持ち、我々に馴染みの姿の、心を惑わす〈悪〉を象徴する。とたんにヒッチは我に返り、筆を持ち替える。心理的であろうとしていたタッチが道徳的になる。〈ナチ〉は反応の触媒として機能する。彼がいるだけで、潜在していた居心地悪さを露呈させるのに十分だろう。なぜなら、もはやおしゃべりすることではなく、行動することが問われるからだ。上手く行動するのは誰か。

どこに犯罪があり、どこに正義があるのか。どこに真理があり、どこに誤りがあるのか。じきに分かるが、〈ドイツ人〉は、ボートを安全な港へ、ドイツの安全な港へ向かわせようとしている。ところが、彼は航海の諸事に通じた唯一の人物なのだ。では彼を船から投げ出すべきか。否、と信心深い〈黒人〉は言う。然り、と無神論者の〈技師〉は言う。しかし、彼らの道理はそれぞれ、それほど純粋だろうか。後者は恐れから、前者は仮定から、行動しているのではないか。ぶつぶつと言われる言葉の下に、いかがわしい動機が隠れている。騙されないようにしよう。ついに〈ドイツ野郎〉が現行犯で取り押さえられて船から突き落とされることになるが、この処刑は卑劣で醜く、乱闘の後ろの方でばたばたと動く女たちも大目に見てはもらえない。ヒッチコックは集団が吐く息の悪臭を遠くから嗅ぎつけ、いつものように不意打ちを食らわせる。

最後の数分間で、ドイツの水雷艇が現れるが、遭難者たちの目の前で、次いで登場したアメリカ船によって海底に沈められる。また一人ナチの水兵がボートに乗り込んでくる。遭難者たちは受け入れようとするのだが、彼は銃を突き付ける。彼らは武器を取り上げ、躊躇を見せ、最後には彼を受け入れ、そして、映画はかなり謎めいた台詞で終わる。「我々はこうした連中をどうするべきなのか。答えられるのは死者だけだろう」。おそらくヒッチコックは、この作品の反ナチ的な性格と、それに比べれば時代状況に適ってはいない「一切裁くなかれ」という哲学とに、同時に配慮しようとしたのだ。この寛大な格言に関して、ここで我々に示されるのはその軽蔑的な裏面のみである。「あなたには裁く権利がない」。

細部のユーモアは極端に棘があり、相次ぐ辛辣な描写は逸話の全体としての教訓《モラル》に寄与することになる。ヒッチコックは冷酷な執拗さで、〈女性記者〉が8ミリカメラ、ミンクのコート、タイプライターを次々と海に投げ出し、そして魚をおびき寄せる餌代わりにブレスレットを使うのを見せる。彼女が手離さないのは口紅だけだ。牧歌的恋愛が芽生え、素足と素足がほんの少しの猥褻さでそっと触れ合う。異様《グロテスク》な格好の主人公たちは、身体的な苦痛によって彫琢されて美しくなるということすらない。カリカチュアの醜さは、それに付随するいかなる偶発的魅力［恩寵］によっても救われ［贖われ］ない。

この主題は、ヒッチコックがそれまでに扱った最も野心的なものの一つである。ここには大衆小説やメロドラマの痕跡はもはやない。プロットは登場人物の真実にのみ支えられている。そして登場人物たちは、我々が一瞬信じそうになったのとは違って、全く型にはまってはいない。葛藤が、品行の心理学の次元から道徳《モラル》の次元へと、容易に計測されない青緑色の深さを持つ道徳の次元へと高められたことで十分である。我々の唯一の留保は、この葛藤があまりにも文学的な様相をとどめ、映画に固有の力をあまりにも信頼していないということであろう……。お察しの通り、これはヒッチコックをいつも中傷している人のお気に召す映画の一つなのだ。我々の称賛を彼らのそれに加えよう。そしてヒッチへの我々の共鳴を支えとして、彼の最も完璧な作品の一つではないにせよ、この作品は、他の作品を理解するための有用な光をそれらに投げ掛けているのだと言おう。我らが映画作家の何本かの映画が技術的な試金石であるならば、全くもってこの映画は道徳的な、ひたすら道徳的な企てへの試金石であるようだ。この作家は、他の作品では暗に含まれている哲学をここでは明白に提示している。その哲学とは、裁くことの拒絶、［人への］強い要求、ペシミズム、彼が正当にも憐憫や正義や他の様々な良き感情に対して抱いている不信である。この破壊工作の後に、彼は我々に何を与えるのか。せいぜい「中間」、不安定な均衡であり、叡智ではなく、単なるその場しのぎの解決である。我々が「乗り込んでいる」(82) この生においては、暫定的な、危機回避［救命］の〈善〉しかない。これは、諸前提においてはジャンセニスト*(83)であるとしても、結論においてはシニカルな教訓《モラル》［道徳］である。[84] 偽善的な教訓、まあよろしい、だが、おめでたさとは無縁の教訓だ。我々は悪によって利を得ている。我々が利を得ているのは悪によってなのだ、ということを少なくとも知っておこう。あるいは同じことだが、悪の追放が清らかな手を我々に残すのではないと認識しつつ、悪を追い出そう。しかし、これが結語なのだろうか。ヒッチはこの責務に何度でも立ち戻ることができるだろう。待とうではないか。

＊＊＊

一九四四年初頭、ヒッチコックはセルズニックの許可を得て、［イギリス］情報省から命じられたプロパガンダ映画の短篇二本を監督するためにイギリスに赴いた。

一本目の[85]『マダガスカルの冒険』はフランス語のトーキーで、イギリスに亡命していた「モリエール・プレイヤーズ」という劇団によって演じられた。物語は、若き弁護士がいかにマダガスカルでレジスタンス活動を組織したかというものであった。それは美食の国フランスへのヒッチコックのオマージュだった。

二本目の『闇の逃避行』［『ボン・ヴォアヤージュ』］の主題は、よりヒッチコック的であるが、現実の出来事から採られたものだ。イギリス人の捕虜がドイツから脱走する。やはり脱走したポーランド人将校が彼の道連れとなる。二人の男は友情で結ばれるのだが、このイギリス人は自分の同行者が実はゲシュタポの手先《エージェント》であることに気づき、彼を殺す。

後者の映画の脚本家の一人であるアンガス・マックフェイルは悪魔学に夢中で、フランシス・ビーディングの「犯罪もの」の小説『エドワーズ医院』(86)のことをヒッチコックに教えた。二人して脚色を準備し、それをヒッチがアメリカに帰るとセルズニックに委ねた。セルズニックは断固として反対した。実際この映画は、すべてが精神病院の中で展開し、登場人物が正常か狂人かに合わせて、半分は白黒で半分はカラーとなるはずだった。施設の院長もまた狂人で、黒ミサの大祭司であり、十字架上のキリストの刺青を足の裏に入れて、一足ごとにそれを踏もうというのだった。

『エドワーズ医院』は実際に撮影されたが、『白い恐怖』(一九四五)という題を付けられ(87)、この『白い恐怖』はフランシス・ビーディングの小説とはもはや何の関係もない。

実際、セルズニックの拒否権を前にヒッチコックは考えを変えて、とりわけ魅力を覚えた一人の女優、イングリッド・バーグマンに合わせて脚本を構成することにしたのだった。さらに彼は、自分の作品にこれから出演するこの女優を知るにつれて、女性の人格の多様な側面に光を当てる一連

＊……イエズス会士たちのかつての教え子［ヒッチコック］は多くの際に全くのジャンセニストであるのだが、そのことに無自覚で、ジャンセニストという言葉さえ知らない。曰く「ジャンセニストって何だ？」（『カイエ・デュ・シネマ』三九号の、アンドレ・バザンによるインタビューを参照）。
＊＊……このことによっておそらく、『白い恐怖』の発砲の赤色が説明される。

の作品の中心的な役割を彼女に与えるという、より広大な計画を構想した。こうして生まれたのが、『白い恐怖』、『汚名』、『山羊座のもとに』の三部作《トリロジー》である。

脚本にヒッチコックはベン・ヘクトの協力を得、そこでは、守護天使と見做された女性の保護者的で母性的な役割を示すことが意図された。プロットはたしかに論理学のお手本であるが、その啓蒙的な性格があまりに目に付く。ヒロインのコンスタンスは精神病院の医師である。彼女は頭でっかちで、冷淡で、理屈っぽい女性で、眼鏡を掛けている。院長のマーチソン医師は引退させられ、後任のエドワーズ医師(グレゴリー・ペック)を皆が待っている。この若く魅惑的な医師が到着するやいなや、コンスタンスは生まれて初めて恋心を掻き立てられる。しかしすぐに彼女は、自分の愛する男が精神病者だと気づく。彼は記憶喪失を患い、自分が本物のエドワーズ医師を殺したのだと信じている。彼は姿をくらます。コンスタンスは彼に追いつき、かつての恩師の許に委ねる。この恩師が不幸な男(時々危険な狂人となる)の夢を分析して発見したことには、彼が本物のエドワーズ医師と一緒にスキーをしていた最中に医師が断崖に落ちたのだ。似た状況によってカタルシスを誘発するために、コンスタンスはこの記憶喪失者をスキーに連れて行く。彼は記憶を取り戻して罪責コンプレックスを明るみに出すのだが、それは子供の頃に遊んでいて弟に降り掛かった、鉄柵に突き刺さるというひどい事故によって生まれたものであった。エドワーズ医師の死が、同一の状況(斜面を滑り落ちる)において起こったので、彼の理性をすっかり揺るがしてしまったのだ。結末は犯罪ものである。コンスタンスが真犯人[真に罪責を負う者]の正体を暴くが、それは[前]院長に他ならない。

精神病者の様々の強迫観念を描くことは、ヒッチコックにとって単にいくつかの恐ろしいイメージを組み立てる口実だったわけではない。彼が関心を持ったのはまさに精神分析の原則そのものだった。彼はそこに、『山羊座のもとに』と『私は告白する』のテーマを提供することになる「告白」の、医学的な等価物を見たのである。さらには、〈女性〉こそが聴罪司祭、救済者の役割を演じる。今や、我らが作家に対して非難される、語り草となった女性嫌悪から、我々は遠く離れたところにいる。心を病んだ者は、女性に触れて、自分の魂の元の姿、あるいはより正確には、人格の統一性を取り戻す。冷たいコンスタンス、眼鏡を掛けた女医は、愛する男性に触れて、女性そのものとなる。『白い恐怖』は、愛をめぐる偉大なる映画なのだ。

象徴の注解を語るならば、この映画が象徴に基づいて構成されているのは当然である。精神病者と同様に、我々は平行線と白色に取り憑かれる。スキーでの滑降は、記憶喪失者が屋根の上にいる夢の中の瞬間を思い出させるが、より捉えがたい寓話《アレゴリー》を含んでいる。それはヒッチコックに馴染みのテーマの具体例であり、次のように定式化できるかもしれない。「もう一度降りなければならない。再びその道を行かなければならない」。我々は『泥棒成金』において、同様の音楽のモチーフに伴われた屋根の上に乗った男という同様のイメージを見出すことになるだろう。

『白い恐怖』の主要な欠点はその無味乾燥さである。そもそもこの無味乾燥さは、この映画の枠組み、すなわち精神分析に特有の性質に帰するものだ。そこに、プロデューサーであるセルズニックの「否定的な寄与」を付け加えよう。夢の諸々のイメージにおけるサルバドール・ダリの協働《コラボレーション》は、セルズニックのアイディアの一つであり、これが最悪のアイディアだったわけではないはずだ！ セルズニックは強い個性の持ち主である。彼は自分の映画が製作される撮影フロアの「主人」になりたがった。疑いなく、彼は『白い恐怖』の仕上げの最中に余計な口出しをした。ヒッチコックは多くの点でセルズニックに譲歩したことを自ら認めているが、具体的なことははっきり述べたがらない。

それに反して『汚名』は、ヒッチコックの独立製作であり、RKOのために作られた（一九四六）。マルト・リシャール(89)の手記にこの演出家が着想を得た物語を、またもやベン・ヘクトが脚色した。しかしこの映画は、実のところ、祖国の祭壇に自らの貞節を捧げた女スパイの情事とはほとんど無縁である！

この素晴らしい映画、その作家の最も見事な映画の一つがフランスで封切られたとき、その主題を凡庸ないし不愉快千万と判断しての酷評がいくつもあった。だが、プロットを要約する仕方からして、これらの酷評が映画を理解していないことは明らかである。

ヒッチコックが描くところの物語は以下の通りだ。一九四六年四月二十四日、十五時二十分、ナチのスパイであるヒューバーマンはアメリカの裁判所から有罪判決を下された。娘のアリシアは贅沢三昧の尻軽女として堕落した生活を送り続けている。政府の捜査官《エージェント》であるデヴリン（ケーリー・

グラント）は彼女に、アメリカ合衆国のために働いて汚名を雪ぐことを提案し、彼女は承諾する。そこで彼らはリオへと発つ。デヴリンは彼女を口説く。彼女は彼に恋してしまい、自分は変わったと彼に理解させようとするが無駄に終わる。彼もまた彼女を愛しているが、彼女を軽蔑せずに済むよう望んでいるらしい。彼は、彼女が負う使命――父親の旧友セバスチャンを誘惑し、ナチのスパイの巣窟であるその館に潜入する――を知らせるとき、彼女が拒否するのを密かに期待している。しかしアリシアはそんな素振りもなく、この醜悪な使命を受け入れるのをデヴリンが止めてくれるだろうと待っている。そして彼女はセバスチャンと出会い、彼は、予定された計画通りに彼女に夢中になるのだが、予定外にも彼女に結婚を申し込む。ボスたちが非常に驚いたことにアリシアは承諾し、デヴリンが怒ってくれるだろうと彼女は期待するものの、彼は沈黙を守り続け、彼女が自ら手を引くのを待つ。こうして彼女は要職［鍵となるポスト］に就くが、にもかかわらず、館の女主人でいながら、ある鍵、ワインカーヴの鍵を手に入れるのにいたく苦労する。そのワインカーヴで、パーティに招かれたデヴリンはウラン鉱の詰まった瓶を見つけることになる。しかしセバスチャンは自分の鍵束から鍵が取り外されていたこと、つまりは、ワインカーヴが調べられたことに気づく。彼は母親の忠告に従い、とても軽率に結婚してしまった相手に少しずつ毒を盛ると決める。デヴリンは自分の協力者［アリシア］に再会したとき、毒の効果を最初はアルコールによるものだと考えるのだが、アリシアが約束に現れなくなったのに驚き、任務を台無しにする危険を冒して彼女の許に行く。そこで彼は、この若い女性が虚脱状態で部屋にいるのを見つける。彼は彼女に愛を告白し、真相をばらせば仲間に制裁されるだろうと夫を脅し、彼女を屋敷の外へと助け出す。セバスチャンは、彼女を病院に運んでもらったのだと仲間に対して取り繕おうとするが、助かることはないだろう。そして恋人たちが車に乗り、セバスチャンを向こうに扉が禍々しくも重く閉まる。

誰かが無造作に名づけた「警察お抱えの売春婦という不快極まる物語」からはほど遠く、『汚名』は愛によって救済される一人の女性の大いなる冒険譚なのである。しかし、まずは政治的な立場について一言触れておこう。劇行動《アクション》は非常に正確に時が定められており、一九四六年四月二十四日の十五時二十分に始まる。まさにこの日に、あるナチのスパイ［アリシアの父］が裁判官たちに断言する。「お前たちの国に迫りくる壊滅的な危機を防げはしないだろう。次は、我々は上手くやってみせる」。少し後に［セバスチャン邸で］我々が目にするのは、活動真っ最中の一人の教授であり、「ドイツの戦争メカニズムの重要な歯車」である。またしてもヒッチコックは、ナチズムを悪魔的な共謀と同一視する。しかしながら、彼は単純な善悪二元論には陥らない。この悪魔の創造物たちもまた犠牲者なのであり、大抵の場合、危険であると同時に哀れである。セバスチャン（クロード・レインズ）はフィッシャーやブルーノ・アントニー、また、ヒッチコックが生んだ神話の他の悪魔たちを想起させ、そしてセバスチャンの母親は『山羊座のもとに』の女中ミリーを想起させる。

アリシアはといえば、『白い恐怖』のコンスタンスに相似してもいるし、正反対でもある。彼女は身を持ち崩した女［淫売］であり、愛は遊び《ゲーム》に過ぎず、「遊び友達のリスト」を手に持ち、「次々とものにせずにはいられない」。しかし、彼女はまた、過去を忘れ、新しい人生をやり直すことを夢見る女性である。彼女がデヴリンと恋に落ちたとき、ヒッチコックが悲しく空しいものとして見せていた彼女の顔が輝く。この女性は、自分を美しいものとしてくれる一つの魂を見つけ出したのである。そして、まさにこのとき、残酷なゲームが始まる。デヴリンは「刑事《デカ》」である。「酒飲みは変わらない、身を持ち崩した女は変わらない」というのが刑事としての彼の持論である。こうしてある行き違いの上にすべてが成り立つ。だがここには、古典的な「恋のいざこざ」を遥かに超えたものがある。主人公二人の不幸は、互いに対する先入観の犠牲者である彼らが、救済の「言葉」を発するのを拒むことに由来する。彼らは、すべてのヒッチコック映画の鍵であり『山羊座のもとに』の核心をなす、告白の徳を理解していないのである。

『汚名』は極立って官能的な雰囲気が支配し、それをスタイルの抽象性が妨げることが全くない。このクロースアップの映画では、テッド・テツラフの照明[90]によって見事に引き立たせられた「物質《マチエール》」(顔、金属、グラス、宝石、カーペット、タイル)が、冷たい輝きと燃えるような輝きとで交互に煌めく。隠し立ての沈黙と嘘とで織り成されたプロットにおいて、身振りだけが重要なのだが、同時に、身振りはうわべ《ファサード》に過ぎない。二つのラブシーンがある。テラスでの最初の場面は、まさしく皮膚の水準にある。この場面は、互いにくっ付き、我々の目にも付いて離れない二人の人物の、一連の口腔の接触として現れる。この満たされることがなさそうなキスへの渇望は、愛が不在のときの肉の虚しさを表す。二つ目の場面では、単なる肉の接触はもはやなく、真の感情がある。アリシアを死から救出しに来たデヴリンは、マイアミの酒宴の後で登場した際と同じように影の中から現れ、カメラは極めて優しく官能的な動きで二人の恋人たちの周囲を回り、そのときスクリーンは、ヒッチコックがムルナウの許にその秘密を汲み尽くしに行った名状しがたい美によって輝く。主人公二人が第三者の存在に気づくとき〔ワインカーヴの場面〕でさえ、内なる炎がくすぶっている。デヴリンがこの家の主人によって現場を取り押さえられそうになると、彼は、偽りの抱擁だと偽りつつアリシアを抱きしめる振りをするが、演じられた彼らのキスは本物のキスであるだろう。

しかしながら、『汚名』が非常に冷ややかに迎えられたことは何ら不思議ではない。この映画は、具体性の極致と図式化との考えぬかれた混合のために、ヒッチコックの最も分かりにくい作品の一つである。この演出家は、役者たちという柔軟で無限の可能性に富んだ素材《パテ》を長々とこねまわしたが（おそらく、バーグマンがなした最も見事な創造である）、その分逆に、脚本とデクパージュは定理としての単純さを持つ。厳密な真実らしさという掟に、ある論理が取って代わる。それは形象の論理よりは、ここではむしろ対象《もの》の論理であり（アルコールが注がれたグラス、毒入りのカップ、そしてもちろん『ダイヤルMを廻せ！』を想起させる鍵）、これらの対象を用いて語り手は我々にその物語を聞かせるのだ。階段の上から始まりアリシアの手中の鍵へと至るトラヴェリングが有名であるが、それは当然のことだ。〔具体性と図式性の〕「総合《ジンテーゼ》」という方針が以上のようなものであるので、「室内劇《カンマーシュピール》」のいくつかの映画が思い出される。ヒッチコックがムルナウを想起させるなら、ベン・ヘクトの見事に構築された脚本はカール・マイヤー[91]を思い起こさせる。

ヒッチは煮え切らない批評のせいで慎重になり、また、自分をセルズニックに縛り付けていた契約を終わらせようと思っていたので、より野心的な企画（バーグマン三部作の第三作、それに加えて現代版『ハムレット』）を延期して、ロバート・ヒチェンスの小説『パラダイン裁判』を基にした映画を撮ることを承諾した。彼の当初の意図は、それを一種の犯罪ものの『チャタレー夫人』とすることだった。しかし、脚本にクレジットされたセルズニックはそうは理解しなかった。出演者を選んだのはセルズニックで、演出家が「粗野な男」の方を好んだであろうにもかかわらず、馬丁役にルイ・ジュールダンを押し付けたのだ。それでもヒッチコックは判事役に、かつての共犯者であるチャールズ・ロートンの協力を得た。手短に言えば、妥協に次ぐ妥協を経て『パラダイン夫人の恋』は一九四七年に日の目を見た。プロデューサー主導の映画である点において、これは『レベッカ』に似ていた。非常に幸運なことに、『レベッカ』の場合と同様に、ヒッチコックは単なる実行役には全くとどまらなかった。

この映画は題名が示す通り〔原題は小説と同じ〕、盲目の夫を殺した廉により起訴された、美しきパラダイン夫人の裁判の物語である。若い弁護士キーン（グレゴリー・ペック）が彼女の弁護を担当する。彼は若く魅力的な妻がいるにもかかわらず、パラダイン夫人に狂ったように恋をし、夫人の無実を確信する。しかしパラダイン家の屋敷に招かれた彼は、馬丁のアンドレ・ラトゥールが依頼人の愛人であったことに気づく。裁判が始まると、キーンはホーフィールド判事と相対するが、判事はキーン夫人に言い寄って拒絶されたことから、キーンを憎んでいる。闘いが始まり、緊迫し、弁護は少しずつ崩れる。ラトゥールの自殺がとどめの一撃[93]をもたらす。パラダイン夫人は犯した罪を告白し、キーンが自分を愛していることを公にする。この弁護士のキャリアは断たれ、同時に彼の激しい愛も断たれた。彼は妻に抱かれて忘れようとするだろう。

この主題においてヒッチコックが興味を持った三つのテーマのうち一つだけは、必要な「タイプの」俳優が欠けたためにスクリーンには現れない。それはラトゥールへのパラダイン夫人の狂わんばかりの動物的な愛である。その代わりに他の二つは見事に強調されている。太っていておぞましく、好色な目つきと物柔らかな物腰[94]をした放蕩者の〈判事〉は、ヒッチコック的怪物のコレクションの中で選り抜きの位置を占める。ロートンはヒッチコックに監督されたときほど素晴らしいことは他にない。見逃すべきでないのは、ロートンが哀れなキーンに対して鼠を前にした猫のように振る舞い、中央刑事裁判所《オールド・ベイリー》のただ中で、キーンの依頼人「パラダイン夫人」の方に身を屈めるときに、嫌らしい仄めかしに満ちた猥褻な目配せを彼に送り、キーンが彼女との間に結んでいる共犯の絆をより密にするよう追い込んでおいてから、突然仮面を投げ捨てて、目許に皺を寄せながら、ジャッカル「冷酷非情な男」のように狡猾な尋問を繰り出しどっと笑い出すところだ。ヒッチはカリカチュアの鋭い感覚を持つ。彼の映画のくずおれんばかりの女性たち、絵に描いたような使用人たち、刑事《デカ》たち、男色家たちは、だからこそ有名なのだ。ここでヒッチコックが我々に見せる判事の姿は、ただ彼一人の存在によって、英国の司法官に払われるべき敬意を揺さぶる。

「三つのテーマの」最後に我々は、『ダウンヒル』、『マンクスマン』、『汚名』の主題をなした「失墜の誘惑」を再び見出す。パラダイン夫人の[95]秘密が下劣という形式を取れば取るほどキーンの欲望は掻き立てられる。ヒッチコック果樹園の林檎はこの弁護士を抗いがたく惹き付ける。彼はあらゆる段階を経験するのであり、そこには嫉妬が含まれ、自らへの軽蔑が含まれる。パラダイン夫人が告白する瞬間でさえ、もし彼女が両腕を広げれば、彼は無上の喜び[96]をもってそこへと身を投げ出すだろう。しかし、下劣さの世界はスパイの世界と同様に閉じている。この二人を結びつける酷たらしく気高い感情（ただの一度も愛という言葉は発せられない）は、それ自体の内に自らへの罰を含んでいるのだ。キーンは、公の告白によってしか恥辱を晴らし得ない。カメラは俯瞰で、彼が自己弁護をしている間にゆっくりと彼の顔に近づき、死人のように疲れた顔のクロースアップで止まる。すぐにレンズは神の位置に戻り、席から立ち去ったキーンは一匹の蝿同然で、右から左、下から上へと対角線上にスクリーンを横切る。

　こうして、管理が過剰な製作《プロダクション》に避けがたく付いて回るちょっとした型にはまった権威主義《アカデミズム》にもかかわらず、セルズニック時代は有終の美を飾った。『パラダイン夫人の恋』がその形式によっていささか『レベッカ』を想起させるのは偶然だろうか。ヒッチコックにはシンメトリーのセンスがある。重要なのは、これら二本の支柱の間で、『バルカン超特急』の監督が『汚名』の監督になったということだ。彼は様々の武器を磨き、一つの宇宙を自らに対して創り上げたのだ。今やこの宇宙は我々にとって馴染み深いので、年代順をやめることなく、これまでは示唆するにとどめていた彼の作品の重要な諸テーマ、彼のスタイルに常に見られる諸特徴を我々は明示できる。

第三章

アメリカ時代（II）

『ロープ』から『知りすぎていた男』まで（一九四八―一九五六）

コンティニュイティの征服
『ロープ』（一九四八）

『パラダイン夫人の恋』は、セルズニック＝ヒッチコック連合の終焉を画す。『断崖』と『汚名』で実質的にプロデューサーの権限を確保できた映画作家ヒッチコックは、インディペンデントの会社を創ることに決めたのである。彼は、シドニー・バーンスタインというイギリスの一大映画館チェーンのオーナーと共同で、トランスアトランティック・ピクチャーズを創設した。

　ついに拘束を解かれて、ヒッチコックは、ずっと気に掛かっていた『山羊座のもとに』の映画化を首尾良く運べるようになった。しかし彼は商業的失敗を恐れて、ほとんど費用が掛からず、技術的な実験台となる革命的な外観を備えた映画を先に撮ることにした。数年前から流行《モード》は長回しだ。[97]『ロープ』はこの風潮に輪をかけて、一つのショットだけで成り立つことになる。リールの交換上避けられないカット［ショットの切れ目］は、時空間における連続性《コンティニュイティ》の感覚を切断しないようにカムフラージュされた。二回に一回は、背広の背中でつなげられた。[98] それ以外の時は、精神［霊］に全く従ってではないにせよ、規則［文字］に従って誤魔化し、視線でつなげられた。[99] 後者のつなぎの方がより気づかれずに済むからである。*[100]

　仮にそれが単なる賭けに過ぎなかったとしても、ヒッチコックが楽々と勝ったことを認めよう。彼としては、この試みの実際的な利点以外を理由として挙げることは決してなかった。ＴＭＴ（テン・ミニッツ・テイク、三百メートル〔≒一千フィート〕のリールの映写時間は約十分である）のおかげで、撮影期間は短縮され、それに伴いこの映画の費用は安く済んだ。『ロープ』の制作は二週間も掛からなかった。極度に正確な作業計画が入念に練り上げられた。リハーサル用と撮影用にセットが二つ作られた。光のシグナルのシステムが、役者とスタッフに彼らが達成すべき正確な動きを知らせた。

言うまでもなく、ＴＭＴが実際的だというのは見掛け上のことでしかない。ヒッチの全経験を傾けて初めて、多くの同業者が労苦も空しく失敗したであろうことを、悠々と成し遂げ得たのである。その証拠には、ドアが開閉する合間に、キッチンでジョン・ドールが凶器のロープを仕舞うのを我々はかろうじて垣間見ることができる。あるいは、争い合う手がクロースアップにフレーミングし直されるとき、諍いはその自然さをいささかも失わない。

テクニックが優位に立っているように見えるが、それにもかかわらず、パトリック・ハミルトンの戯曲を基にした脚本は最もヒッチコック的なものの一つである。二人の若い男が仲間を絞殺し、

＊……他のやり方は不可能だった。ヒッチコックは、映写用リール（六百メートル）が撮影用（三百メートル）の倍の長さであるという事実に賭けた。背広の「黒」でつなぐとしたら、映写技師に、実際の上映では毎回実現するのは不可能な〔二台の映写機の切り替えのタイミングの〕正確さを求めることになっただろう。こういうわけで、約六百メートル〔≒二十分〕ごとに（「約」と言うのは、ワンシーン・ワンショットの長さは一定ではないから）、古典的な「リヴァース・ショット」があるのである。

その死体をチェストに隠す。彼らは犠牲者に何を咎めているのか。生きる権利がないこと、弱者であること、取るに足りない女と結婚すること、あるいはもし行間を読みたければ、女を愛していることを。ここで我々はこの最後の鍵に過度に魅了されないようにしよう。女性嫌悪という鍵の場合と全く同様に、この鍵は、開ける扉よりも閉める扉の方が多い恐れがある。むしろヒッチコックの登場人物たちは、悪徳の千と一の顔を知悉しており、男色は、既に見たように『殺人！』に実際に出て来たし、『見知らぬ乗客』に潜在しているのが後に見出されるのだが、悪徳の多様な姿の一つなのだと言っておこう。[101]

こうして死体がチェストに閉じ込められる。死者の両親と婚約者が招かれているカクテル・パーティの数分前にである。そしてこのとき、首謀者ブランドン（ジョン・ドール）は、エドガー・ポーが「倒錯の悪魔」[102]と名づけためまいに囚われている。半ば眉を顰め半ば楽しんでいる聴衆の前で彼は、自身を殺人へと導いた当のテーゼを主張して、火遊びに興じる。つまり、エリートの人間はあらゆる権利を持ち、そこには、彼の行く手を遮ろうとする愚か者を殺す権利も含まれている、というテーゼだ。彼はこの理論をかつての教師（ジェームズ・スチュアート）に吹きこまれ、この教師もまた親愛なる宴[103]に招かれている。

この図式を、ヒッチコックのいつもの様々なライトモチーフに結びつけるのは難しくない。貰った硬貨を師［主《しゅ》］に返す[104]この魅力的な犯罪者は、道徳的なゆすりという形式の下に、『疑惑の影』の叔父チャーリーと同じ詭弁《ソフィズム》をちらつかせる。恐れにひるむ共謀者［ファーリー・グレンジャー演ずるフィリップ」は、少し前にフォンテーンやバーグマンが演じた人物たちの哀れな弟である。かくして「サスペンス」は、事実の具体性と性格《キャラクター》の具体性という二つの前線へと広がる。すなわち、ブランドンははったり《ブラフ》——過剰だが、また極度に慎重でもある——を推し進め、ついにはそれが逆に我が身に降り掛かるに至る。ひとたび疑惑が喚起されると我々は推理ものの事件解明に立ち会うが、その解明はもはや審美的《エステティック》な領域、あるいはお好みならば、エレガンスの領域にのみ属する。しかし結末は、二人の殺人者の顔と彼らの教師の顔に読み取られる困惑によって、ドラマを束の間再び道徳的に照らし出すだろう。

ヒッチコックのこれまでの映画に既に見たように、そして後の映画にこれから見るように、主人公たちの間に張られた力線は、より複雑な脈絡を織り成す。ゆすりは「『ロープ』では」素描されるにとどまる。罪責の移動のテーマは、より雄弁でより純粋に映画的な表現を『山羊座のもとに』において見出すだろう。たしかにこの映画『ロープ』は、我らが映画作家の最も「形式的な」ものの一つだが、だからといって上述の形式を、劇的な興味を作り出し、逆説的な題材を最大限の容易さで切り抜ける単なる技法と見做すのは、適切ではない。

ヒッチコックはこの数年間は、尋常でない状況と並外れた登場人物を好んでいたが、とはいえ、最も日常的な光によって事件を取り巻く事情それ自体を照らし出すことをあくまで望んでいた。『ロープ』の重要な要素は、チェストの中の死体でもないし、スノッブなニューヨーカーである二人の若者が催すありふれたカクテル・パーティでもない。むしろ重要なのは、出来事のこうした二つの次元が同時に存在するということであり、現実主義的《リアリスト》なものと推理ものという二つのジャンルのスタイルの絶え間ない混合《アマルガム》である。我々が明るみに出した二つの「サスペンス」に三つ目の導きの糸が重なるのだが、この糸こそは、サスペンスと正反対のものである。すなわち、時空間における連続性《コンティニュイティ》の側に立つということ、このご存知の形式上の公準が勝手口から内容の内側に、この場合、映画の感情的そして道徳的な雰囲気の内側に忍び込む。

もし『ロープ』の監督の才能全体が、プロットの筋肉と神経を剝き出しにすることにしか存していないならば、彼の内に腕のいい職人《アルチザン》しか見ないのは、おそらくもっともである。しかし彼はいつでも、このいささか無味乾燥な解剖を、詩情〔ポエジー〕なる名を持つ肉という贅沢で飾る術を知っている。この贅沢、詩情は、事件《ドラマ》が展開する時間ならではのものであり、その時間が孕む様々な力のいずれをも彼は疎かにはしなかったのである。照明の巧みなシステム、とりわけ色彩のおかげで、我々は、感じ取れないほどの変化によって、殺害がなされた陽光注ぐ午後からラスト数分間の夜へと移行する。我々は、閉じられたカーテンの陰で絞め殺される者の叫びを忘れないだろうし、最後の最後にジェームズ・スチュアートが窓を開けに行くと、薄暗い通りから上ってくるように見える新鮮な空気の塊も忘れないだろう。おそらく映画史を通じて初めて、演出家が、最も厳密な写実主義《リアリズム》の方針〔線〕を放棄せずに、色彩を魂の様々の状態に一致させようと試みたのである。[105]ファーリー・グレンジャーが神経を鎮めるために、ピアノでプーランクの『無窮動』を弾き始めるのは、なんと並外れた瞬間だろう！　陽はゆっくりと沈み、招待客は本を見に隣の部屋へ移っている。会話のざわめきが音楽に混ざる。ここにはまさに、ドラマの流れにおける休止以上のものがある。この種の平穏は二重の不安を含んでいる。すなわち、グレンジャーの動揺とスチュアートの疑念とが延々と示される状況そのものに固有の不安であり、しかしまたこの時間帯だけが持ち得る不安でもあり、それは最初の不安と調和して一つになっている。現実の時間の規則的な脈拍が、通奏低音[106]のように、筋《アクション》の緩急を繰り返す脈拍にリズムを与える。突然先生がピアノに近づきランプを点けると、その黄色い光輪[107]がコントラストによって、たそがれの薄明かりを青くする……。休止は終わり、幕を下ろすこともなく、生彩ある総体《マッス》と「時間の」持続とがほんのわずかな切れ目を被る必要もなしに、新たな幕が始まる。

最も偉大な者たちにしかやって来ない恩寵。すなわちヒッチコックは、画家の急がない細心な目でモデルに長々と対するという貴重な技《アート》を所有し、それでいながら物語の時間を緩慢にすることはない。彼は、最も手の込んだ作品の一つにおける無味乾燥で強固な骨組みだと我々が当初思っていたものを、しなやかな外装へ一変させるという驚異を実現するのである。

欧米の批評家の大半は、根本的に「長回しという」仮定に敵意を抱いていたので、証明「作品の実際の出来」が目に入らなかった。『ロープ』の並々ならぬ「重要性」に注意を促したクロード・モーリアック[108]なる人物に対して、自分たちの馴染みの理論「モンタージュ理論」やだらけた習慣が脅かされたと感じた者全員が声を揃えて反対した。

時間が経てば彼らは笑い者になるのだから、こうした批評家は皆無視しよう。唯一重大な反論がアンドレ・バザンによって表明された。彼にとって、ヒッチコックの映画が革命的なのは見掛けだけでしかなかったのだ。なぜ、結局のところは古典的なデクパージュを再構成することになるのに、撮影におけるあらゆるカットを自らに禁じるのか。「切れ目のないトラヴェリングによるこの演出は、再フレーミングの絶え間ない連続でしかなく、潜在的なモンタージュの複数の瞬間をただ一つのフレームの内に統合するに至るウェルズやワイラーの「固定《フィックス》ショット」とは全くの別ものである」[109]。

もしヒッチコックの目的が、通常の映画言語とは共通の尺度を持たない言語を我々に提案することであるならば、おそらくバザンは正しいだろう。この演出家は、彼がこれまで行ってきて、この後も行い続けることになるのと同じ方法で自らを表現している。*せいぜい彼は、等位を従属に置き換えただけである[110]。しかるに、ウェルズとワイラーの独創性とは、「古典的なデクパージュ」なるものを疑問に付したことにそれほどまで存するのか。「古典的なデクパージュ」に対して咎め得るところは、「ショット」の視点と「リヴァース・ショット」の視点を我々に次々と示すことではなく、連続した空間の感覚を消し去るということである。『市民ケーン』［一九四一］のしかじかのワンシーン・ワンショットの前で観客が享受する視線の自由は、全くもって理論の上でのことなのだ。というのも、劇の興味が前景あるいは後景を強調するのに応じて、画面［被写界］の前景あるいは後景だけが我々の注意を引き留めることになるのだから。もし『ロープ』の演出がカムフラージュされた古典的なデクパージュに過ぎないのであれば、なおさら間違いなく、ウェルズのワンシーン・ワンショットにおいて、我々は、ガンスのマルチスクリーン［『ナポレオン』、一九二七］と同様に、表面に展開されたモンタージュを見定め得るということになろう。潜在的であれ現実的であれ、表現としてみれば結局同じことである。そんなところに新しさがあるのではないのだ。しかも『オセロ』［一九五二］や『ミスター・アーカディン』［『秘められた過去』、一九五五］は、我々がサイレントの終焉以来見てきた中で最も細かくショットが割られている映画であり、秘密をこっそりと打ち明けてくれるだろう。

　してみると、現代的な映画が真に勝ち得たものとは、「古典的なデクパージュ」を問うことではなく、フレームを問うこと、オーソン・ウェルズが古風にも忠実であり続けるエイゼンシュテイン的なフレームを問うことである。例えばシネマスコープの映画において、スクリーンの極端に横長の比率は実際には役に立たない。フレームが含むものが増しているのではなく、その重みが減っているように思われる。適切に用いるとき、フレームは、バザンの表現を繰り返せば、本物の「鍵穴」[11]、ただし理想的な動く鍵穴であり、いくらでも形を変えられるその輪郭は気づかれないままと

＊……ヒッチコックのスタイルは物語的［叙述的］である。彼のカメラは選び、語り、［誰の側に付くか］立場を決定する。しかしながら『ロープ』以来、恣意は、というのは常に恣意はあるのだが、客観性の外観の下に隠される。この意味で『汚名』は、説明的なカメラの動きと「主観的な」ショットとによって一つの時代の終わりを画する、と言うことができる。

なる。観客の視線が自由であるのは見掛けでしかない。観客は［シネマスコープの場合］、押し付けられた境界を感じることがより少なく、出し惜しみせずに見せられた方がセットをより良く知ることができるので、自分がセットの中を自由に散歩しているように信じるのである。［シネマスコープ用の］アナモフィック・レンズは新たな美学をもたらしはしなかった。アナモフィック・レンズによって、これまではルノワール、ロッセリーニ、ヒッチコックという偉大な先駆者の占有物でしかなかったスタイルが普通に用いられるようになった。三人の中の誰も、自らはアナモフィック・レンズを使わなかった。巡り合わせである。しかしまた、彼らがその必要を感じなかったからでもある。彼らはそれを越えたところにいたのであって、手前にいたのではない(112)。

『ロープ』は［外形をまねるべき］モデルである以上に、［行動を見習うべき］手本である。人が何と言ったとしても、そしてその作者が不連続な［ショットを割る］スタイルに戻ったとしても、見習われた手本である。『ロープ』は、映画作家というものを、絵画への執着《オブセッション》から解放して、かつてグリフィスや開拓者《パイオニア》たちの時代に映画作家がそうであったもの、すなわち建築家たらしめるのに少なからず貢献した。この作品は、セットを再び名誉あるものとした。同じように、俳優の演技にも脚光を取り戻させた。演者にこうした信頼が与えられ、正確さと連続性とをいっそう伴った努力が要求されることとこそが、今日の映画の明確な特徴であるように思われる。ヒッチコックは、一九三八年のある文章(113)では長回しに反対したのだが、十年後にはその擁護者《チャンピオン》となる。もし彼が流行の追随に甘んじていたならば、こうした豹変を非難することもできるだろうが、実は大抵の場合、彼が流行を作ったのである。一九四〇年以前の真理は、それ以後の誤りである。もし彼が誤ったというなら、映画全体が彼と共に誤ったことになる。

秘密と告白
『山羊座のもとに』（一九四九）

『ロープ』の商業的な成功はかなりのものだったので、ヒッチコックは望んでいたように、『山羊座のもとに』を製作することが叶い、イギリスでの撮影となった。彼の大きな夢が実現したのである。

撮影は正真正銘の悪夢だった。イングリッド・バーグマンは心ここにあらずで[114]、そのせいで演出家と主演女優の関係にいささか影が差した。そこに商業的大惨敗も加えよう。心血を注いだものの、この映画がヒッチコックにとっては最悪の思い出となったのももっともだ。

しかしながら、ジャン・ドマルキの言うこの「知られざる傑作」は、間違いなくヒッチコックがそれまでに扱った最良の主題である。とはいえこれは、「紙の上で」〔理論上は〕ということであり、その紙には、彼の他の映画の脚本には概して欠けている文学的な紋章を賦与されている。

この作品は、プロットに芝居がかったどんでん返しや嘘めいたところがなく、ただ諸々の感情《パッション》の動きのみに拠っているにもかかわらず、奇妙なことに、大多数の批評家にメロドラマだと軽蔑されたのだが、ジャック・リヴェット*[115]とジャン・ドマルキ**[116]の二つの文章によって、輝かしく名誉を回復した。我々にできることはといえば、せいぜい彼らの論評の本質的な部分を借りる以外にない。ドマルキは述べる。「我々がヒッチコックを愛したのは、サスペンスという悪しきモチーフのためであった。(……)世界文学の根本的なライトモチーフへと、吃驚するほど易々と戻ってみせる映画に、どうして唖然としないのか」。このライトモチーフは、十九世紀イギリスの小説や、バルザック(『オノリーヌ』、『村の司祭』)、あるいはゲーテ(『親和力』[117])に見出されるだろう。これらの作品に共通するテーマは、自由と道徳の間の永遠の葛藤(一般的には断念によって決着し、道徳が優位に立つ)だけではなく、過剰な自責の念あるいは過剰な良心の咎めでもあり、主人公、あるいはよりいっそう多くの場合ヒロインは、そこから告白によってのみ救われる。ジャック・リヴェットは次のように書いた。「このドラマの秘めたる主題は、告白であり、秘密からの二重の意味での解放である。すなわち、一つは精神分析的な意味においてで、というのも、告白は、記憶に言葉というかたちを与えることによって、人を記憶から解放するからである。もう一つは、宗教的な意味においてである。そしてここでは、過ちの告白はその償いに等しい」。

これこそまさに『私は告白する』の主題のすべてであるが、またロッセリーニの『不安』〔一九五四〕の主題でもあり、あるいはブレッソンの『田舎司祭の日記』〔一九五一〕での写真入りペンダントのエピソードである。ヒッチコックは、このモチーフを第二の観念で縁取る。それは堕落、すなわち魂から発して肉体を汚染してゆく腐敗という観念である。こうした肉と霊の緊密な親和性という概念は、西洋芸術全体が立脚するものだが、我々現代人は強く軽蔑している。しかし、ここに映画がやって来て、単純に明証性に訴えるだけで、この観念に今日的で反駁不可能な基礎を与えるのである。

一八三五年、オーストラリア。イギリスからの船を降りた、総督の甥［正しくは又従弟］であるチャールズ・アデア（マイケル・ワイルディング）は、サム・フラスキー（ジョゼフ・コットン）の家にディナーに招かれるのだが、サムは彼の従姉［正しくは姉の友人］と結婚していた。従姉のレディ・ヘンリエッタは無気力に陥っており、これは一つにはアルコールのせいだが、また女中のミリーが仕組んでそうした状態に置かれ続けてもいる。チャールズはヘンリエッタを治したい、この悪影響から守りたいと望み、そして徐々に彼女に夢中になる。サムの嫉妬はミリーにあれこれ仄めかされて強まり、公の舞踏会の場で炸裂する。スキャンダルだ。帰宅すると、ヘンリエッタはチャールズに真実を打ち明ける。「自分こそが、夫が責任を負った殺人の犯人であり、平民［夫のサム］に口説き落とされたと咎めた兄を殺したのだ」。サムとチャールズの間で新たな口論が起き、その最中にサムはチャールズを故意に負傷させる。かつての徒刑囚［サム］を、彼を脅《おびや》かす［死刑］判決から救うために、チャールズとヘンリエッタは生まれかけの恋を断念する。「罪の責任の移動

*……『ラ・ガゼット・デュ・シネマ』四号。
**……『カイエ・デュ・シネマ』三九号。

はかつて恋人たちを分かち、一方は苦しみを負い、他方は良心の咎め［疚しい良心］を負った。誤った合意がなされたゆえに、二人は、絶えず新たに繰り返されるさらなる相互犠牲の陶酔に身を委ねることを余儀なくされる。彼らが犠牲を断《た》って幸福を受け入れるには、今度は第三者がこの犠牲を引き受けなければならないのだ」（ジャック・リヴェット）。主人公たちに課される道徳的な要求は、したがって極限的なものである。ドマルキは以下のように指摘する。「ヒッチコックはここで断固として、またいつも通りに、天国を選んで地獄を退ける。ただし彼の他の映画とは違って、彼は天国に非常に大きな場を与えるのである。（……）『山羊座のもとに』は、ヒッチコックのフィルム・「ノワール」のまさに逆である。ある良心を別の良心に結びつける「秘密」という根本的なテーマは、隷属の企てではなく、解放の企ての出発点である」。

トーンの気高さにもかかわらず、ヒッチコックは、我々の神経に働きかける強烈極まりない手段を疎かにはしない。これは譲歩だろうか。だとしたら、喜ばしい譲歩である。というのも、それが全映画史の中で最も意味の充填されたクロースアップの一つをもたらすのだから。映画のラスト十五分前のことだ。ミリーは、女主人の身体的な抵抗力が限界に至ったこと、そして激しい感情《エモーション》の昂りがとどめをさすのに十分であろうことを知る。そこでミリーは、原住民が拵えたミイラの頭をベッドカバーの下に隠す。ヘンリエッタはそれを見つけ、声にならない叫びを上げ、ベッドの足元に滑り落ち、半ば意識を失う。ミリーはヘンリエッタが気を失ったと思い、ミイラの頭を箱の中に戻す。そのとき超クロースアップで、ヘンリエッタが重いまぶたを少し開くのが映され、一瞬の内に彼女の顔が実に多種多様な感情（恐れと自制心、純真さと計算、激怒と諦観）を表現するので、最も簡潔な筆致でさえも、それを記述するのに数多のページを浪費することになるだろう。実際我々は、この数秒間の異様さはドストエフスキーの一節にも劣らないと思う。『やさしい女』の主人公が、妻からこめかみに拳銃を向けられて反射的に目を開け、自分が妻の姿を見たのを彼女は知っているのか、あるいは単にそのまばたきのことを眠っている者の習慣的な仕草だと彼女は見做しているのか、と自問する一節である。[118] このように、これら二人の小説家と映画作家は、一方は言葉を連ねた説明によって、他方は彼の芸術に固有の天才的な才能によって、第二の場合に劣らず第一の場合にもメロドラマ的である題材に、最も微妙で最も豊かな意味を付与し得たのである。ヒッチコックの作品とドストエフスキーのそれとの間の類似性を指摘できるのは、これが最初ではない。『ロープ』は精神において、『罪と罰』を原作としてこれまで製作されたであろうあらゆる映画化作品よりもこの小説に近い。『山羊座のもとに』のこの短いくだりは、次の点でさらに際立っている。類比が単に状況にだけあるのではなく、その取り扱いの内に、すなわち、細部の内にある。そしてその細部の美しさは、演出以外の何ものにも拠ってはいない。

この映画において我々は、ヒッチコックが長回しの実験を続行するのを目にする。しかし彼は規則の厳格さをかなり緩める。一つのテイク、ヘンリエッタの告白のテイクだけがリール丸一本分の長さである。場所の統一［一致］も（我々はサムの家からほぼ出ないとはいえ、やはり出ることもある）、時間の統一も（構造は小説的であり、もはや演劇的ではない）、遵守されていない。カメラは極めて自在かつ大胆に動く（『ロープ』ではうまく隠されていた「第四の壁」がしばしば映るほどである）が、以前に比べてセットは劇行動《アクション》にほとんど積極的に関与しない。リヴェットが触れている「作品の全く道徳的な美を生じさせる、ある造形上の醜さ」は言わずもがな、時代もののこの映画がこの作家の最も抽象的な作品の一つであり、色彩はおおむね美しいが、めったに表現には貢献しないことを認めよう。小道具もまた、その役割が最小限に抑えられている。

その代わり、カメラはますます登場人物たちに肉薄する。この映画は、既に『汚名』がそうであったように、顔の物語、イングリッド・バーグマンの顔の物語である。彼女の顔をこそ、レンズは探り、掘り、あるときは皺を刻み込み、あるときはぼかす。彼女の顔にこそ、見出された最も美しいものへの敬意が捧げられる。そうしたものの中でも、フランソワ・トリュフォーが指摘するのは、[120]チャールズがガラス戸の向こうで上着を広げて〔ガラスを鏡に仕立て〕、堕落した自分の姿が映るのを目にすまいと鏡をすべて取り外していたヘンリエッタに、今も変わらぬ美しさを見つめるように強いるくだりである。演技は叙情性が増しているが、にもかかわらず、あらゆる演劇的な仰々しさを免れている。我々の注意は俳優たちに集中する。だからといって俳優は、自らの裁量だけで何か派手な振る舞いを行ったりはしない。演出の機械的な正確さが専制的であるのは、演者にとってのみである。しかし、通常の映画言語に特有の因習から解放されて、登場人物自身の身振りが全き自由の中で花開く。ローレンス・オリヴィエは『レベッカ』で長い独白に専心して、バーグマンの独白を先取りした。『レベッカ』ではセット上を動き回る描写的なトラヴェリングによって〔観客の」気が紛れていたのに対して、『山羊座のもとに』ではカメラは女優に向けられ続けている。たしかに、この告白は見せどころである。だが技術的な快挙ばかりに目を眩まされないようにしよう。とりわけこの長台詞の内に、ドラマが始まるよりも前にあった出来事を観客に明らかにするために用意された技巧を見ないようにしよう。独白あるいは打ち明け話は演劇の常套手段だが、ここでは目的、特権的な、まさに稀にみる態度と見做されている。我々は台詞から台詞へと移るのではなく、沈黙から台詞へ、躊躇いから告白へと移るのである。ヒロインが語るという事実は、彼女が我々に聞かせる内容と同じくらい重要である。「言葉は「カタルシス」の作用をなし、外見［仮象］に対する真理の勝利を印す」（ジャン・ドマルキ）。

『山羊座のもとに』の荘厳な美しさは、『私は告白する』のそれを予告する。これらの映画はテーマによってのみならず、リズムによっても親類関係にある。両者は共にゆっくりとではあるがしっかりとした行進、ただし、突然の停止が区切りを刻む行進のように構想されている。どちらの映画も敢えて我々の神経に働きかけるのだとすれば、こうした効果の素っ気なさそのものが作品を浄化し、元々恐ろしいものである以上に「魅力的な」ものとするからである。我々を締めつける感情《エモーション》の昂りの最中において、こうした効果のおかげで、我々は、偉大な芸術作品をじっくりと見つめるのに必要な距離を享受することができる。この距離は少なくとも一度取れば十分である。この作品の深さはより明確に、何らかの仕方で、他の諸作品に及ぶことになる。

『舞台恐怖症』（一九五〇）

もし『山羊座のもとに』がアルフレッド・ヒッチコックの期待していた興行成績を得られていたとすれば彼がどのような方向に向かったのかは、かなり想像しがたい。おそらく彼はこの危険で厳格な道を進み続けただろう。実際にはその失敗によって、彼はまたしても熟考の末に後退することとなった。彼は、アソシエーティッド・ブリティッシュのロバート・クラーク［クレジット無し］のために、セルウィン・ジェプソンの小説『逃げる男』[121]に基づく犯罪ものの映画をイギリスで撮影することを承諾した。それが『舞台恐怖症』である。

もちろん彼はこの上なく完全な自由を手に入れていた。彼は自分の興味を惹いた二つの要素を引き立たせるという仕方で脚本を作った。一つは、女優の卵である一人の娘の人物像《ポートレート》で、人生の様々な出来事によって彼女に初めての役がもたらされる。もう一つは、技法上の革新、映画的な嘘なのだが、これについては後で論じよう。

プロットは非常に月並みだった。イヴという娘が、幼馴染みのジョナサンに秘密を打ち明けられる。愛人シャーロットの夫を殺した容疑で、警察に追われているというのである。ジョナサンがイヴに説明するには、シャーロットが犯人であり、間の悪い偶然が重なり、彼こそが犯人だということになってしまったのだ。イヴは、愛すべき変わり者である両親の家に彼を匿うことを引き受け、シャーロットの正体を暴くために、変装して彼女の家に潜入する。しかしイヴは、ジョナサンが自分に嘘をついていたのであり、彼こそが正真正銘の殺人者だと気づく。彼はイヴを殺そうとするが、劇場の鉄のカーテンに押し潰される。イヴが自分の犯した誤りから簡単に立ち直れるのは、捜査を率いるスミス警部が、映画の後半、彼女を優しい眼差しで見守るからである。

『舞台恐怖症』は野心的な作品ではないが、ある種の上質な、大いに知的な気晴らし《ディヴェルティメント》であり、それ自体口実でしかない一つの主題《テーマ》をめぐる半ば軽快で半ば真面目な、一連の変奏《ヴァリエーション》である。この作品は演出家の散歩《プロムナード》と見做し得るが、彼はとりわけ、優雅な身振りの心地よい詩情《ポエジー》に、娘の心の清々しさに、いくつかの特権的瞬間の魅力に、注意を払っている。しかしまた、不安を抱かせる細部に、色欲の魅惑に、穏やかさをまとった暴力に、白粉をつけサテンの艶をもつ〈悪〉に敏感でもある。

繊細でもあれば残忍でもあり、楽しそうでもあれば明敏でもあるポートレート集と、味わい深かったり奇妙に病的だったりするシークエンスの連続。ここでは主要なモチーフだけを取り出すのは難しい。これは一つの作品というよりも、場面の連続である。そしてこのことによって、おそらく我々はヒッチコックの技《アート》の洗練をよりよく見分けることができる。例えば（変装した）イヴとシャーロットの最初の出会いを非常に驚くべきものにしているのが何であるかは見て取れる。未亡人の身なりをした女性へと前進する軽やかなトラヴェリング、胸の間を官能的に滑る指、女優（マレーネ・ディートリッヒ）のしゃがれていると同時に甘い不可思議な声だ。このショットは、呪文を突然発見したかのように我々を不安にさせる。

『舞台恐怖症』のような映画をショットごとに研究することによってこそ、おそらくヒッチコックの形式についての秘密を色々と把握できるだろう。この映画は我らが映画作家の偉大なる映画群の中で、最も統一から遠く最も不完全であり、その分いっそう我々を眩惑するからである。最も見事な場面はタクシーの中で展開する。これはショットとリヴァース・ショットの連続でしかない。しかしヒッチコックは、二人の人間が思っていることを言葉を越えて理解させ、互いに模索し合い、見出し合い、避け合う様々な思いの交換を心揺さぶるものとする手段を発見したのである。イヴとスミス警部が車に乗るとき、彼女は一人の娘であり彼は一人の刑事である。彼らは当たり障りのない話をする。タクシーが停まるとき、降りるのは恋するカップルであり、だが、どちらも相手にわずかな身振りを示すこともない。三十キロにわたるトラヴェリングにもまして、これは名人芸《ヴィルチュオジテ》の名に相応しい。

もう一つの例は、くだんのジョナサンの嘘である。映画の開始早々、彼がイヴに事件についての自分なりの説明《ヴァージョン》を語るとき、それはまさに映画的な説明なのである。すなわち、彼の語りを視覚化する映像がスクリーン上に次々と現れるのだ。ラストで、我々は彼が嘘をついていたことを知る。論理的なプロセスによって観客は、映像が彼と共に嘘をついていたと考える。抗議の叫び（これは『羅生門』〔黒澤明、一九五〇〕以前であった！）。しかしそれは全く違う。[122] 映像はヒッチコックにおいては決して嘘をつかないのであり、反対に登場人物が嘘をつくのだ。同じ場面が、無声《サイレント》では、事実の本当の説明《ヴァージョン》の視覚化となり得る。言葉による説明こそが細工をし、嘘をつき、様々の身振りに別の動機、別の目的を与えるのである。誤魔化しだと言われることになる。そうではない。『舞台恐怖症』の主題、アラベスクが周囲に渦を巻く直線、それはイヴ、裏表のなさを体現する娘である。彼女の世界は嘘を含まない。彼女は（そしてもちろん、彼女と共に観客は）ジョナサンの無実を信じ、向こう見ずにすぐさま冒険に身を投じる。したがってこの映画のテーマは『疑惑の影』に似通っており、より赤裸々に照らし出されている。嘘の露見がプロットの結節点である。ジョナサンの嘘の話は、手管であるどころか、この映画の土台そのものである。この光に照らされると、アラベスクそれ自体は見掛け上の動機のなさを失い、というのもアラベスクの一つ一つが無垢という主題《テーマ》の変奏《ヴァリエーション》だからである。『舞台恐怖症』のクライマックス、イギリス式野外祭りは、細心綿密に再現されており、この映画の豊かさがただちに見て取れる。とりわけ人形のくだりでは、我々はある観念の進展の、まさに映画的な表現を見ることになる——これはそれだけでもそう悪いことではないだろう。ショットはおおよそ次のように継起する。

（1）アラステア・シム（イヴの父親役）がシャーロットの歌っているのを聞く。彼もまた彼女が犯人なのではないかと疑っている。犯行時に自分のドレスに夫の血の染みが付いたのをシャーロットが見たことを、彼は知っている。

（2）射的場で、ある人形が彼の目に留まる。彼はそれを買おうとするが、手に入れるにはカービン銃を撃たなくてはいけない。

（3）彼は自分の指を軽く切って、その血で人形のドレスに染みを付ける。

（4）彼はカブスカウト［年少のボーイスカウト］の男の子を見つけ、人形を舞台のシャーロットに運ぶように言い付ける。

（5）男の子は人形をシャーロットに見せ、彼女はものすごい叫びを上げる。

この最後のショットを目指してシークエンス全体が構想されたのだが、このショットがその効果を引き出しているのは、無垢の象徴たるカブスカウトの男の子の存在からである。我々は他にも五ないし十の例を選ぶこともできただろう。この映画の各シーンには、根本的要素として登場人物の無垢がある。

したがって、息苦しく厳粛な一連の作品群のただ中の涼しいオアシスである『舞台恐怖症』は、一つのサイクルの終わりともなる。次の映画は『私は告白する』になるはずだったが、主題の特殊な性質と、ヒッチコックの準備した脚色の大胆さが、一時検閲官を怖気づかせた。ヒッチコックはいかなる点でも譲歩することを望まず、またこの作品を非常に重要なものと見做していたので、その製作を延期し、パトリシア・ハイスミスの小説[123]に基づいた別の映画に取り掛かる。

数と形象

『見知らぬ乗客』（一九五一）

アルフレッド・ヒッチコックが扱う主題群には、極めて多様な借用源がある。しかし、彼はすぐにそれらの主題を自分の流儀に合わせ、その純化と充実という二重の仕事に専念した。彼はまず、登場人物たちの間の純粋な力関係が得られるまで、素材を荒削りする。そしてこの原則がいったん決まると、彼は言わばそこからの結果として、プロットの展開を一つ一つ引き出す。一般的にこの演繹は、物質的なものと精神的なものという二つの平行する面において行われ、両者の間に象徴から観念へと至る一つの関係を保つ。

こうした演繹的で象徴的な側面は、既にイギリス時代の映画の多くの箇所に見られる。『三十九夜』の手錠のシーンは、連帯という観念のユーモラスな表現であり、「交換」の一つの側面だ。少しずつ体系は首尾一貫したものとなっていき、どの作品に関しても、同じ着想から独創が次々と現れることとなる。彼の映画群は統一性を増していき、それらの構成を統御する様々な定式はますますはっきりとしてくる。

もしヒッチコックの象徴体系を研究したいのなら、この定式にこそ常に遡らなければならない。もし形而上学という危険な言葉を敢えて口に出そうとするならば、まさにこの定式から決して目を離すべきではない。既に何度も述べたように、形式にこそここでは深さを探し求めるべきであり、形式こそが潜在的な形而上学を孕んでいるのだ。したがって、ヒッチコックの作品を、秘教的で難解な画家や詩人の作品に対するのと全く同じ仕方で考察するのが重要である。システムの鍵が扉に差されているとは限らないからといって、扉自体が巧妙に隠されているからといって、中には何もないと騒ぎ立てる十分な理由にはならない。

それゆえ、行くところまで行かなければならない。すなわち様々な状況と対象のある種のフェティシズムを明らかにするだけでなく、こうした諸状況あるいは諸対象そのものを結びつける関係を探し求めもしなければならない。〈形象〉と〈数〉のより純粋な本質にまで遡らねばならないのである。

そこで交換の観念を、送り返しや行ったり来たりといった形式の下で具体化しよう。この直線を円で遮り、この慣性を旋回運動によって乱そう。こうして我々の形象が構成され、我々の反応が引き起こされる。『見知らぬ乗客』の独創のうちで、この原型《マトリックス》に由来していないものは一つもない。この映画は歩行のクロースアップで始まり、これらの「クロースアップ」がリズムとトーンを与える。これによってヒッチコックは、断片化されたスタイルに決然と回帰する。というのも、ひと続きのワンセットの中の制限された空間では基調となる直線が収まらないが、ここではこの直線を可能な限り長く延ばすべきだからであり、二人のパートナーを分かつ空隙を感じ取らせるのが重要だからである。[124] それでもなお、空間はここに確実に、充足して、事実としてではないにせよ権利として存在する。場面は次に、この潜在的連続性の伝達者《メッセンジャー》である列車の中に移る。あるコンパートメントで二人の男が会話する。一人はテニスのプロであるガイ（ファーリー・グレンジャー）、もう一人はガイのファンと自称するブルーノ（ロバート・ウォーカー）である。ブルーノは現代生活のめまい、速度の陶酔について語り、それからガイに次のような取引を提案する。「完全犯罪が成功しないのは、動機から犯人にたどり着くことができるからだ。犯罪の交換で動機を消そう。私は離婚を拒んでいるあなたの奥さんを殺し、あなたは私の父を殺すことにしよう」。ガイはブルーノの要望を受け流すが、レコード屋の店員である妻を説得できない。彼は愛する女性、上院議員の娘であるアンと結婚できないことになる。ブルーノはといえば、先手を打つことに決める。彼はガイの妻を待ち伏せし、一方彼女は兵士たちと一緒に野外祭りへと向かう。そこでブルーノはカウボーイの扮装をした子供とすれ違い、子供がふざけて彼にピストルを向けると、彼はその子の風船を煙草の火で破裂させる。それから一行はボートに乗って湖へ出て、トンネルの迷路を抜ける。隠れん坊だ。その機会を捉えてブルーノは、ガイの妻の円い首を絞めて殺す（すなわち両手で締めつける）。この光景は、芝の上に落ちた眼鏡のレンズに映し出される。その後殺人者は、優位に立ってテニス選手をゆすり、彼を一種の呪い［魅惑］の影響下に置き、犯罪の利益と同時にその責任を彼に負わせる。ブルーノはガイの行く先々に、歪みのほとんどない鏡にガイ自身の姿がそのまま映るように、彼自身の不吉な分身のごとく現れる（この憑依［悪魔憑き］の現象については、またしてもドストエフスキー[125]を思い起こすことができるだろう）。

　しかしこの犯罪の完璧なテクニシャンは、実は神経症《ノイローゼ》である。ガイの妻を絞め殺すのは、彼にとっては打算と同じくらいに快楽であった。彼が父親に抱く憎しみ、母親に見せる細やかな心配り、破壊と逃避への欲望、陰謀家としての熱狂は、この精神異常のエディプス［・コンプレックス］的な起源についていかなる疑問も残さない。例の首に関して言えば、その円さと白さこそが彼を魅了したのである。それは、ポーのベレニスの歯[126]と同様、一つの観念なのだ。彼はこの観念を、上院議員の下の娘［アンの妹］の円い首と眼鏡として再び発見することになる。潜り込んだパーティで、ある女性客の首を遊び半分で絞めながら、彼がじっと見つめているのは、この娘のことなのだ。そしてヒッチコックは、あらゆる移動と二重化を、それがいかなる性質であれ描くのに長けており、別の女性が被害者となっているある欲望の対象が自分であると気づく娘の恐怖を、堂々たる手つきで我々にも共有させる。犯人であることがばれそうになったブルーノは、足跡を掻き消すために、列車で最初に出会ったときにガイからくすねたライターを島に置きに行くことを考えつく。ここからは追い抜きレースで、その序曲となるのがテニスの試合である（またしても交換と白いボールに注意せよ）。ブルーノは下水の蓋の下に落とした彼のライターを取り戻すうちに大切な時間を無駄にし、一方ガイは、アンの妹が共謀して（白い）汗止めパウダーの缶を刑事の一人にひっくり返してくれたおかげで、二人の刑事の監視の目を眩ませるのに成功する。ガイは列車に乗ることができ、一方、円い太陽が地平線に沈み、ブルーノは湖のそばでボートに乗る順番を待っている。『ロープ』と同様、時間の自然な経過が、束の間、サスペンスの人工的な時間に取って代わる。それから結末だ。切符売りによって正体を見破られたブルーノはやむを得ず、動いているメリーゴーランドに飛び乗り、係員はそれを停止しようとするが失敗する。荒っぽい殴り合いが、加速するリズムで回転する床の上で行われ、その間子供たちは遊びだと思って笑っている。ヒッチコックの残酷さであり、『サボタージュ』のそれが繰り返されている。子供たちはついに状況を把握して恐怖に捉われるのだが、我々の期待に反して、彼らの恐怖が覚めることはないだろう。メリーゴーランドは爆発してバラバラになり、叫び声と梁の折れる大音響の中に崩れ落ちる。ブルーノは死んだ。助かったガイは、平安の内に、自分が犯したのではない犯罪の果実を味わうだろう。

　直線、円、行ったり来たり、旋回、二という数字、あるいは白色*といったこうした様々なモチーフが、この映画において全く偶然に集まったものである、と言い張りたいのならばそれはその人の勝手である。しかし、もしそうならば、エドガー・ポーの『異常な物語集』(127)のしかじかの物語の中に、そうしたモチーフが存在することを同じく偶然によって正当化すべきである。ポーの場合と同様に、この映画におけるこれらのモチーフの導入が常に意図的であるかどうかは定かではない。それが意図的であることは望ましくさえない。偉大な創作者は言わば優れた幾何学者であり、彼にあっては直観が論理的思考に先行しそれを先導する。彼は自らの作図《コンストラクション》を行い、証明の不毛な筋道を確立するという努力は解釈者たちに委ねるのである。

　さて、今一度、形式という概念に立ち戻ろう。繰り返し述べているように、まさに形式の中にこそ深さがあり、このことは、生物学者たちが明言するように皮膚は根源的な部位であり、それゆえ器官の中で最も深いのと同じである。『白い恐怖』の弱点は、登場人物が臨床医学の「症例」のよ

＊……この最後のモチーフは副次的であり、その上全く偶然である。白はテニスの色なのだ。しかしヒッチコックは（カメラマンのロバート・バークスの助けを借りて）、白――乳白色で輝いていない――の不安をもたらす側面を利用することができた。白は、欠如でも純粋さの象徴でもなく、積極的で邪悪な色として捉えられている。

うに描かれている点だった。そこでは精神分析学がプリマドンナを演じ、美学は可能な範囲でその後を追い掛けるのだった。反対にこの作品では、ブルーノの強迫観念の対象が示されるのは、その異様さにおいてではなく、我々の性向の中で最も普通のもの、最も取るに足りないものと共通する点においてである。そしてこれは、形式という表現手段のおかげなのである。殺人のめまい、陰謀への嗜好、性的倒錯、病的傲慢のいずれが問題になるにせよ、こうした欠陥はすべて、〈形象〉と〈数〉という相の下で、極めて抽象的で普遍的な仕方で描かれており、その結果我々が理解し得るのは、主人公の強迫観念と我々の強迫観念との間にあるのが程度の違いであり、本性の違いではないということである。ブルーノの罪深い態度は、人間存在の根本をなす態度が堕落したものに他ならない。彼の病《やまい》の中に、我々のあらゆる欲望の元型そのものが、歪められ、堕落し、しかしある種の美的尊厳によって飾られているのを識別できる。ブルーノの犯罪は、ガイもそして我々自身も知的なゲームだとしか思っていなかったこと、その首を軽率にも彼に差し出した老婦人もやはり同じようにしか思っていなかったことを、実行に移したに過ぎない。彼は殺人によって、テニス選手の愛の願望を叶えるのと同様に、観客としての我々の望みを叶える。(128) 我々はガイの味方であるのと全く同じくらい、ブルーノの味方でもあるのだ。すべては行ったり来たりや移行に他ならず、スクリーンそれ自体が、現実をフィクションから隔てる裂け目［深淵］なのだが、十分な障壁ではない。［ブルーノが老婦人の］首を絞めるシーンでのガイのフィアンセの妹と同様に、我々は観客でありながら、自分で信じたい以上に事態に巻き込まれていることに気づくだろう。

ヒッチコックの技《アート》――この映画は、それを特によく際立たせている――は、純化された、ほとんど幾何学的なあらゆる形象が我々一人一人に与える魅惑によって、我々に登場人物の経験するめまいを共有させ、そしてめまいを越えて、精神的な観念の深さを発見させることにある。象徴から観念へと向かう流れ［電流］は、常に感情《エモーション》という凝縮器《コンデンサー》を通過する。これは決して理論的な、型にはまった関係ではない。それゆえ感情とは手段であり、猟奇人形劇《グラン・ギニョル》のドラマと違って、目的ではない。感情は、形式を越えたところに、しかし観念の手前にある。したがって、感情は、口の中に苦い味を残すと同時に、世界の統一性それ自体であるような〈統一性〉の感覚を我々に残す。カオスのただ中で常に判別可能な〈統一性〉であり、〈悪〉の暗い諸相に最も美しい光線のいくつかを反射させているような原初の光[129]である。〈自然〉の強烈な感覚がこの映画全篇を貫いており、それは、祝日の夕方やよく晴れた午後といった日常的な自然であると同時にまた、大文字の自然、より正確に言えばコスモスでもあって、めまぐるしく旋回する様々な世界の深奥で、めまぐるしく旋回する一つの世界なのである。各々の振る舞い、各々の思考、各々の物質的もしくは精神的な存在には、ある秘密が託されており、その秘密からすべてが照らし出される。そしてこの光は、慰めと共に恐怖をも分かち与える。世界の土台が立脚するその同じ原理が同時に、世界の破壊を司ることのできる原理でもある。『疑惑の影』の最後の言葉に従って我々は自問する。この世界それ自体もまた「時折、気が狂う」ことがないだろうかと。『疑惑の影』では台詞によって表現されるこの観念は、『見知らぬ乗客』では具体的な、反論の余地を残さぬ仕方で提示される。我々は文字通り、万有引力のメエルシュトレエム［大渦］に呑まれる。『ユリイカ』の作者に言及したのは無駄ではなかったのだ。[130]

殉教の誘惑
『私は告白する』（一九五二）

『私は告白する』は、告白［告解］の秘密に囚われた一人の神父の物語である。我々はヒッチコック作品におけるキリスト教についていくらか触れる機会を既に持ったし、後にもあらためて立ち戻るだろう。それは攻撃的なキリスト教ではない。ヒッチコックはカトリック信徒、しかも毎週教会に通うカトリック信徒なのだが、先に述べたように、神秘主義者でも新たに信仰に帰依した者でも全くない。彼の作品群は世俗的であり、そこに神についての問いがしばしばあるとしても、主人公たちは文字通りの宗教的な不安には一切身を貫かれていない。

それにもかかわらず、ヒッチコック映画の中で、キリスト教的観念あるいは象徴によって多かれ少なかれ印づけられていないものはただの一つもない。〈摂理〉の概念が仄見えるように流れており、そして、『三十九夜』のハネイの聖書や『レベッカ』における船の唐突な発見といった点在するいくつかの徴《しるし》に具現されている。この概念は『知りすぎていた男』にほとんど白日の下に出現し、『間違えられた男』ではまさに根底を成す。こうした徴の内に偶然の現れしか見ないのはその人の勝手だが、全く反対で、これらにはキリスト教の教義と相容れないところは皆無なのである。悪魔について言えば、例えば先ほど論じた我らが主人公ブルーノのあれこれの特徴の下に悪魔を見て取るのは難しくないが、しかし、［他の］その様々な化身――『レベッカ』の女中頭、叔父チャーリー、セバスチャン、ミリー――は、お粗末なメフィストなどでは断じてない。彼らは悪魔である以上に、まさしく「悪魔に取り憑かれた人々」である。彼らには機会《チャンス》が常に与えられる。彼らは人間存在の両義性を持ち続ける。

しかしながら、同一の人格の内に〈善〉と〈悪〉がこのように同時に存在することは、ヒッチコックにおいては、古典悲劇とは違って、ドラマの原動力を構成しはしない。ヒッチコックの主人公たちは罪責と無垢［無実］という特徴を兼ね備えているので、これら両極の間で正しい慣性の点［とどまるべき点］を見定めるのは不可能である。この二つの力はそれぞれ、肯定的なものと否定的なものであるが、他方に反してではなく、まさに他方に比例して増大するように思われる。無垢［無実］の者は絶対的に無垢であるだけにいっそう罪があることになり、逆もまた真である。あるいは少なくとも、この奇妙な均衡の状態に実は決して到達しないのならば、その状態はまるである極限、ある漸近線のように垣間見ることとしか我々にはできない。その漸近線は、我々のあらゆる善いあるいは悪い決断がぶつかっていくことになり、そして我々の本性の骨格を成している、むしろ言ってみれば根源的な欠陥［原罪］を明示する。自由が、この曲線上で自らの着弾点を見出して、どうにかして［善かれ悪しかれ］その曲線のコースを逸れることができるとすれば、それは奇跡によってでしかあり得ない。そして事実それはまさに奇跡なのだ。意志の奇跡であると全く同様に

〈恩寵〉の奇跡である。

この精神的宇宙は、最良のアメリカ映画が明示的にせよそうでないにせよ参照している古代の悲劇の精神的宇宙よりも、「致命的［運命的］」ではないにしても、限りなく危険であるのだが、それは我々に、やはりキリスト教的な印を持った第二の特徴を見せる。問題となるのは罪における連帯という概念であり、それは倫理的あるいは宗教的な表であって、これについて我々は、「移動」という形式の下に、その美的あるいは心理的な裏には幾度となく出会ってきた。しかも、このメダルの表の面を我々が全く知らなかったわけではない。既に『山羊座のもとに』において、ヘンリエッタは身体的に、しかしまた精神的に、夫の犯罪の責任を引き受けていた。同様に、『ロープ』の最後の映像が我々に見せるのは二人の犯罪者と結びついた［共犯の］教師であり、彼はサイレンの止まる瞬間を苦悶に満ちて待ち、自分の生徒たちが感じることができない悔恨の重さを耐えるのである。各々の存在は、他人の意識［良心］という鏡を必要とするが、しかし、〈恩寵〉の光に照らされるときにのみ救済が輝くこの宇宙においては、その鏡の中に、歪められ、［罪を］告発された自分自身の像を凝視するしかない。各々の存在が同胞へと授与した疑惑は、ブーメランのように戻り、今度は自分を恥辱で打ちひしぐ。絶えず繰り返し、各々は覚えのない責任を背負い、同時に自らの孤独へと送り返される。ここにこそ悲劇があるのだ。視線、身振り、沈黙から生まれ、何よりも演出、すなわちヒッチコックが台本《リブレット》を魅力的にする術を知っているスコア［での割り振り］がもたらす悲劇が。

実際、ここでの台本は最も凡庸な出処に発する。忘れ去られたポール・アンテルムの、忘れ去られたメロドラマ、それがある日ルイ・ヴェルヌイユによって発掘された。しかしヒッチコックは、このメロドラマに重要な変更を色々と加えた。『疑惑の影』以来のこととなるが、彼はプロの脚本家は起用せずに、カトリックの小説家ジョージ・タボリ[131]、そしてヘンリー・ジェイムズの『ねじの回転』を舞台用に脚色したばかりの劇作家ウィリアム・アーチボルドの助けを借りた。

ケベックのとある教会の聖具納室係ケラー（O・E・ハッセ）は、窃盗のために殺人を犯す。彼は、助任司祭であるローガン神父（モンゴメリー・クリフト）に告白する。だが、被害者はヴィレットとやらいう男で、神父が叙階式[132]を迎える以前に既婚女性（アン・バクスター）と一緒にいる現場を目撃しており、彼をゆすりにかかっていた、まさにその人物なのである。ローガンは不手際を重ね、疑惑が彼に向けられる。

先に進む前に、『山羊座のもとに』で既にみられた告白という観念について、ジャック・リヴェットに倣って強調しておこう。「罪人は、罪の赦しによって、罪の重荷を完全に免除されることを欲し、必要ならば、聴罪司祭に、罪を自らに引き受け、身代わりとして償うよう強いる（ヴィニーは『サン＝マール』の注[133]においても同じように、聴罪司祭を仲間、共犯者に結びつけている）。（……）罪責に取り憑かれた二人組（ヒッチコックのすべての映画の核心）は、様々な様相の下に、同じ冒険の行程をたどる。すなわち、二つの魂の間で過ち「罪」をさ迷わせて、ついには彼らの運命のとりかえしのつかない取り違えによってその罪を消滅しおおせるのである[134]」。

ここで提起される問題は、司祭が秘密を守り通すか否かを知ることではない。誓われた信仰と、状況による誘惑あるいは状況を口実にすることとの間のコルネイユ的な葛藤[135]も問題ではない。ここでは「サスペンス」——しかもこれは後方へと押し込まれる——の外的な原動力となる身体的な恐れと同時に、ローガン神父は自らの罪責の感情を、一種のめまいと共に見出す。先ほど述べたように、正しい者が他者の過ちを、まさに自身が無実である限りにおいて引き受ける。しかし、この無実はおそらく見掛けでしかない。我々の主人公は完全に純粋であるわけではないが、これは、仮に彼が中傷に脇腹[136]をさらしているからというのに過ぎないとしても、そうなのである。神父である彼は、もう他の人々と同じ一人の人間ではない。叙階は、洗礼が原罪に抹消線を引くのと同様に、彼の過去を抹消した。ところが、この過去を、世間、警察、法廷がやって来て、彼の面前に突き付けるのだ。彼の過ちは、仮に過ちがあるとするならば、聖職者であった以前にただの男であったことではなく、反対に、この脅し、このゆすりに屈すること、英雄的で逆説的な行動によって、もはや贖う必要がないことを贖おうと望むことである。殉教の誘惑に屈すること。したがって我々は、〈堕罪〉[137]の寓意《アレゴリー》に加えて、悲劇的という名に相応しい状況に立ち会っており、この状況の動機となるのは、ベルナノスにおけるように、犠牲と聖性という罠である[138]。

　人々は、本当らしさに欠けると声高に非難した。ローガンは何らかの抜け道によって苦境を脱することができたのではないか。確かなのは、彼がそう望みはしなかったということだ。彼は聖人として行動しているのか、それとも傲慢な人間として行動しているのか。作家は自らの態度を明らかにしない。自分の登場人物を裁くのは悲劇詩人のすることではなく、自分の同類を裁くのは人間のすることではない。その上、過去は――その重みは、『創世記』の一節［アダムとイヴの失楽園］を思わせるにせよ、プラトンの「想起」[139]を思わせるにせよ、ヒッチコックにおいてはいつでも非常に大きいのだが――、この過去は、素晴らしいフラッシュバックによって、ディミトリ・ティオムキンのメロディの響きに合わせて、いくつもの小道の極めて魅惑的な絡み合いにおいて明かされるので、我々もまた、その肉体的［官能的］な優美さの魅力に屈する。この過去と現在の間には、装置が作動する前に、どんな代償を払っても解消し揉み消さなければならない不調和があるということに、我々は気づく。

この装置を警部は嬉々として始動させ、検事は裁判の日に[140]こう述べる。「かつてヴィレットがある女性を侮辱したとき、あなたは激昂して彼のことを殴ったというのならば、この女性とあなたの名誉が危うくなっているときに、あなたは、再び激昂しているのに、彼を殺そうという誘惑に抵抗できたのですか」。ローガンは答えるべき言葉を持たない。それにもかかわらず陪審団は、物証がないので彼を無罪放免する。そしてこのときにこそ、彼にとっての真のカルヴァリオの丘［受難］が始まるのである。群衆は判決を受け入れない。罵声を浴びながらも堂々と、恥辱を雪ぐ手段すら持たない神父は、ゆっくりと法廷を出て行く。威嚇的な顔つきの人々の中を、彼が一人、十字架を背負ったキリストのように大階段を降りるのを我々は目にする。すると下では大騒ぎとなり、彼は、やはりキリストのように倒れ、肘で車のガラスに星形の［放射状の］ひびを入れる。

まさにこのとき神が答える——あるいは少なくとも、あたかもそうであるかのごとくすべてが起こる。女性が悲鳴を上げる。ケラーの妻だ。彼女は、夫が「かつてローガン神父に」告白した内容を打ち明けて公然たるものとする。その夫の告白は贖いの意志を伴わず、冒瀆に他ならなかった。ケラーは逃げる。映画は、古典的な着想による追跡劇で終わるのだが、自分の命を顧みずに聖具納室係を救おうと望むローガンの英雄的行為《ヒロイズム》と、ケラーの次のような非道い応答とによって、気高さを与えられている。「あなたは私よりも不幸だ。あなたは皆に見捨てられている。あなたは死んだ方がましだ」。

形式から見れば、この作品は前作よりも厳格さで劣るわけではないが、ここでは台詞がずっと大きな位置を占めている。その象徴体系の鍵は、幾何学的な存在によってではなく、馴染み深くまた我々が先ほど触れた図像《イコノグラフィ》、すなわち、十字架の道行きの図像(141)によって提供される。ここでのイメージには俗悪なところがあるが、しかしヒッチコックは、信心の行き過ぎたカナダの誰かによるこの甘ったるい制作物から、——『見知らぬ乗客』で正カメラマンに昇進したロバート・バークスの協力を得て——メロドラマから不純物を取り除いたのと同様の屈託のなさで、不純物を取り除く。仰角が常に優先されることによって、必要とされる荘厳さが登場人物たちとセットに与えられている。リズムはゆっくりとなり、デクパージュは分割が少なくなり、カメラは主人公を追い、彼の歩みそれ自体が映画のライトモチーフとなる。洗練された技術《アート》で、二つの最も見事な場面において、連続した撮影「長回し」とモンタージュ・スタイルの利点が結びつけられる。一つは、ローガンが法廷から出る、前述の場面である。もう一つは、ローガンが逮捕される少し前、教会の中でのことである。カメラは神父に付き従い、その間神父は、ケラーが花を飾っている祭壇の方へと身廊を上る。聖具納室係は、途中でレンズがクロースアップで捉えるのだが、神父をしげしげと眺め、声を掛ける。動きの中でほとんど見えないつなぎ[142]が驚くべき大胆さによってなされるリヴァース・ショット。再びトラヴェリングとなり、その間二人の男が前後になって進み、聖具納室に向かう。ケラーがローガンを止める。再びクロースアップが続く。眼差しに各々の恐れが現れ、その恐れは相手の内にも見出されることで増大する。ケラーのどんよりとした眼差しは愚弄の下に自らの恐怖を隠し、ローガンの険しく威厳のある眼差しは、しかし、既に動揺を一瞬よぎらせたのが読み取れるとケラーには思われる。最も濃密な意味を負わされ、底知れないめまいで重くなったこれらの眼差しは、『山羊座のもとに』のバーグマンの眼差しの堂々たる反復《レプリカ》である。その上、こうした眼差しこそ、この映画を通してヒッチコックが、筋立ての主要な線として、意識から溢れ出したものを流すよう用意された導きの水路として利用しているのである。神父と議員夫人の際会を片目だけで見張り、もう片方の目は話し相手の頭で隠されている刑事（カール・マルデン）の眼差し。法廷で今にも告白しそうなケラーの妻の眼差し。取り調べ、裁判、そして最後の場面でのローガンの眼差し……。主人公の口が意図的に閉じられているこの物語において、眼差しによってのみ我々は彼の思考の秘密へとたどり着くことができる。眼差しは魂の最も堂々たる忠実な伝達者《メッセンジャー》なのである。

注解のトーンがいささか高くなったのは、我々の過ちではない。映画の荘厳さに導かれてそうなったのであり、この荘厳さはユーモアの余地をほとんど残さない。せいぜい、短い諷刺的な描写、すなわち二人の女子小学生の尋問と、とりわけ滑稽というよりは異様で不気味ないくつかの出来事、例えば、自転車が倒れること、アン・バクスターが教会を出るときにケラーの持つ花束が唐突に目に入ってくること等が認められるだけだ。それらは、画家たちが「聖アントワーヌの誘惑」(143)に描き込む怪物らのように、油の差し加減があまりに見事すぎる歯車の中の小石なのであり、運命が日頃からなしている嘲りを象徴する以上に、悪意のある、悪魔的な配慮の存在を明るみに出す。検事が額に置いてバランス(144)を取っているコップについては、そこに人間の正義［裁き］の、やはり嘲るようなアレゴリーを見て取るのは、テクストの強引すぎる解釈ではないだろう。この映画の前では真面目であり続けよう。もしどうしても笑いたければ、そしてそれは我々の権利なのだが、ヒッチコックは多くの愉快な機会を別に与えてくれたのだし、じきに与えてくれることになる。

第三の次元
『ダイヤルMを廻せ！』（一九五三）

『私は告白する』は［興行的に］惨敗ではないにせよ、ヒッチコックが期待していたほどの成功ではなかった。彼はそのことに、以前ほどは驚かなかった。自分の作品を愛する者は、誤った理由から愛するのだということが分かっていたのである。彼はまず、ゴーモン＝ブリティッシュ時代の古い定式に戻ることを考えたが、しかしそうする勇気も頽廃も全くなかった。実に幸運なことに、彼のキャリアの新たな段階が始まりつつあった。彼はパラマウントとの契約書に署名したところだったのだ。居場所が変わったことで、彼は非常に優れた若い劇作家ジョン・ヘイズと知り合うことができたのだが、ときたま脚本を書いていたヘイズは、ヒッチコックにユーモアの味わいを取り戻させた。その結果『私は告白する』の作家は、辛辣でいささか人を喰った、誠実さと商業的要求とを配合した何本かの映画を作ろうと思い立ったのである。

　そうした映画の最初の作品に取り掛かる前に、『山羊座のもとに』でワーナー・ブラザーズに赤字を負わせたことを後悔していたヒッチは、両眼〔視差〕による立体感を用いた方式での3Dの実験をワーナーが続行するのに協力しようとした。しかしこの方式の寿命は大変短かったので、ポラロイド眼鏡[145]〔偏光眼鏡〕は長いこと使用されておらず、『ダイヤルMを廻せ！』はフランスでは通常の映画として公開された。

　だからといって、この実験の面白さが我々には分からないというわけではない。立体感がかなり弱まっているが、それでも作家の意図ははっきりと際立ち、様々の決定的瞬間には、もたらされた効果が大いに生彩を保っている。二つの明確な目的が認められる。一つは、犯罪をより衝撃的なものとすること。殺し屋がグレース・ケリーを絞殺しようとすると、彼女はくるりと回転し、倒れて仰向けに机にもたれ、後ろに手を伸ばし、画面の前方ぎりぎりに置かれた鋏をつかむ。彼女が襲撃者の背中に鋏を突き立てると、今度は彼が回転し、レンズに向かって後ろ向きに、鋏の上に倒れこむ。もう一つとしては、3D方式によってヒッチコックはある一つの鍵を目立たせることができ、この鍵が犯罪の謎を解く鍵にもなるのだ。

最後に、第三の意図があるのだが、これはそれほど明白ではない。演劇的な閉じた世界に俳優たちを閉じ込め、観客に——カメラは大抵ピット［オーケストラ・ボックス］に置かれたので——平土間の椅子席の視点を与えることである。実際、この映画は、『ロープ』と同様に成功を収めた戯曲（フレデリック・ノット作）に基づいており、また『ロープ』と同じく、ほとんど改変されていないのだが、その主題はやはりヒッチコック的である。元テニス・チャンピオン（レイ・ミランド）が妻を片付けたいと思い、ゆすりによって殺し屋に仕立てた男に金を払い、ある夜、男は空き巣を装ってアパートに侵入する。しかし、先ほど言及した場面で、殺人者は犠牲者へと転ずる。すると夫はこの最初の失敗で諦めず、司法に託し、妻がゆすり屋を故意に殺そうとしたのだと難なく信じさせる。夫が死体のポケットに滑り込ませた妻の愛人からの一通の手紙と、他の細々とした物によって、警察は彼の望む方へと誘導されることになる。だが、死刑執行（ここはイギリスである）⑭⑯の前日、警部の嗅覚のおかげで、そして三文推理小説家である愛人（ロバート・カミングス）が重ねるへまにもかかわらず、鍵という論拠が逆に夫の身に振り掛かるだろう。映画のラストは丸々推理の説明に過ぎないが、とはいえ決して関心を削ぐことがない。なぜなら謎解きが、現場の配置そのものによって与えられるからである。原作戯曲の代数的定式［代数式］が、ここでは類稀な優美さを持った幾何学的表現を見出している。御託を並べても、よく見ても、足りないのだ。ヒッチコックが我々を導いている通りに見ることだ。

しかし、この演出家の技《アート》はこの映画において、単に抽象的な題材を魅力的にすることにのみあるのではない——そしてこの点について、ヒッチコックがいかなる卓越した技量を用いて、この物語の最初に、その場を動かぬ二人の男の十分間の会話にも我々を苛立たせることがなかったかを思い起こそう。プロットのラインは全く数学的で味気ないものだが、登場人物たちは抽象的実体「数学的な項」として取り扱われているのではない。夫は卑劣だが魅力的であり、「真相が露見した瞬間に」一度は呆然とするものの、平静さを失わない。愛人の方は極端に戯画化されており、妻は気品を備えているが間が抜けてもいる。ヒッチコックがずっとそうであった良きイギリス人という立場からの、悪戯な誇張だと人は言うだろう。なぜなら彼らは二人ともアメリカ人なのだから。だが、人物像《キャラクター》のこのような選択は、かなり表面的な諷刺という意図を越えて、より深い意義をもたらしており、我らの作家が身につけた、〈悪〉を美化して提示するという習慣に従っている。ヒロイン自身がこの魅惑に屈しているのであり、もしかしたらまだ夫を愛していて、思いも寄らなかった夫のあくどさが露見して打ちひしがれるが、しかしそのあくどさによって彼女の目には夫が大きく映るのである。

我々は飽きることなく称賛し続けよう。最後の対決の朝に、窓ガラスの向こうにヒロインが出現し、庭の青白い陽光の中で繊細なシルエットを見せ、そしてまた、ブラインドが下ろされた部屋の薄明かり《キアロスクーロ》の中で不安に苛まれて待つさまを。

まさに時間や光のこうした描写によって、こらえきれずに零れる涙によって、焦燥あるいは倦怠のあれこれの身振りによって、ヒッチコックは、台詞のいささか角張った数学的なところを和らげ、道程の予期せぬ曲がり角で詩情《ポエジー》が現れるようにし、新たな次元によって作品の厚みを増す術を知っている。『ロープ』の教訓が様々な成果をもたらし続けているのだ。グレース・ケリーは、続く二本の映画に劣らず冷淡にあしらわれているものの、その二本よりも柔らかで心に触れる、いわく言いがたいところがあり、そのことがここで彼女をジョーン・フォンテーンの妹たらしめている。

それでも、こうした物悲しいほとんど過剰なタッチにもかかわらず、我々は『私は告白する』の悲愴さから遠くにある。ヒッチコックは、このときから調子［音域］を変えた。彼はコメディに目を付けたのだ。

母型
『裏窓』（一九五四）

コメディかといえば、『裏窓』は、半分だけコメディである。たしかにそれはヒッチコックの最も深遠な映画の一つなのだが、その深遠さはトーンの絶え間ないアイロニーを甘受したものである。既に見たように、チームには、ジョン・マイケル・ヘイズという正式な共同執筆者が新たに加わっていた。この時期の作品が明白な類似性を持つことになるのは、彼の辛辣でシニカルでその上意地の悪い台詞に負うところが大部分である。

だが、まずは題材を検討しよう。『裏窓』においてこそ、『見知らぬ乗客』に関して我々が指摘した演繹的な側面が、最も純粋な形式で提示されている。形式上の公準は、数多くの意味を含み得るような単純なものなので、それを言明すること自体が我々にとって一つの選択を前提としている。ゆえに、最も控えめに、最も客観的に始めるために、テーマが、映画の本質そのもの、つまりは視覚《ヴィジョン》、光景《スペクタクル》に関わるのだと言っておこう。ある男が見つめ、待っている最中に、我々はこの男を見つめ、彼が待っているものを待つ。フラハティ〔『極北のナヌーク』、一九二二〕の有名なショット、すなわち画面の奥に現れるセイウチをエスキモーのナヌークが待ち伏せしているショットは、我々を既に同じ恩寵の状態にあらしめたのだった。しかし、『裏窓』では作品全体が、このドキュメンタリー作家にとっては束の間の偶然的な美しさでしかなかったものに、意図的に基づいて組み立てられている。絶えず我々は、この映画の主人公が二つに分裂すると同時に、二つに分裂し、彼が自分の見張っている男に同一化しているその間に、彼に同一化する。

ヒッチコックの作品について、恐れることなく形而上学という言葉を発し得るならば[147]、まさにこの作品の主題に関してである。しかし、単に言葉のカント的な意味での反省的で批判的な作品であるということが問題なのではない。このスペクタクルの理論は空間の理論を含み、この空間の理論は精神的観念を含む。この精神的観念は、必然的に、哲学的な言い方をすれば確然的に[148]、空間の理論から派生するのだ。ヒッチコックはここで、堂々たる筆致によって彼の全作品の鍵となる構造を示したのであり、他の［映画の］設計図のうちで、この〈母型〉の派生的命題、個別例ではないものはおそらく一つもない。我々は、ヒッチコック神話学のあらゆる物質的および精神的な基調《ドミナント》の交点におり、最もエレガントな解法が依然として発見されてこなかった問題の核心にいる。

報道写真家（ジェームズ・スチュアート）が足を骨折して、開いた窓から眺め《スペクタクル》に見入って退屈を紛らわそうとしている。望遠レンズを装備した彼は、隣人たちのうちの一人の奇妙な挙動に気づく。わずかな手掛かりと多くの機智とによって、彼はこの隣人が妻を殺したところなのだと推論［演繹］するに至る[149]。それからは、彼が動けないでいることが、最も手に汗握る冒険に変わる。彼は、これから起こる出来事が彼の推論を実証することを待ち、願う。我々もそれを、彼と共に待ち、願う。犯罪を言わば望んでいるのは、自分の発見を最高の快楽に、まさに自分の人生の意味にしようとしている者なのだ。犯罪を望んでいるのは、自分の期待が裏切られるのを目にすることを何よりも恐れている、我々観客なのだ。ヒッチコックが観客のこうしたサディスティックな期待を暴いてみせるのは、これが初めてではない。取って付けたようなハッピーエンドによってそうした期待に背くこともあれば、あまりにも容易く予測できるがゆえにかえって思いがけず残酷な出来事によって満足させることもある。しかし、これまで装飾《フィオリトゥーラ》でしかなかったものが、ここでは骨組みの太い梁になっている。

推論［演繹］の筋道は、いくつかの極端な帰結にまで進む。知りたい、あるいはより正確には、見たいという情熱は、ついには報道写真家の他のあらゆる感情を抑えつけることになるだろう。この「覗き」の悦楽の絶頂は、恐怖の頂点と合致する。彼は罰を受ける、というのは、自分の婚約者が、数メートルばかりのところで、中庭という深淵によって隔てられて、容疑者の部屋で不意をついて襲われるのだから。しかし、このモチーフの深遠さがいかほどであれ、それはいまだ、束となった枝の中の一本に過ぎない。不謹慎の線と呼んでもよいかもしれないこの線と平行に、少なくとも二つの主要なテーマが競合している。

一つ目は、孤独というテーマである。この概念は、一方では、報道写真家がその座から動けないことによって、他方では、彼が窓から眺めるアパートの様々な部屋という見事に区分けされた兎小屋の全体によって、具体化される。現実主義的《リアリスト》で、さらには諷刺的なこの後者のモチーフは、具体的にはグリニッチ・ヴィレッジ族の、一般的には大都会族の、誰彼を描くための口実である。この閉じた世界は、狭い路地を通して垣間見られる〈都会〉というやはり閉じた世界の内部にあって、一定の数の閉じた小さな世界から形成されており、その小世界は、ライプニッツのモナド[150]とは違い、窓があり、ゆえに事物それ自体としてではなく純粋な表象として存在する。すべては、あたかもそれらの表象が覗き魔の考え――または欲望――の投影に過ぎないかのように起こる。彼は、それらの内に自分が置いたものしか、自分が望みあるいは待っているものしか、決して発見できないだろう。中庭という深淵によって自分から隔てられた正面の壁の上で、ぼんやりとしたシルエットたちは、いずれも新たなプラトンの洞窟における影である。[151] 真なる太陽に背を向けているので、報道写真家には正面から〈存在〉を見つめる能力が与えられていない。我々が敢えてこうした解釈をするのは、ヒッチコック作品に常に見られるプラトン主義によって否定されないからである。ポーの『異常な物語集』のように、ヒッチコック作品は〈イデア〉の哲学に暗黙の基礎を置く。ここでは、イデアは——たとえそれが〈空間〉、〈時間〉、あるいは〈欲望〉の純粋なる観念に過ぎないとしても——実存に先立ち、それに基礎を与える。

だが、知についてのこの寓意《アレゴリー》は、報道写真家とその婚約者（グレース・ケリー）の恋愛のプロットという余談的な第三の要素、すなわち精神的な、さらには神学的とさえいってよい象徴が挿入されることで豊かになる。この映画は、『間違えられた男』以前に、そして『私は告白する』以上にずっと、キリスト教の教義への正確な参照なしには意味を把握し得ないヒッチコック作品である。その上、会話の骨格部分に挟まれた福音書からの三回の引用[152]が、我々をそうした参照へと促す。ピューリタンというよりも、ジャンセニスト、アウグスティヌス主義的[153]であるこの寓話が暴き出すのは、『創世記』と同様にここでは〈女性〉の好奇心によって喚起されるだけにいっそう認めやすい[154]、知ろうとする欲[155]だけではなく、教父たちが残存的快楽と[156]呼んだものでもある。肉体的な孤独という観念に精神的な孤独という観念が付け加わるのだが、後者は欲望のこうした肥大への罰として理解される。

報道写真家も彼の婚約者も、楽園は失われたとあくまで信じようとし、実はそれが彼らのすぐ近くにあるのに見たがらない。楽園がすぐそばにあるのは、他の様々な徴《しるし》にもまして、怪我人「報道写真家」の部屋を花園へと変える花束が示している通りである。なぜなら、掃きだめの中にさえ、詩情《ポエジー》は束の間忍び込むのに成功することがあるからだ。彼らの孤独に、頑として想像の世界に逃げ込んでいるオールドミスの孤独が、子供のいない夫婦の孤独が、結婚初期の激しい性欲に息を切らせている若い夫婦の孤独が、呼応する。ヒッチコックを肉欲の検閲官と捉えるのはやめよう。彼が検閲する欲望は一つだ。すなわち、欲望それ自体に耽り込み、欲望の支えとなるはずの愛を忘れ去っている、そういった悪徳から成り立つ欲望である。彼が告発する世界は、反対に、ヴィクトリア朝的な社会という偽善的世界である。ジェームズ・スチュアートのうんざりした顔を覆うグレース・ケリーの貪るようなキスにいささか淫らなところがあるのは、このジャーナリストが、身体的であるというよりはむしろ精神的な不能ゆえに、彼女のキスに同じ烈しさで応えられないからだ。要するに、主役であれ端役であれ登場人物のそれぞれが、アパートの独房にだけでなく、目的を何としても満たすことに閉じ込められており、その目的を達成したという外面的で、部分的な、遠くからの見掛けに瑕が入るのは、愚弄によってでしかあり得ない。

これらすべてのテーマは、相互に対位法をなし、かくも厳密に練り上げられた作品に相応しく、ただ一つの完全和音に結晶する瞬間が来る。それは小犬の死である。迷惑な証人である小犬は殺人者に消されたところだ。そして飼い主がバルコニーに出て胸を引き裂くような叫び声を上げると、アパートの窓にはみな明かりがともる。人殺しの窓以外には。彼がいることは、火の点いた煙草の赤い一点（色の表現力を用いていることに注目しよう）のみによってそれと分かる。このシーンは、この映画のあらゆるシーンと同様に、愚弄の色合いを帯びている。犬は犬に過ぎず、飼い主の発する言葉(「隣人同士、お互いもっと近しくなれないのですか」)は、この状況においてはむしろ嘲笑を誘う。だが、すっかり見せ掛けで紛い物のこの世界では、最も残忍な悲劇が滑稽さの仮面を着けるのだ。犬は「無実の者［無垢なる者］」の安物のレプリカであり、『サボタージュ』のように、あるいは『見知らぬ乗客』の回転木馬の場面のように、子供であったとしても全く良かっただろう。その上、犬を飼う我らがカップルは、子供のできない夫婦なのである。(157)

重要なのは、この言葉によって反応がいったん引き起こされると、各々が自身のエゴイズムの苦杯をその澱まで飲み尽くすことである。既に指摘したように、報道写真家の悦楽の頂点が、彼の最も大きな苦悩の頂点に、そして自身の責任の発見(なぜなら、他人、すなわちまさに自分の婚約者を危険に晒すのだから)に一致するだけでなく、彼は、続けて家に侵入してきた殺人者との会見では、立派な役を演じるという満足を得ることとさえないのである。

その男は、彼に「私にどうして欲しいんだ」と言う。彼があれこれと調べていた理由を、恐喝という最も軽蔑すべき動機に帰しているのだ——それでも、卑劣な好奇心という実際の動機ほどには軽蔑すべきものではないのだが。

この映画は、ヒッチコックの道徳の枢要徳、(158)すなわち要求を最も明らかにするものの一つである。我々は決して自分に対して十分に厳しくはならないだろうということ、それがヒッチコックの教訓である。〈悪〉は〈善〉の見せ掛けの下に隠れているだけでなく、我々の行為のうちで最もどうでもよいもの、最も当たり障りのないものの中に、倫理に属さないと我々が思うもの、原則としていかなる責任も関与してこないものの中に隠れている。犯罪者がこの世界において魅惑的な特徴の下に描かれるのは、言わば我々皆の内に存在するピラト[159]をより巧みに暴き出すために他ならない。しかしながら、ヒッチコックはこうした単なる告発より先には決して進まないようである。彼は我々のエゴイズムを厳しく非難するが、我々がそこから抜け出し得る筋道を示すことはほとんど好まない。反対に、結末のげんなりするようなアイロニーは、こうした原則的な厳格さへとはっきりと戻ったことを印す。最後のショットは、あたかも何事もなかったかのごとく全く同じ段階に我々のカップルがいるのを見せることになる。

ヒッチコックはモラリスト[160]ではあるが、だからといって、道徳家らしいところは少しもない。これまでにも言ってきた通り、そんなことは彼の問題ではないのだ。彼の役割は光を照らすことに過ぎず、結論を出すことは各人に任せる。さらに、こうした罪責は、ヒッチコックはそれを表に出すのが非常に見事であるのだが、おそらく道徳的な次元に属するよりはむしろ、まさしく形而上学的な次元に属するのである。既に指摘したことを恐れずに再び繰り返せば、罪責とは、我々の本性の根本そのものを成し、原罪を受け継いでいる。その結果、キリスト教の教義、〈恩寵〉の観念を参照しなければ、こうした態度のペシミズムは我々を憤慨させても当然であろうし、例えば、人間的な価値にのみ基づいて道徳を打ち立てるつもりの人々を皆苛立たせる。ヒッチコックにとっても、人間の心は「うつろで、汚物に満ちている[161]」。このイメージを拒む者は、無神論的純粋主義[162]の観点からしかそうできず、まさにそのことによって我々の解釈の妥当性を承認しているのだ。しかし、我らが映画作家の作品に神学的な鍵が提案されたときには笑っておきながら、他の文脈でキリスト教に浴びせているのと同じ罵りをヒッチコックに対して吐き続けるというのは、少なくとも矛盾している。

修辞学の精華
『泥棒成金』（一九五五）

一九五四年の初夏、ヒッチは飛行機でフランスに渡り、コート・ダジュールで、ヴィスタヴィジョン[163]という新しい方式を用いて『泥棒成金』のロケーション撮影をした。デイヴィッド・ドッジの小説[164]に着想を得たこの「プライヴェート・ジョーク」には、すべてにヴァカンス、ファンタジーの趣がある。諷刺は常に辛辣だが、目的が達成されると、しかめ面ではなく微笑みへと落ち着く。冷やかされるのは悪癖のみであり、深い悪徳ではない――少なくともそう思われる、というのは、既に学んだように、決して見掛けを信用し過ぎてはならないからだ。ヒッチコックは、記者たちに質問されると、イギリス時代のユーモアへの回帰としか語らなかった。この映画は美食の旅であり、様々な料理の味を引き立たせるのに必要なわずかの「サスペンス」がかろうじてあるばかりである。

このバラ色の夢物語[165]の「間違えられた犯人[166]」の嫌疑は単なる盗みであり、もはや殺人ではない。

泥棒紳士ジョン・ロビー（ケーリー・グラント）は、コート・ダジュールの別荘で、悔悛したからというわけでは何らない引退生活を安逸に享受している。ところがそこに、元「猫《キャット》」［ロビー］がかつて編み出したのと同一の手口で、何件もの盗みが再発する。ロビーは、自らの疑惑を晴らすためには、警察と、当然戦々兢々としている新顔の「猫」の共犯者らとに付きまとわれる危険を顧みず、自分の弟子を出し抜いてその正体を暴く他はないと考えつく。危うい賭けだが、少なくとも我らが主人公にとっては、アメリカ人の金持ちの跡取り娘（グレース・ケリー）の愛《ハート》の見返りがある。この娘は、彼が今でもかつてのような泥棒なのだとむきになって考えているのである。言うまでもなく、彼は、慌てて軽蔑を拭い去ろうとはしない。というのは、この軽蔑のおかげで、感じのよいシニシズムの魅力の下に、彼は重苦しさを見せずにモラリストを気取ることができるのだから。残酷でほとんど気詰まりな瞬間がただ一つある。墓地で、公然と非難されて憤慨したロビーが、かつての共犯者の娘（ブリジット・オーベール）にひどく無礼にも平手打ちを食らわせる瞬間である。ヒッチコックもまた、猫が鼠を弄ぶように、観客の感情を弄んでおり、彼の作品に登場する最も好感の持てる主人公の一人が、どこまで行ったら不愉快な方に行き過ぎてしまうのかを良く心得ているのである。一度謎が解けると、ヒッチコックは、ロビーが寡婦と孤児の味方とまでは言えないにしても、女性に無作法な男では全くないということを明らかにして、我々に自らの甘さを恥じ入らせることになる。「猫」はこのスポーティヴな娘に他ならなかったのである。彼女こそを、図らずも先生となった我らが主人公はずっと疑っていたのだ。

こうした要約の内には、いくつかの馴染みのテーマが認められたことだろう。過去に支配されるというテーマ、疑惑、責任、交換、そしてほぼ完全な同一化というテーマが。ブリジット・オーベールは、グラントの猫のような身のこなしと、彼と同じ縞のシャツを身に着けている。彼女は罪があるのに、正当な権利としては無実の側に寄せられるべき哀れみを横取りする。彼は無実であるのに、罪があるという事実が自分の内に滑り込ませてくるいかなる切り札も忌避しない。光に満ちたこのヴァカンスは、道徳のヴァカンスなのである。ヒッチコックは、極端なものへの好みを例外的に断ち切って、変貌に関する自らの例の定式の内から、中間的なバランスのとれた事例を我々に与える。ヒッチコックの動物園にいるあらゆる無実の者の中で、ロビーは、間違えられた有罪性を最も軽々と耐えている。彼はあらゆる無実の者たちの中で最も無実から遠いためである。「なぜ僕が盗もうなんて気になるんだ」と彼はロイズ保険組合の調査員に言う。「僕は金持ちだよ」「どうやって金持ちになったんですか」「盗んでさ」。だが会話が続くうちに、実直な調査員は、彼に対する自分の正直さがひょっとしたら彼に劣らず不純であることに気づく。調査員は駆け回り、［罪の］移動を追い掛ける。この玉虫色の燦めきを解剖したいと望んでも骨折り損だ。

形式に関しては、『泥棒成金』は、イギリス時代について『逃走迷路』がそうだったように、アメリカ時代のモチーフ——譜面上の音楽的モチーフに至るまで——の魅惑的なメドレーである。明確な形式上の冒険は全くない。n声部のカノン［規範］あるいはフーガからなる稠密な織物ではなく、むしろ我々が思い浮かべるのは、各声部が順にそれぞれメロディを聞かせる協奏的なスタイルである。そして「終止《カデンツァ》」［パートソロ］は数多く、そうした見せ所《ブラヴーラ》は映画的なアクロバットの純然たる行使ではなく、視覚的な贅沢の祭典なのだ。そのようなものとして登場するのは、コルニッシュ[167]のヘリコプター・ショット、花市場での取っ組み合い、後でまた論じるが、打ち上げ花火であり、最後に、意図的な悪趣味の傑作たる仮面舞踏会だ。この舞踏会によって演出家は、プロット上の決定的瞬間を少し必要以上に引き延ばすことで、「サスペンス」の通常の諸法則に背くのを恐れなかったのである。ヒッチコックは、何よりもまず物語を語る名手であると、いささか表面的にではあれ口を極めて褒めちぎられたのだが、ここでは、後景にささやかな話を入れるという明確な意志を示す（そしてこの傾向は、続く作品群においてさらにはっきりすることになる）。四分の一しかロケーション撮影されていないこの映画では、［セットの］背景とスクリーンプロセス[168]にもかかわらず、ドキュメンタリー的でほとんどネオレアリズモ的なトーンが支配し、これが主要な魅力と新しさとを成している。

俳優たちの演技さえもがこの自由さを分かち持たずにはいない。役者の身振りは――水の中の場面を思い浮かべよう――、常になく即興の色合いを持つ。それでいて、この好ましい鷹揚さはスタイルの統一性を少しも壊さない。地中海の紺碧《アジュール》の下、この鮮やかな色とりどりのモザイクは、つまずいて不調和［不協和音］に陥ることが決してない。このジグザグに進むファンタジーは、転調の数と突飛さがどのようであれ、必要なときには、土台の調に再び戻ることができる。この「猫と鼠」［鬼ごっこ］のゲームにおいて、追跡のテーマは屋根の稜線を構成し、その線上に、打ち上げ花火のように、豊富な独創が登ってくることになる。こうした装飾《フィオリトゥーラ》は、十八世紀の音楽における「装飾音」同様に余計なものではないのだが、それらをすべて数え上げられはしないので、最も輝かしく、ヒッチコックによる修辞学《レトリック》の精華撰の中で立派な場所を占めるに値するもののうち、三つを挙げよう。

第一は、単なる一つの映像である。それはほんの一瞬の長さで、その隠喩的な意味は仄めかされてさえいない。すなわち、目玉焼きの中で揉み消される煙草の映像だ。その下描き《エスキス》は『レベッカ』の中にあった――その際には煙草はクリームの瓶の中で消された――のだが、ここでは色の存在がその印象の力をとりわけ強めている。事実ヒッチコックは、絵画の能のない模倣からはほど遠く、色を足枷ではなく補強物として用いる術を知る、稀有な映画作家の一人である。『泥棒成金』の多くの画面は騒々しさを免れていないが、しかしこうした不協和音が我々に与える衝撃は、自然の場合と変わらないに違いない。我々がここで出会う「絵葉書」〔的風景〕は、カンヌからマントンへと散歩するときと変わらない。その上、画家にあっては、色には言ってみれば対象に先行する実存が備わっている。「青」は、存在の尊厳へと高められて、海、目、ドレスの共通の分母となるであろう。映画では反対に、色は目的ではなく何よりも、しかじかの特定の対象に、補足的な現実性をある度合いにおいて与える手段である。色にこそ、我々は「素材《マチエール》」のより生き生きとした感情を負っている。そしてここでは、印象は卵という黄色くて粘ついた素材に負っており、仮に白黒の映像ならば同じ力をもってそうした印象を喚起することができなかっただろう。

この「ギャグ」は何を意味するのか。何も意味せず、かつすべてを意味している。人を不安にもすれば笑わせもするように意図されている。異様だが、シュルレアリストの場合とは違って、原則に基づく異様さではない。それは、『私は告白する』の自転車の転倒と同じく、様々の事物が持つ敵意、根本的な拒絶という観念を表現する。そしてヒッチコックは、才能が成熟するにつれて、こうした描写を増やし続けることになる。これらの描写によって彼は、「ギャグ」というよりはむしろ諸形式の、映画史上最も偉大なる発明家の一人であることを証明する。映画的な諸形式は、幾何学のみならず、「有理力学」と名づけられた数理科学の分野をも参照する、ということを理解されたい。彼の図式群は、空間と時間という二重の性質を備えた運動図式[169]である。どちらか一方を捨象してそうした図式を記述するのは、ヒッチコックへの裏切りである。

第二の形象、すなわち花火とラブシーンの平行モンタージュは、真の直喩である。詩人にとっての隠喩と同等なものを発見することは、知られているように、エイゼンシュテインが自らの実作と著述の一部を捧げた仕事であった。長いこと廃棄処分にされていた「アトラクションのモンタージュ[170]」の例の理論が、ここ数年来、新たな若さを見出している。『理由なき反抗』〔ニコラス・レイ、一九五五〕のプラネタリウムの場面、『不安』〔ロベルト・ロッセリーニ、一九五四〕あるいは『イタリア旅行』〔ロッセリーニ、一九五四〕の最も見事な瞬間が、二つの事象の系列を同時に見せるのだが、その二つの間には純粋に詩的な関係しかないのである。同様にヒッチコックは、ショットの間隔が次第に狭められる加速モンタージュで配置された大花火を通じて、『全線』〔一九二九〕の作家〔エイゼンシュテイン」による田舎の［牛の］結婚式の場面よりもいっそう軽やかでユーモラスに恋人たちの抱擁を象徴化したことで、感謝を受けるだろう。古くさい映画だって？ 今や充分古いがゆえに、屋根裏部屋から出て、自らを覆っていた素朴さと衒学趣味という埃を払い落とすことができる。前日の屑籠よりも、前々日の宝箱《チェスト》の中を探した方が良い[171]。

珠玉たる第三は省略であり、それによってこの場面は次の場面へとつながれる。花火が終わった。その直後我々は、グレース・ケリーが自分のソファーで微睡み、ケーリー・グラントが自分の部屋に戻るのを目にする。扉が開き、アメリカ人女性［ケリー］がロビーの部屋に入ってくる。「母の宝石を返して！」。そして我々は、一瞬の間だけだったかに思われる重い眠りから目覚めたばかりのように、どれほどの時間が流れ去ったかを意識せずにはいない。このつなぎは極めて単純だが、それを考えつくにはアイディアと大胆さとが必要である。ヒッチコックが折々に我々に与えたこうしたコロンブスの卵は、他にも十、百とある。筋の展開《アクション》の熱気に捉えられて、我々はカット［つなぎ］の美しさに気づかないのだが、ヒッチコックは誰よりも上手く、そう望む際には、カットを見えないようにすることができるのである[172]。他の場所でカットを必要以上に目立たせることがあったとしたら、騙されないようにしよう。『知りすぎていた男』に関して後に見るように、彼は、我々がカットに気づいているという事実にさえ乗じるのだから。

善人か悪人か
『ハリーの災難』（一九五五）

ヒッチコックは、しばらく前からテレビ向けの三十分の短篇映画シリーズ［『ヒッチコック劇場』］をプロデュースしていた。自ら監督した作品では、良い物語だと思ったが映画にはならなかったものを取り上げることができた。これはまた彼にとって、ジョン・メレディス・ルーカスやロバート・スティーヴンスといった若い演出家を育てる機会でもあった。このテレビ・シリーズは、彼の作品群の中でそれほど大きな重要性を持たない。それでもいくつかの作品には、はっきりとヒッチコック印がある。まず、例えば『復讐』［一九五五］は、虚言癖がある妻［ヴェラ・マイルズ］を持つ気のいい男［ラルフ・ミーカー］の災難の話だ。ある夜彼が台所でがっくりとした妻を見つけると、彼女は見知らぬ男に強姦されたのだと訴える。二人してこの色魔《サテュロス》を探しに街中を回る。突然妻が通行人を指差して叫ぶ。「彼だわ！」。夫はその男をバールで何度も殴り倒す。帰り道に、妻が再び通行人を指す。「彼だわ！」

かなり酷たらしいこの物語は、明確さと華やかさとをもって語られるのだが、それらがテレビの質素で経済的な技術《テクニック》によって妨げられるところは全くない。聞くところによると、こうした短篇のいくつかは『復讐』と同じくらい成功しているとのことだ。作品ごとに評価する必要があるだろう。この経験に力を得たヒッチコックは、映画にテレビの方式を適用して長篇を撮ることに決めた。

言うが早いか実行に移された。彼が我々に語ったところでは、「夕方五時半に『泥棒成金』を終えると、七時半には『ハリーの災難』に取り掛かっていたんだ[173]」。これほど急いだのは、この新作のロケ撮影の部分が、木の葉が秋になって落ち葉になる前の、緑色から黄色へそして赤色に変わりゆく、非常に短く非常に限定された期間に撮影しなければならなかったからである[174]。

『ハリーの災難』は、ジャック・トレヴァー・ストーリーの小説[175]を基にしているが、原作に極めて忠実な脚色である。ただ一つ顕著な相違は、小説では警察が全く出て来ないことである。J・M・ヘイズによる台詞までも、原作を忠実に尊重している。では、どこにヒッチコックの手腕があるのか。演出にか。おそらく。しかしながら、彼の作品の中でこれ以上にあっさりしたものはなく、実際、効果の乏しさは前作での充実ぶりとは不思議なほど対照的だ。効果に関しては、実を言うと、ほとんどただ一つ、全く静的な性格のものしかない。すなわち、短縮法[176]で撮影された死体の巨大な両足と赤い靴下である。常に変わることなく、台詞こそが主要な責務を負っている。

では、どこにヒッチコックの手腕があるのか。どこにもない。この映画をそんな風に解剖するならば。至るところにある。あれこれ問題を立てずにこの映画に向き合う者にとっては。実際、アメリカでは好まれなかったこの映画が、フランスではその演出家の名声に最も大きく寄与した。この映画以来人々が彼の中に見て取ろうとしたのは、もはやテクニシャンではなく、作家となったのである。ヒッチコックがこの物語を大して変更しなかったのは、それを変更する必要がなかったからであり、それが十分にヒッチコック的だったからである。世間に出回っているヒッチコック的な物語の数は、間違いなく非常に多い。今日までに書かれたものすべての半分ではないにせよ、優に三分の一にはなる——これはフィクションだけに限定してもである。というのは、『間違えられた男』が我々に示すことになるように、ヒッチコック的な三面記事が色々と存在するからだ。このように述べるのは、ヒッチコックの長所や独自性を小さく見せるためではなく、むしろ逆である。彼の観点は美学的あるいはあり得る〔可能的な〕道徳的立場の二、三（五、六と言ってもよいが、無限にあるわけではない）の中の一つに相当する。彼のユーモアは、あり得るユーモアの二、三の形式の中の一つである。まさしくこうした普遍性から彼の力が生じるのである。

閑話休題。この中篇小説が、不気味なものへの嗜好〔死体趣味〕に基づいたアングロ＝サクソン流ユーモアの完璧な例であり、イギリスにおいてさえもそれにふさわしい演出家が（脚本家がとは言わないが）これまでにはいなかったことを認めておこう。こうしたユーモアは、スウィフト[177]やトマス・ド・クインシー[178]に匹敵し得る。ニューヨークのチャールズ・アダムス[179]やスタインバーグ[180]といったイラストレーターのユーモアにも並び、スタインバーグはまさに『ハリーの災難』のクレジットタイトルのイラストを描いている。このユーモアはマーク・トウェインにも比肩し、映画の中で「今日は明日なんだよ。だって昨日は今日だったし、明日は昨日になるんだからね」と言う男の子は、かつて浴槽で溺れ死んだのが自分だったか双子の弟だったのかがもうあまりよく分からない、このアメリカ人ユーモア作家の登場人物の好敵手である[181]。

もっとある。移動のテーマが、不条理〔バカバカしさ〕にまで推し進められ、とりわけ容易に見分けられる。登場人物たちは、罪があると思われている無実の人々というだけではない。彼ら自身、罪があると信じ、そうでありたいと願っているのだ。死体はヴァーモントの森の、秋の緋色に染まった樹々の下に横たわっている。次々に死体を発見する人々は皆、この死を喜ぶばかりか、自分がこの死の作者［犯人］なのだと妬ましげに主張する。引退した船乗りである「キャプテン」は、エドマンド・グウェンによって活き活きと演じられるのだが、猟の最中の誤射を持ち出す。不運な男ハリーの妻（シャーリー・マクレーン）は、前日ハリーに食らわせた瓶の一撃を持ち出す。オールドミスは、彼を靴の踵で殴ったことを持ち出す。理屈っぽくて人をいらいらさせる男の子、現代芸術家気取りの画家、近眼の医者といった他の人々は、気のない様子で死体を眺め、その始末を手伝おうと申し出る。狂人と言ってもよい医者は、失神との結論を下すが、その失神に対して発砲と二件の攻撃が全くの無関係ではないかもしれない。一体誰が真実を知っているのだろうか[182]。だが、それが何になるというのか。このユーモアは、『間違えられた男』に関して再び言及することになるカフカと同じで、不条理の観念に基づいているのである。

　したがってこの物語は、『泥棒成金』よりもさらに道徳とは縁遠い。ジャン・ドマルキが指摘した通り、まるで全登場人物が「良心を切除」されたかのようにすべてが進む[183]。彼らにとって死体はまさに何ものでもない。それは自分を巻き添えにするものに過ぎず、厄介払いすることが大事なのだ。ジャック・リヴェットは言う。「この映画で最も奇妙なのは、登場人物たちが「善」あるいは「悪」であるのかないのか決着が付けられないということである。しかしもしかしたら、彼らはこうした区別を超えているのではないか」[184]。

作者が自らの登場人物に浴びせる軽蔑は、前二作に劣らず観客に強く跳ね返る。『裏窓』において向かいのアパートでなされた犯罪が報道写真家の想像力の産物でしかなかったならば我々が失望したであろうと同様に、この映画においても、我々は不運なハリーの死を登場人物たちと共に喜ぶ。愉快な様式《モード》によって、作家はこれまでなし得た以上に、我々の共犯を促すことができる。無気力なあるいは冷笑的な人物たちは、我々と値打ちが変わらない。

ヒッチコックの全作品の中で、この映画は確実に、台詞が最も粗野で、状況設定が最も際どく、そして（『救命艇』を除けば）最も人間嫌いである。この映画はわざと否定的にコインの裏面しか我々に示さないのであり、裏面しか問題ではないのだということを、他の作品のようには、我々に告げることとすらしない。この作品には魅惑、めまい、危険といった観念が欠けてさえいる。ここでの登場人物たちは最も肉体を欠き、すべてにわたってマリオネットのように振る舞う。これは純粋なコメディであり（アメリカ時代の作品では『スミス夫妻』に続き二番目である）、術策に長け、正確な目を持ち、豊富なギャグを生み出すこの作家が、常に絶妙な表現をもって取り扱った唯一のコメディだとも言わなければならない。

演出は際立ってあっさりしていると述べた。凝ったところの少しもないデクパージュ、饒舌な台詞、時に自由闊達で時に押し付けがましくもある俳優たちの演技の仕方しか考慮しないならば、この映画は全くたしかに、テレビ向けに撮られた作品という印象を与える。しかし、スタイルの不在についてではなく、新たに採られた方針、『ダイヤルMを廻せ！』に似た形式上の冒険について語ろう。重要なのは、演出家が、最も不快なあれこれで成る公準から、最も魅惑的な諸効果を引き出し得たということだ。故意にくすませた背景《バック》の前で、ほんの小さな対象《もの》、最も小さな身振りまでもが浮き彫りとなり、我々はヒッチコックをすらすらと読み進む。他の多くの監督とは違って、ヒッチコックは我々の退屈を紛らわせるために「映画する［faire cinéma］」必要はない。彼は自ら退屈することもなければ、我々を退屈させることも決してない。何をしようと、彼は映画「である」。一枚の扉が存在し、その扉から詩情《ポエジー》が大量に流れ込んでくる。ちなみに、こうした詩情が『救命艇』とイギリス時代のごく稀な数本には例外的に不在であることを、我々は遺憾に思ったのだ。この豊穣なる秋の風景、腐敗の象徴は、少しも余計ではない。目を見開こう。なぜなら、赤々と輝く樹林の光景が、笑劇《ファルス》のいささか指人形劇《ギニョール》的な装置を動かすおもりのように、映画を開始し、そして締めくくるのだから。かけがえのない要素であるそれが、この映画の教訓《モラル》の苦みを和らげるのである。

「サスペンス」の彼岸に
『知りすぎていた男』（一九五六）

最初の『知りすぎていた男』［邦題『暗殺者の家』］は、イギリス時代の最も上手く行かなかった映画の一つであったが、アメリカ版と付き合わせてあまりに安易な議論を引き出さないようにしよう。

ヒッチコックにこの「リメイク」に取り組むよう仕向けた正確な理由がいかなるものであったのかは、さして重要ではない。* 確かなのは、形式を改良し、登場人物の描写を掘り下げ、エピソードを現代化することでは、彼は満足しなかったということだ。真の変貌が問題なのだ。新たな相貌の下で、この映画は、ヒッチコックの神話学が最も明白ではないにしても、最も純粋な表現を見出し、構成――我々が『疑惑の影』について見たような、例の、内的脚韻に基づいた構成――が最も練り上げられた作品の一つである。

しかし冒頭は、そうした厳密さを我々にほとんど予感させない、気取らない《ノンシャラン》優美さを持つ。『泥棒成金』で着手された観光と美食の旅が続けられる。舞台はモロッコで、諷刺が快調に進行する。またしてもアメリカ人たちが諷刺の矢を浴びる。普通の、いたって普通のアメリカ人が。ジェームズ・スチュアートは、その軟弱な特徴を、休暇中の医師〔という役〕に与える。『裏窓』の報道写真家ほどだらけていないが、ほんの少しだけ頭が鈍いといった特徴である。台詞は故意の凡庸さの中に寝転がっていたのだが、演出の才気がそれを起こしに現れる。〔北アフリカの〕ムーア式喫茶店の場面などに注意を促そう。そこでヒッチは、「純粋な身振り」による喜劇《コミック》の実演を見せている。スチュアートは胡座をくんで、御当地流に、すなわちフォークやナイフ無しに給仕されて、自分の長い脚と指をどうしていいか分からない。だが、いかに描くか。こうした御馳走は視覚にのみ饗され

*……五一頁の注を見よ。

る。厄介な山道、喜劇の大家だけが自らの名誉を賭けて踏み込んだ山道の数々を、ヒッチコックは、チャップリン、キートン、キューカー、ホークスらの全盛期に匹敵する確実さ、優美さで散策する。それと並行して、プロットは急がずに進行し、警察――フランスの――が通りがかりに軽く皮肉られ、そして我々は、残酷なユーモアがあり、とはいえ繊細に彫琢された短い場面にたどり着く。医師は、幼い息子が誘拐されたと知らされれば、妻の神経がまいって発作を起こすのではないかと心配し、脅すようにして彼女に睡眠薬を無理やり飲ませる。「飲みなさい、そうしないと何も教えてあげないよ」。事実を告げられると彼女は、半ば恥じ入り半ば満足した夫の眼差しの下で、すすり泣きながら叫ぶ。「このためだったのね、あなたって卑劣よ！」

ここには、純粋にヒッチコック的なものがたっぷりとある。それと引き換えに、イギリス版のものでもあった荒唐無稽《ロマネスク》な題材の内に、移動という例のテーマを識別するのは困難になるだろう。実を言うと、この映画において、深みは全く寓意的な次元のものであり、問題となるのはただ交換、秘密の交換のみである。その秘密の交換とは、最初のヴァージョンと同様に、他国の大臣に向けられたテロ行為の暴露となるのだが、この大臣は今回は〈歴史〉の歩みにしっかりと足並みを揃えなくてはいけない）、自国の政府によって「粛清」されようとしている。[185] 我らが夫婦はそこで、子供の命を案じて、一切口を開かないと決め、ロンドン行きの飛行機に乗り、どうにかして自分たちで調査を進めることにする。案の定、医師は犯人の足跡を取り違えて迷走するが、それが我々に、ヒッチコックの全作品の中で最も明白に「動機を欠いた「筋とは無関係な」」場面の一つをもたらす。

へまで短気な医師は、狼の巣窟だと思っていた剝製店に誤って入り、野獣の嘲笑的な眼差しの下に手荒に追い払われる。だが、ほとんどシュルレアリスム的な異様さをもったこの口直《アントルメ》しが、食事のコースを損ねることはない。「脚韻」は自らの論理を持ち、それを物語の論理が見くびるとすれば誤りであろう。我々は間もなく、真の「アンブローズ・チャペル」、遥かに危険な虎たちが棲む新たな巣窟を見つけることになる。このプロテスタントの教会堂（そしてプロテスタントということが諷刺のさらなる口実となる）においてまさに、陰謀の総代理[186]が司式する。この瞬間から、イギリス版とアメリカ版の二つのヴァージョンが同航するのだが、この航海は帆の張り方の違いをより際立たせるばかりである。もしかしたら二作目が優位にあるのは形式の完璧さにおいてだけかもしれないが、しかし形式は完全性に達したときのみ意味を持つ（これは、ヒッチコックにおいてだけでなく、芸術の歴史一般において例証を見出すことができる真理である）。この映画においては、原則をなすアイロニーを越えて、演出の豪華さそのものに基づく重々しい空気が支配する。もっぱら厳格さから来る効果によって「形象」は、アルバート・ホールの場面についてすぐ後で述べるように、我々をまっすぐに観念へと導く。

間抜けな夫が罠にはまり閉じ込められてしまったのだが、その医師の妻（ドリス・デイ）は、アンブローズ・チャペルの今は閉ざされた扉を押し破るよう警察に決断させられない。彼女は、以前協力を約束してくれたスコットランド・ヤード［ロンドン警視庁］の上層部の一人が、大臣の警護の責任者としてアルバート・ホールにいることを聞き及び、コンサートへと赴くより他に彼女に手立てはない。そうこうするうちに、曲のある箇所でシンバルが叩かれるちょうどその瞬間を待ち構えて引き金を引くようにと殺人者が命令を受けたことを、我々は知るが、彼女はそれを知らない。指揮者が指揮棒を上げる。音楽が始まり、それと共に古典的な「サスペンス」が始まる。

この部分《ピース》は極め付きだ。あまりにも凝り過ぎだとヒッチコックを咎める者もいる。彼らは、このスコットランド式の［湯と水を交互に使う］シャワーの内にスタイルの行使しか見ないのだが、このシャワーは、時には仕掛けを隠し、時には得々として仕掛けを白日の下に曝すような手品の見事な芸当によって、我々を瞬間ごとに、屈託のない笑いから最も真なる恐怖へと導く。しかし、このように建造物の骨組みを発見してみれば、この骨組みこそを考えるようにと作家は我々を誘っているのである。この観点、建築の観点から見ると、『知りすぎていた男』は、ちょうど『裏窓』の系［派生的命題］のように思われる。一方から他方へと移行できるようにするには、公式［定式］の項の一つを修正するだけで十分である。〈空間〉を〈時間〉に代えるのだ。

『裏窓』において、登場人物を彼が欲望し恐怖する対象から隔てるのは、ある広がり［延長］である。この映画ではそれは、同じくはっきりと画定された、ある間《ま》の持続である。深淵はもはや空っぽの庭ではなく、ある長さの時間、同じほど大きな不安を分配する時間であり、そしてその不安をヒロインは、どんな犠牲を払っても飛び越えたいと願うだろう。ジェームズ・スチュアートが怪我をした脚で動けずに望遠レンズという道具を用いるのと同様に、ドリス・デイは無知《イノセンス》によって麻痺し、こう言ってよければ、予感の助けを当てにする。彼女はテロが生じることを知っているが、いつどのようにかは分からない。ここでの出来事は彼女の意志とは無関係だろうが、同時に彼女の恐れの投影であり、それは裏窓の向こうでの殺人が、ある意味で報道写真家の欲望の投影であったのと同様である。比較を続けよう。『裏窓』の世界は、凝視の世界、絶対的な受動性の世界であり、いかなる出口もない。『知りすぎていた男』の世界においては、全体を支配する時間が、一つの可能な行動という次元を導き入れる。そしてこの救済は、〈運命〉（だがむしろ〈摂理〉ではないか）と〈意志〉が組み合わさった働きと引き換えにしか得られないのである。

我らがヒロインはかつてミュージック・ホールの歌手であり、彼女に成功をもたらしたスタンダード・ナンバーの一曲を息子に教えていた。「ケ・セラ・セラ」というリフレインに対して、映画は同時に是認と否認を与える。若い妻は「知りすぎ」てしまい、まさにその事実によって自らの無垢《イノセンス》を失い（またしても〈堕罪〉の寓意である）、すなわち本能、自らを救済することになる本能を失ったのである。彼女はテロを予感している。しかし彼女が、それを妨げようとは望んでいないとしたら、妨げることができるだろうか。というのも、息子の命が懸かっているのだから。それでもやはり、彼女は、恐ろしい出来事が目前に迫ると一種の恐れが引き起こされて、それに屈さずにはいられない。彼女の不安を増幅させるものは、我々と同様におそらく、時間が容赦なくひたすら流れていくという感覚の他にはない。いつもの見事なアイロニー、呵責のない軽蔑をもって、『裏窓』の作家は、「『裏窓』とは」別種の魅惑を示し、その座標軸はもはや空間という次元ではなく今回は時間という次元にある。これは、彼がそうした魅惑を我々に分かち与える技《アート》の名手になっていただけに、なおさら容易い。ヒロインが恐れているのは、禍々しい何かが起こるということよりもむしろ、刻一刻と重みを増していく瞬間が積み重なっていく限りは、その出来事がまだ起こらないということなのだ。彼女の矛盾に満ちた涙は、我々も同じ誘惑に屈しているだけにいっそう心に触れる。そして本能があらゆる理屈、あらゆる用心を消し去り、シンバルの一打が鳴り響こうとするまさにその瞬間に、彼女は叫びを上げる。

　滑稽であると共に胸を刺すこの叫びによって彼女は自らの敗北に署名するのだが、しかしそれは彼女の自由の初めての表明、そして救済の最終的な手段でもある。というのも、感謝した大臣が彼女を招待した先の大使館に、子供が監禁されているのだから。この叫びは事の成り行きだが、しかし同時に、陰謀の冷酷な論理に対する感性の叛乱を表す。それは歯車を狂わせる一粒の砂である。それは一種の解放であり、ここまでの多くの作品においてその存在に注意を促してきた「告白」の反復《レプリカ》である。ヒッチコックのいつものモチーフはすべて、もはやここでは、最も単純な表現に還元された記号を通じてしか姿を見せず、その分それらの輝きは、読解できる者にとってはより一段と純粋となるのである。

　イギリス版は既に見たように、銃撃戦で締めくくられ、その最後に、スパイのボスが娘を屋根へと連れて行くと、射撃のチャンピオンである母親が彼に照準を定める。この空間的で視覚的なギャグを、時間「拍」と音の領域《スケール》に移し替えれば、我々は、新しい方の結末を得るだろう（この点に関して、シンバルの一打を中心として構成された映画において、音——音楽であれ、叫びであれ——

の持つ重要性に注意しよう)。というわけで、大使館の中である。ヒロインは危険を承知で、例の歌を歌い、〈運命〉に対して、その全能を断言する当のフレーズによって敢然と立ち向かう。すなわち「ケ・セラ・セラ」。メロディの響きは廊下に流れ込み、大階段を上り、子供が微睡む部屋まででかすかにたどり着く。子供は歌に気づき、同情をよせる監視役の女が(悪の呪いは、二人の女性のとりなしによって払い除けられることになる)[187]、彼に口笛を吹くよう促す。そしてこの口笛は、アンブローズ・チャペルで彼が上げた叫びの反復なのだが、今度は反響《エコー》が返ってくるだろう。

女が仲介者だとすれば、男は執行者である。父親はサロンを抜け出ることに成功して階段を上がり、誘拐者の短い邪魔が入るものの、いとも平然と彼を階段の上から突き落として、息子を助け出す。

「なるようになる」、たしかに。しかしまた「天は自ら助くる者を助く」。これら二つの格言が同時に存在していることは、それだけではこの作品の深みを明らかにするには十分でない。大事なことは、これらの格言の土台となる寓話的描写の純粋性である。たしかに『知りすぎていた男』は外面的特徴によって大衆小説に属し、寓話という、より高貴なジャンルには入らない。寓話のジャンルに含まれるのは、『抵抗』〔一九五六〕であり(だがブレッソンのこの映画は、高尚な見掛けの下に、同じ精神〔道徳〕を表現してはいないか)[188]、また我々が結論で扱う『間違えられた男』である。しかし『山羊座のもとに』に関して述べたように、ヒッチコックが一、二度意図の深さを明らかにしてさえいれば十分で、それによってただちに、彼の作品の残りすべては光を照らされ、偉大なものとされる。大衆の称賛を求めたことで彼を咎めなければならないだろうか。いや、というのも最終的には、彼は大衆のところまで身を落とすどころか、彼らを自分のところまで高めるのだから。我々が提案する解釈は、例えば、あらゆる価値判断を排除する社会学者や精神分析家が与え得るようなものではない。我々が供するのは鍵であり、外科医のメスではない。こうして設えられた入口は、作品の腹を裂くどころか、作品をより自由に呼吸させ、よりよく理解されるだけでなくよりよく味わわれるようにするに違いないだろう。ここでは、スパイの物語に固有の悲壮さよりも高貴な、ある種の感情《エモーション》が深い所を流れている。この感情が表面へと湧き出ようとするときに、それに気づくことができるならば、喜びは増すだろう。ヒッチコックは我々を煙に巻いているのか。もちろん。そして彼は、全く予想もできない仕方で、道の曲がり角に真剣なものを出現させるに至るのである。

結論

『間違えられた男』（一九五六）

アルフレッド・ヒッチコックが必ずや我々に分け与えてくれるだろう未来の喜びを待ちながら、ある一本の映画で考察を締めくくるのは、我々にとって喜ばしいことだ。この映画は、全作品に散らばった諸テーマを束にまとめるのみならず、彼の全作品を深いところまで明らかにしたいと望んだのがそれほど無駄ではなかったことを、雄弁に証明してくれるのだから。

一連のパラマウント作品とテレビ番組〔『ヒッチコック劇場』〕によって、ヒッチコックはかつてないほどに人気を得た。彼は商業的な失敗の可能性に向き合う備えが十分であると感じたので、望み通りの映画を撮影することに決めた。彼はワーナー・ブラザーズのために、一九五六年の始めに『間違えられた男』を製作し、そう高くはなりそうにないと承知していた興行収入の十パーセントという歩合で良しとした。

様々な点で明らかに野心的なこの作品は、[*189]荒唐無稽《ロマネスク》なところのみならず「サスペンス」も全く持たない。これは『救命艇』のように寓話であり、しかし同時に、三面記事[190]を正確に語ったものでもある。偶然の一致だろうか。というのも、こうした教訓話のジャンルは、大抵の場合数多の凡作の題材となるのだが、最近の映画の最も独創的なもの、例えば『抵抗』、『イタリア旅行』、『ミスター・アーカディン』、『恋多き女』〔一九五六〕が属すものに他ならない。そしてブレッソン、ロッセリーニ、ウェルズ、ルノワールは、ヒッチコックと同じ妙なる巧みさで、寓話的形式と記録（『恋多き女』の場合のように、ある時代についての記録ということのみが問題となっているとしても）とがもたらす一見すると正反対の効果を扱う術を知っていた。具体的な現実性が物語《コント》に肉を与え、そうした肉を欠いては物語は単なる精神の戯れでしかない。記録《ドキュメント》から話を始めよう。『間違えられた男』がもし仮に「警察の実態」の忠実な調書に過ぎないとしても、この題名だけで我々の称賛を正当化するのに十分であろう。ある男が別の男の代わりに逮捕されるが、彼は無実なので、被害はより強烈となるにせよ、自分が被る事柄に関して距離を置くことができる。登場人物たちを侮蔑の泥沼に引きずり込むことを好むヒッチコックは、この侮蔑を表現するのに最も相応しい形式を見出す。この低劣さの魅惑にヒッチコックは溺れ、そして我々を溺れさせるのだが、同時に彼の主人公はムルナウの『最後の人』〔一九二四〕を思い起こさせずにはいない。ストーク・クラブのコントラバス奏者クリストファー・エマヌエル・バレストレロ（ヘンリー・フォンダ）は、妻の保険証書を担保に借金をするために、ある保険会社の事務所に行く。彼はここ数ヶ月に起こった一連の「強盗事件《ホールドアップ》」の犯人だと特定《アイデンティファイ》され、自宅のドアを開けようとするちょうどそのとき、警察に捕らえられる。映画の前半の間ずっと、我々は警察と司法の緩慢に進む形式的手続きの諸々——儀式と言ってもいいだろう——を彼が経験するのを追い続ける。まずは証人たちとの対面だが、〔保険〕事務所の女性職員らの決め付けるような視線の下で、あるい

＊……ヒッチコックはいったんはコメディと縁を切り、同時にジョン・マイケル・ヘイズとも縁を切ったようである。『間違えられた男』の台詞担当としてクレジットされたのはマックスウェル・アンダーソンで、彼はボワローとナルスジャックの小説に基づく『死者の中から』の台詞も担当する予定である。

は、彼がそこで行進させられる商店の主たちのほとんど興味なさげな視線の下で、彼はもはやじろじろと眺められる見知らぬ男、正体《アイデンティティ》を見極められる物でしかない。続いて筆跡の比較があり、その間、被疑者が書くのに費やす時間も、紙の上で万年筆が単調に立てる音も省略されることがない。人定《アイデンティティ》質問があり（我々は映画の間繰り返し彼が自分の名前、年齢、職業を「クリストファー・エマヌエル・バレストレロ、三十八歳、ミュージシャン」と言うのを耳にすることになる）、独房に入れられる恥辱、手錠を掛けられるというさらに大きな恥辱、さっさと済まされる告訴のルーティーンと、要求されるあまりにも高い保釈金、入獄、ごった返しのシャワー、独居房と続く。装飾《フィオリトゥーラ》なき記録、ただしそれは無感動なカメラによってでは決してなく、ヒッチコックのカメラが常にそうであるように、叙述的で物語的なカメラによって示される。そしてこの細部の真実主義《ヴェリズモ》は、象徴の力を強めこそすれ弱めはしないのである。我々は〈観念〉をはっきりと見出すのみならず、さらに、こう言ってよければ、それを強く感じ取る。その上、非常に複雑なこうした観念を、我々は以下のように順を追って識別できるのである。人間存在の根源的な低劣さの観念。人間という存在はひとたびその自由が奪われると、もはや他の様々な事物の中の一つの事物に過ぎなくなるのである。不幸の観念。ヨブの不幸のように[191]（すべてが、我らがミュージシャンに敵対して結束するかのようである）、不当でありかつ被ってしかるべき不幸である。罪責の観念。これもやはり根源的であり、カフカの『審判』のテーマとなっている。そして、あらゆる抗議が役に立たないことを理解したバレストレロが、自らの失墜の傍観者という役割に追いやられているのに気づくにつれて、もう一つのモチーフ、すなわち〈贖罪〉のモチーフが現れて、それまでの様々なモチーフに結びつく。実際、独房の中のフォンダのキリストのような顔と姿勢は、まさしく十字架の道行き[192]の図像《イコノグラフィ》を思い出させる。

義弟が必要な額の保釈金を集め、囚人は釈放されることになる。この瞬間から、寓話《アレゴリー》こそが支配する。既に述べたように、すべてが彼に反して共謀しているかのようである。ほとんど信じがたいほどに。証人を探すようにと弁護士から助言された彼は、自分にアリバイを提供し得ただろうただ二人の人物の死を相次いで知る。そして彼の妻は気が触れる。ヒッチコックの全映画の中で、これは確実に、荒唐無稽《ロマネスク》なところが最も少なく、同時に、最も本当らしくない。それゆえに、作家は十分に配慮して、この逸話が事実であることを我々に通告しておいたのである。[193] コルネイユが大切にしていた原則[194]の現代的な適用である。すなわち、並外れた出来事は、それが「可能だ」という条件で悲劇のアイディアとなり得る。まして、そうした出来事が可能である証拠は、それがあったということなのだ。

ここではこれまでの作品とは違って、異常なことは、単なる原動力、華々しい展開のきっかけではない。異常事は異常なものとして現れて、探求の対象そのものとなる。したがって、ヒッチコックにとって重要なのは、それを特権的で完成された形式、まさに奇跡の形式の下に捉えることである（『抵抗』、『イタリア旅行』、『ミスター・アーカディン』もまた我々に奇跡を示していた）。バレストレロが刑を宣告されようとしているところで、弁護士の策略にうんざりした一人の陪審員の唐突な発言によって、形式上の不備という理由で裁判が延期される。彼は再び自由になるが、しかし独りきりで（彼の妻は精神病院に入れられている）、かつてないほどに絶望している。彼は母親の忠告に従って祈り始める。すると、彼が［キリストの］御心《みこころ》［サクレ＝クール］の絵《イメージ》を見つめているとき、オーヴァーラップによって真犯人が我々に明かされる。その者は通りを歩いてカメラの方に前進し、ついにはその顔がフォンダの顔に一致するのだ。この男は数分後に捕らえられ、バレストレロは無実が証明されることになる。

本当に奇跡が起こったのか。それを否定し得る根拠は何もないが、『奇跡』［カール・ドライヤー、一九五五］で起こることとは反対に、そして語り手の明確な態度にもかかわらず、判断の自由がある程度我々に残されている。いずれにせよ、ヒッチコックには〈摂理〉の観念を愚弄しようという意図は全くない。この観念は、我々がこれまでの道のりの中で既に見出してきたものである。逆に、作家が告発するのは、無気力なまま偶然に委ねることである（我々の間違えられた犯人が時間潰しに競馬に興じていたことは意味深い）。彼がさらに激しく非難するのは、高慢と絶望という二つの神学上の罪である。主人公とその妻を打ちひしぐ不幸が尋常ではないのは、自分たちの不幸が尋常ではないのだと二人とも同意するからをおいて他にはない。彼らに起こることを客観的に計ってみれば、秤《バランス》の上では、不運と同じだけの幸運が認められる（保釈金の支払い、訴訟の延期）。二人はいずれも、神の計らい［神慮］も自分たちの意志の力も彼ら自身が信じていないことの犠牲者なのである。彼らは悪魔の陰謀という魅惑に屈しており、この魅惑は、もう一つのヒッチコック的なテーマである。結局、我々の間違えられた犯人は、〈堕罪〉以来の地上の彼の兄弟すべてと同様に、無実と間違えられた者に他ならないのだが、その最終的な過ちは、ある奇跡が起こった以上、第二の奇跡が自分に起きて当然だと信じ、伝説の羊飼いの娘[195]を真似したことである。この娘は、領主から逃れるために岩山の上から身を投げたにもかかわらず奇跡的に助かったものの、その成功を繰り返そうと望んで自ら死を招いたのである。しかし、若い［主人公の］妻は少なくともしばらくの間は狂気に陥ったままであり、看護婦の言葉から理解されるように、回復にあたっては人間としての忍耐がものを言うことになるだろう……とはいえ、それもまた奇跡の問題であると考えることも許されるのだが。

結末はたしかに曖昧だ。しかしそれは逃げを打っているのではなく、この曖昧さは事態そのものの中にある。ヒッチコックの固有性は、事態の裏と表とを同時に我々に見せることである。彼の作品は二つの極を往還し、それらの極は、両極端が相通ずるように一致し得る。この往還に、我々は「交換」という名を与えた。ここにおいて、この往還が、全人類の交換可能な罪責として、最も高貴な表現を見出していることを認めよう。振り返ってみるとこの往還は、これまで他の作品では、より控えめあるいはより表面的な諸側面に装いを与えていたが、それらを新たな豊かさと深さとで飾りに来たのである。

形式に関しては、起点となる公準は、この作品でそれだけを取り出すのはおそらく、純然たる超絶技巧《ヴィルチュオジテ》によると言われる諸作品でよりも難しいのだが、そうした場合に劣らず厳格なものである。

「母型」は、当然のことながら、障壁という「母型」であり、ヒッチコックは、撮影時のあれこれの偶然自体を取り入れるのがいつでも上手いので、実際の場所――ほとんどがオリジナルの三面記事の舞台である――ではカメラをあまり引けないという事実を利用した。彼は様々な顔に肉薄し、そうすることで我々が感じる息苦しさの印象を増す。(「主人公の自宅での」開いたドアと閉まったドアに関する短い前奏曲の後で)保険会社の事務所の場面によって、根本的な調子〔和音〕が与えられる。窓口の向こう側で、最初に登場した同僚の頭の後ろに身を隠しながら、女性職員たちがバレストレロを横目で見る。同様に、このミュージシャンが警察によってタクシーで連行される際には、彼がじっと見る警部たちの顔によって視界が塞がれる。最初の二人は横顔で、三人目は――彼には額と両目しか見えないのだが――バックミラーの中に映される。この最後のフレーミング、このフレーム内フレームは、独居房の扉の小窓というかたちで、再び見出されることになる。カメラはその小窓を通して侵入し、さらに、保釈金が支払われたと彼が告げられると、その小窓を通して再び出て行き、四人の二つの大きな目を切り取る。わざとらしい技巧だろうか。ムルナウの立派な好敵手たる映画作家の堂々たる技《アート》であり、彼が術を心得ているのは、このとき以外には人間的なあまりに人間的なものとして映される顔から暴力的に人間性を奪うこと、他のところでより明瞭に示すために、魂の存在を束の間括弧に入れること、最後には人間を、彼が持っている最も高貴なもの、すなわち眼差しにおいて辱めることである。こうした解釈は、フォンダの像が歪んで、作家の言葉によれば「ピカソのように」[*196]映し出された割れた鏡によって裏づけられる。天才演出家の指揮棒の下、というのはこの「天才」という言葉を今や恐れずに我々は口に出すことができるからだが、普通ならば古典的でもある映画の形式に対して、「アヴァンギャルド」なるものの信奉者たちがこれまで躓き、今も躓き、これからも躓くだろうところで、様々の大胆さが許されているのである。そして、この同じ場面、本当らしさを超えた簡潔な場面に関して、ヒッチコックが加えて名前を挙げるのは、ストラヴィンスキーである。すなわち、ヴェラ・マイルズがフォンダを殴るとき、我々が目にするのは一撃が始まるところとその結果のみであり、その素っ気なさが、気の触れた女の身振りの異様さを強調し、彼女がゆっくりとベッドに戻るのをより重苦しく感じさせる。

最も多様なスタイルがこの映画では最も幸福な結合《マリアージュ》を遂げ、それらを次々と用いることは映画の完全な均質性を全く損なわなかった。大半の（空間的あるいは時間的な）媒介物は無しで済まされ、しかし、一見すると重要性に欠けるいくつかの瞬間が、その正確な持続の内に思い起こされる。例えば、既に触れた筆跡の分析の場面、あるいはバレストレロの妻が弁護士に電話をする場面。視点が主観的であるのは、見掛けのことに過ぎない。我々は主人公自身の目で見るにもかかわらず（手錠を掛けられる瞬間には、彼の肩口が見える。あるいは、鎖でつながれた相手に敢えて視線を向けず、彼は「囚人護送車(197)」の床に並ぶ足の列だけを見る）、彼は自分自身の外にとどまっているのと同様に、我々の外にとどまる。この偽の主観性、この見せ掛けの外在性は、この映画の全体的な色

＊……『カイエ・デュ・シネマ』六二号、三頁。

合いに上手く合っている。内容の両義性に、形式の恒常的な両義性が照応する。このことは、手法はそれ自体何ものでもないということを今一度証明している。すなわち、重要なのはそれをどう使い得るかのみなのだ。独房に入れられた囚人の場面の悲劇的な偉大さは、あり得る中で最も単純な手段のおかげであり（壁や天井が何回か映されるだけだ）、その手段は、他のあらゆる監督においてならば、色褪せて、さらには時代遅れに見えたであろう。これは、この場面を締めくくる途方もないショット、すなわち、突然めまいに襲われたかのごとくカメラがフォンダの顔の前で旋回して踊るようなショットが、「紙の上では［理論上は］」時代遅れに思われるかもしれないのと同じである。

ひとたび囚人が解放されると、窒息の観念が、秘密《オカルト》の様々な力の陰謀という非常に近しい観念に取って代わられる。バレストレロは証拠を求めて街や田舎を奔走するものの、彼の空間は常に制限されることになる。彼が村の宿で誰もいないテーブルにたどり着くときであれ、彼が扉を開け掛けると、その背後にびっくり箱のように二人の少女の驚き嘲るような顔が現れ、二人が「ふざけあって」笑っていたのが一瞬遮られるときであれ。

この夜の映画、冬の映画、白黒の映画では、ロバート・バークスが、先行するカラー作品に劣らぬ容易さで、画面の調子を主題の調子に合わせたのだが、視線が『私は告白する』と同じ特権的な役割を担っている。証人たちの頑固で思い上がった眼差し、刑事たち、弁護士、精神科医のプロフェッショナルな眼差し、ヴェラ・マイルズの狂気の眼差し、ヘンリー・フォンダの眼差し（これについて叙述するとすれば、この映画全体を改めて語り直すことになるだろう）、そしてとうとう、間違えられた犯人と真犯人の間の対決する眼差しがあり、この対決する眼差しが「交換」を導く糸となって、前者は後者に罪責を引き渡すのだ。最後に、音、物音、話し声の「オフ〔画面外〕」の音が、常に入念に取り扱われる対象となる。高架線を通る地下鉄の音がライトモチーフを導入し、バーナード・ハーマンの非常に美しいスコアが、作品の全体的な厳しさと調和する。

＊＊＊

この映画への注解は、これまでの作品に多くの光を投げ掛け、我々にとって結語の代わりを果たすだろう。締めくくりに、千の顔を持つ天才のあらゆる側面の中で最も議論の余地がないと思われるものを端的に選ぼう。既に述べてきたように、ヒッチコックは、全映画史の中で最も偉大な、形式の発明者の一人である。おそらくムルナウとエイゼンシュテインだけが、この点に関して彼との比較に耐える。こうした形式から発して、その厳密さ自体に応じて、いかに一つの精神的宇宙が創り上げられているかを示し得たならば、我々の仕事は無駄ではなかったことになるだろう。ここでは、形式は内容を飾るのではない。形式が内容を創造するのだ。ヒッチコックのすべてがこの定式に集約される。我々が証明したかったのはまさにこのことである。

訳注

（1）原語の形容詞 « moral » には、本書では原則的に「道徳的」あるいは「精神的」のいずれかの訳語を充てた。日本語の「道徳的」より意味内容が広く、人間の行動や態度、さらには本性をめぐる心の有りようと関わる含意を持つ。主として「道徳的」と訳すが、「身体的／物質的（physique）」と対比される場合などには「精神的」という訳語を採用する。

（2）サスペンス（suspense）は、語源的には、宙吊り状態のことである。

（3）Claude Chabrol et François Truffaut, « Entretien avec Hitchcock », *Cahiers du cinéma*, n°44, février 1955, p. 21.（クロード・シャブロル、フランソワ・トリュフォー「アルフレッド・ヒッチコックに聞く その1」、『作家主義』所収、奥村昭夫訳、リブロポート、一九八五年、二三四頁。）

（4）『リッチ・アンド・ストレンジ』（一九三二）を意識した引用である。

（5）ウォードー・ストリートは、かつてはイギリス映画産業の中心地であり、大きな製作会社や配給会社が集まっていた。一九六〇年代以降の映画産業衰退期以来、多くの大会社は移転してウォードー・ストリートを離れたが、今でもインディペンデント系の映画製作会社や小規模な映画関連会社が居を構えている。

（6）サイレント映画の字幕（ショットとショットの間に挿入されるインタータイトル）には、物語の説明や台詞に加えてイラスト等があしらわれ、全体として装飾的に構成されていた。こうしたデザインを行うのが字幕デザイナーである。

（7）一九一二年にアドルフ・ズーカーが設立したフェイマス・プレイヤーズが一九一六年にジェシー・L・ラスキーの製作会社と合併したアメリカの映画会社。一九一七年にはパラマウントの配給部門と実質的に一体化し、後にハリウッドのビッグ5の一つとなるパラマウント・ピクチャーズへと発展する。

（8）「太った若者（fat youth）」はシーモア・ヒックスの回想録での言葉。Seymour Hicks, *Hail Fellows, Well Met*, Staples, 1949, p. 34. ドナルド・スポトー『ヒッチコック――映画と生涯』、山田宏一監修、勝矢桂子ほか訳、早川書房、一九八八年（原著一九八三年）、上巻一一四頁参照。

（9）実際にはバルコンによるイズリントン撮影所買収は一九二四年一月、ゲインズボロー社設立は翌二月のことであり、それまでバルコンは、ヴィクター・サヴィルとジョン・フリードマンとともにイズリントン撮影所で一九二二年から独立制作を行っていた。バルコンがヒッチコックを助監督に抜擢したのはこの時期である。

(10) 各種資料から判断すると撮影開始が一九二四年、公開が一九二五年であった可能性もある。その場合『街の恋人形』、『与太者』に続くゲインズボロー社第三作(グレアム・カッツの助監督に付いた五本目)であることになる。一方ヒッチコックがカッツと組んだ三本目の作品で『街の恋人形』より前の作品(ただし公開は『街の恋人形』の一九二四年より後の一九二五年)とする見方もあり詳細は不詳である。

(11) 『快楽の園』は、日本版DVDが発売されておらず、上映機会もほとんどないので、ロメールとシャブロルの記述の誤りを指摘しておく。夫の愛人は自殺ではなく夫によって殺され、妻を殺しかけていた夫は、地震によってではなく、救出者の銃弾によって死を迎える。なお以上の内容は、第五回京都ヒストリカ国際映画祭における『快楽の園』(ブリティッシュ・フィルム・インスティテュート所蔵の修復版による)の上映(二〇一三年十二月二日)を小河原が観て確認した。

(12) ベロック・ローンズ『下宿人』、加藤衛訳、早川書房、一九八七年(原著一九一三年)。

(13) 新約聖書の『ルカによる福音書』15章の、いわゆる「放蕩息子の帰還」のエピソードを念頭に置いた表現である。

(14) 前者のヒッチコックの発言については以下を参照。André Bazin, « Hitchcock contre Hitchcock », *Cahiers du cinéma*, n°39, octobre 1954, pp. 28. Chabrol et Truffaut, « Entretien avec Hitchcock », op. cit., p. 21.(「ヒッチコック vs. ヒッチコック」、鈴木啓二訳、『ヒッチコックを読む』所収、フィルムアート社、一九八〇年、三二六頁。シャブロル、トリュフォー「アルフレッド・ヒッチコックに聞く その1」、前掲、二三四頁。)

(15) 正しくは、この時点までにヒッチコックがマイケル・バルコン製作で監督した作品は計五本である。

(16) モンタージュと、それとよく似た意味の言葉であるデクパージュの違いを説明しておく。デクパージュはショットをどこで切るかの問題であり、ショットの確立に関わるのに対して、モンタージュは確立されたショット同士をどうつなぐかの問題であり、ショットとショットの関係に関わる。ただし、両者は言わば同一の事象の両面でさえあるため、しばしば類義語のように用いられもする。

(17) 出典不詳。

(18) 正しくは一九三二年製作・公開の『第十七番』ま

でである。

(19) 日本の撮影所では撮影部と照明部が分かれているのが普通であるのに対して、ハリウッドでは撮影監督が撮影と照明を統括する。なおここでの記述は一九五七年時点のものであるが、ロバート・バークスによる撮影は、『サイコ』(一九六〇)を唯一の例外として『マーニー』(一九六四)まで続く。

(20) 日本未公開作品であるが、複数のメーカーからこの日本語題でDVDが発売されているのでそれを採用した。ただし、この日本語題にはいささか問題がある。原題中の"farmer"は「農場主」を指し、小作農や小規模農家の農夫を指す"peasant"とは区別される。ちなみに、映画の主人公は地方の名士であり、複数の使用人がいる。

(21) 『シャンパーニュ』のフランス語題 *À l'américaine*(ただしこれは非公式の題およびヴィデオ発売時のタイトルで、同作はフランスでは劇場未公開)は、「アメリカ風に」という意味である。

(22) 出典不詳。ただし、『カイエ・デュ・シネマ』八五号(一九五八年七月)のゴダールによるイングマール・ベルイマン論の中でも同じ言葉が見られる。ベルイマンの作品によって、回想(フラッシュバック)という技法が、ウェルズ言うところの「貧相な仕掛け[ちゃちなトリック poor tricks]」ではなくなった、とゴダールはそこで記している(ジャン=リュック・ゴダール「ベルイマノラマ」、『ゴダール全評論・全発言1』所収、奥村昭夫訳、筑摩書房、一九九八年、二六二頁)。

(23) コルネイユは十七世紀フランスの劇作家。代表作『ル・シッド』(一六三六)。

(24) ブルエット(bleuette)はフランスで一九〇五年から一九五七年まで製造された女の子の人形のことである。身長三十センチ程度で、十一個の関節を持つ。欧米では今でも根強い人気がある。

(25) 自殺および自殺未遂は、キリスト教圏では道徳的に罪とされるのみならず、前近代までは法的に犯罪と見做されていた。十八世紀以降、啓蒙思想の広がりとともに徐々に法的処罰の対象ではなくなっていったが、イギリスでは『マンクスマン』公開当時も、自殺および自殺未遂は犯罪とされていた。

(26) エピグラフの原文は、"What shall it profit a man if he gain the whole world and lose his own soul?"で、直訳すると「人は、全世界を手に入れたとしても自分自身の魂を失うとしたら、何の益があろう?」となる。

(27) 原著には«Lyon's»と記されているが、映画の画面に従えば正しくは「LYONS CORNER HOUSE」。『恐喝』のトーキー版の画面比率(アスペクト・レイショウ)は、トーキー初期の映画にのみ見られる特殊なものの一つで、通常の、サイレントのフルフレームや「スタンダード」サイズの画面比率（1.33:1＝4:3）よりもやや縦長の画面比率（1.2:1）である。しかし、管見するところでは、日本国内で発売されているＤＶＤ等のヴィデオソフトは、画面の上下を切って「スタンダード」サイズで収録しているものばかりで、画面上部の文字がほとんど確認できない。（なお、『リッチ・アンド・ストレンジ』までの長篇トーキー四本はこの1.2:1の画面比率であるが、上下が切れていないヴィデオソフトの存在は未確認である。）トーキー版およびサイレント版の画面の確認は、東京国立近代美術館フィルムセンター所蔵のプリントの上映に際して訳者両名が行った。

（28）アニー・オンドラは、チェコスロバキア（プラハ）出身で英語に訛りがあったためである。トーキー映画の初期においては、アフレコ（postrecording/postsynchronization）の技術が存在せず、台詞がリップシンクロ（口の動きと同期）しているショットは、サイレントとして撮られたショットに台詞が後から加えられたのではなく、トーキーのショットとして同時録音での追加撮影が行われた。台詞は撮影現場で撮影と同時に「吹き替え」られ、アニー・オンドラの口の動きに合わせて、フレーム外のマイクに向けてジョーン・ベリーが台詞を代わりに話した。なお、音声のミキシングの技術も存在しなかったため、台詞がリップシンクロしているショットでの音楽や物音も、撮影時に同時録音されたものである。

（29）Peter Noble, *Index to the Work of Alfred Hitchcock, Sight and Sound*, Special Supplement Index Series no. 18, 1949 (repr., Gordon Press, 1979), pp. 13–14.

（30）ロナルド・ニームはこの後、カメラマン、プロデューサーを経て一九四〇年代後半から監督に。監督作品に『黄金の龍』（一九四九）、『ポセイドン・アドベンチャー』（一九七二）等。マイケル・パウエルは後に監督となり、エメリック・プレスバーガーとの共同監督作『黒水仙』（一九四六）、『赤い靴』（一九四八）等で特に知られる。また単独監督作『血を吸うカメラ』（一九六〇）はカルト作品として注目され、『裏窓』との類似点も指摘される。

（31）ウジェーヌ・イヨネスコ（一九〇九―一九九四）は、フランスの「不条理演劇」の代表的な劇作家。ここでイヨネスコが挙がっているのは、テーマとしての不条理というよりは、『禿の女歌手』（一九五〇）の登場人物が自分が誰であるか分からない、『椅子』（一九五二）の主人公たちが幻影を信じている、といった具体的な馬鹿馬鹿しさの例としてである。

（32）ハイド・パークは、ロンドンの中心部、ウェストミンスター地区からケンジントン地区にかけて広がる王立公園である。ロンドンの代表的な公園で、市民にも親しまれている。誰でも（原則として）自由に自説を語ることができるスピーカーズ・コーナーがあることでも有名である。

（33）原語 « triptyque » は、三枚続きの絵画（両側のパネルを中央のパネルの上に閉じる）を意味するが、これは教会の祭壇画にしばしば用いられた形式である。

（34）本書での同性愛に関する論述は、キリスト教（カトリック）の文脈の下で書かれている。キリスト教は元々ホモセクシャリティを厳しく禁じており、旧約・新約両聖書には同性愛を禁じる記述は数多い。ただし、近年多くの宗派においてホモセクシャリティ（ゲイとレズビアンの双方を含む）を認める傾向が見られるようになっているが、ヒッチコックが、そしてロメールとシャブロルが信徒であったカトリックは、この点に関しては極めて保守的であり、その傾向は現在（二〇一四年末）に至るまで基本的に変わっていない。

（35）ヨーロッパの伝説に基づくリヒャルト・ワーグナーの楽劇『トリスタンとイゾルデ』（一八六五年初演）では、コーンウォール王の甥にして忠臣トリスタンと、彼に護送されて王に嫁ぐところのアイルランド王女イゾルデとが、毒薬（「死の薬」）入りと誤って媚薬（「愛の薬」）入りの酒杯をあおり、激しい禁断の恋に落ちる。

（36）原語 « quitter la terre » には「死ぬ」という意味もある。

（37）原語 « contrition » はカトリック用語で、神に対する愛または恐れから起こる悔い改めのことであり、「ゆるしの秘蹟」の本質的部分を成す。

（38）人間の行動を観察して、その本性を考察・探求し、時にその結果を文言、とりわけ短い箴言として表現する者。訳注1も参照。

（39）原語 « crucifier » は「十字架にかける」ことも意味する。実際の映画では、猫の毛皮が船の壁に張り付けられる。

（40）事実は逆で、小説が戯曲に基づいたものである。

（41）ジョン・バカン（一八七五—一九四〇）はスコットランドの小説家で、『三十九階段』（一九一五）がヒッチコックによって映画化されている。ファーガス・ヒューム（一八五九—一九三二）はイギリスの小説家で、代表作は『二輪馬車の秘密』（一八八六）。エドガー・ウォーレス（一八七五—一九三二）はイギリスの小説家で、代表作『キング・コング』（一九三三）が映画化されている。

（42）円形に座った人たちが小さな輪を通した綱を持って歌いながら手から手へとその輪を回していき、誰が輪を持っているかを真ん中にいる鬼が当てる遊び。

（43）イジー・トルンカ（一九一二—一九六九）。チェコスロバキアで活躍した人形アニメの第一人者。
(44) 映画『ウィーンからのワルツ』は、ヨハン・シュトラウス（二世）の恋と父一世との対立の物語であり、二世の音楽が編曲されて用いられているが、その原作はヨハン・シュトラウスのオペレッタではなく、ハインツ・ライヒャールト、A・M・ヴィルマーとエルンスト・マリシュカが台本を書き、エーリッヒ・ヴォルフガング・コルンゴルトが編曲を担当したオペレッタ『ウィーンからのワルツ』*Walzer aus Wien*（一九三〇）に基づく、イギリス版『グレート・ロンドン・アルハンブラ・サクセス』*The great London Alhambra success*（初演不詳）である。コルンゴルトの編曲は映画にも用いられているが、ヨハン・シュトラウス一世の音楽が加えられ、映画全体を通しての編曲はヒュー・ハーバートが統括している。なお、オリジナルのオペレッタにおいても映画においても、ユリウス・ビットナーの名がコルンゴルトとともに編曲者として挙げられているが、ビットナーは実際には編曲を行っていない。
(45)『暗殺者の家』は、一九五六年に『知りすぎていた男』としてリメイクされるが、両映画とも原題 *The Man Who Knew Too Much*、フランス語題 *L'homme qui en savait trop* は同じである。
(46) ジョン・バカン『三十九階段』、小西宏訳、創元推理文庫、一九五九年（原著一九一五年）。後出の『三人の人質』は以下。『三人の人質』、高橋千尋訳、創元推理文庫、一九八四年（原著一九二四年）。
(47) クリスティは、ヒッチコックの嫌う「謎解きもの《フーダニット》」の代表的な作家であるとトリュフォーに見做され、ヒッチコックも同意している。ヒッチコック／トリュフォー『定本 映画術』、山田宏一・蓮實重彥訳、晶文社、一九九〇年（原著一九六六年）、六二、一八八頁参照。
(48) 原語は « ténébreuse » で、バルザックによる小説『暗黒事件』*Une ténébreuse affaire*（一八四三）を指している。
(49) 山羊、さらには悪魔を暗示する。
(50) アンリ・I・マロー《ママ》『聖アウグスティヌス』、長戸路信行訳、中央出版社、一九九四年（原著一九五五年）、九〇頁参照。かなり自由に要約・引用されている。アンリ＝イレネ・マルー（一九〇四―一九七七、キリスト教史研究者）はここで、存在の頂点に位置する真にして最高の存在が神であり、そこにこそ全き充実があるのに対して、神による被造物である他の諸存在は「存在と不在ないし存在の欠如とから成る」と論じる。キリスト教においては、悪は実体ではなく、善ないし存在の欠如として捉えられるのである。
(51) 古代ギリシアに始まる幾何学の難問で、与えられた円と面積の等しい正方形を定規とコンパスとで求める作図問題。作図不能であることが十九世紀後半に証明された。
(52) モーム『アシェンデン――英国情報部員のファイル』、中島賢二・岡田久雄訳、岩波文庫、二〇〇八年。「裏切り者」を脚色し、そこに他の複数の挿話からメキシコ人の「将軍」に関する記述を折り込んでいる。なお映画は、上記原作を脚色したキャンベル・ディクソンの戯曲 *The Secret Agent* にも基づいている。
(53) コンラッド『密偵』、土岐恒二訳、岩波文庫、一九九〇年(原著一九〇七年)。
(54) 「思いがけず運良く」の原語 « providentielle » には「(神の)摂理による、天佑の」の意味もある。
(55) ジョセフィン・テイ『ロウソクのために一シリングを』、直良和美訳、早川書房、二〇〇一年(原著一九三六年)。
(56) フランスを代表するシャンソン歌手(一九一三―二〇〇一)。主人公とは顔の造作や髪型が似ている他、恋や自然を歌う若々しく感じのいい青年というイメージも共通するだろう。本書はジャズが人気の時期に書かれたせいか、トレネをいささか否定的にみているものの、著者二人の周辺で言えば、後にフランソワ・トリュフォーが『夜霧の恋人たち』(一九六八)で彼の「残されし恋には」(一九四二)を、ジャン・ユスターシュが『ぼくの小さな恋人たち』(一九七四)で「優しきフランス」(一九四二)を、主題歌として用いている。
(57) 実際の画面を見る限り、そこまでの高さではない。「四十フィート」か「四メートル」の誤記の可能性があるが、確定できないので原文のままにした。
(58) オーソン・ウェルズの長篇初監督作『市民ケーン』は一九四一年公開である。『市民ケーン』は、例えば有名な試写室の場面において、記者たちの様々な台詞が被さって聞こえるといった音声の使い方が当時画期的だとされた。
(59) エセル・リナ・ホワイト『バルカン超特急――消えた女』、近藤三峰訳、小学館、二〇〇二年(原著一九三六年)。
(60) ミュンヘン会談(一九三八年九月二十九―三十日)を指している。イギリス、フランス、ドイツ、イタリアの四国によって開かれ、イギリスとフランスによってヒトラーの要求を大幅に受け入れる宥和政策が採られた。
(61) ダフネ・デュ・モーリア『埋もれた青春』、大久保康雄訳、三笠書房、一九七六年(原著一九三六年)。
(62) オフュルスの『快楽』(一九五二)および『歴史は女で作られる』(一九五五)のそれぞれのラスト近くに、主観ショットでカメラが垂直に落下するように見えるところがある。

(63) ダフネ・デュ・モーリア『レベッカ』、茅野美ど里訳、新潮文庫、上下巻、二〇〇八年（原著一九三八年）。

(64)「精神／文字（esprit / lettre）」という対句表現は一般に「内容／形式」を意味するが、パウロの『コリントの信徒への手紙 二』3章6節の「文字は殺しますが、霊は生かします」という一節に基づく（形式主義を戒め精神の重視を説く諺として流通している）。ロメールとシャブロルは、パウロの一節を意識した上で、この対句の関係をずらし、ヒッチコックにおける形式の重要性を主張するために用いる。

(65) ボードレールは遺稿集『赤裸の心』に以下のような言葉を残している。「いかなる人間の裡にも、いかなる刻《とき》にも、二つの同時的な請願があって、一方は神に向い、他方は〈魔王《サタン》〉に向う。神への祈願、すなわち精神性は、昇進しようとする欲望だ。〈魔王《サタン》〉への祈願、すなわち獣性は、下降することの歓びだ」（「赤裸の心」、『ボードレール全集VI』所収、阿部良雄訳、筑摩書房、一九九三年、四九頁）。なお、阿部訳に倣ってここで「請願」と訳した « postulation » は、カトリックにおいては列福列聖（ある人物を福者・聖人に加えてもらうこと）のための調査の請願をも意味する。

(66)「一致」の原語 « communion » はカトリックでいう聖体拝領のことでもあり、信者同士の、あるいは神との霊的交わりをも指す。

(67) 本来はフレームを変えないまま、フォーカスを画面の奥から手前へ、あるいはその逆に変化させること。日本の制作現場では「ピン送り」と呼ばれる（「ピン」は「ピント」から）。

(68) ナチス・ドイツの宣伝相だったパウル・ヨーゼフ・ゲッベルス（一八九七—一九四五）は博士号を所持していた。なお、小児麻痺（一説には骨髄炎による腿の手術）の後遺症のため、左足を引き摺って歩いていた。ゲッベルスは『海外特派員』について一九四二年一月二日の日記に、称賛の言葉とともに「必ずや敵国の幅広い観客層にある種の印象を与えるであろう」と書いている（フェーリクス・メラー『映画大臣——ゲッベルスとナチ時代の映画』、瀬川裕司ほか訳、白水社、二〇〇九年、七八頁参照）。

(69) フランシス・アイルズ『レディに捧げる殺人物語』、鮎川信夫訳、創元推理文庫、一九七二年（原著一九三二年）。なお *A Murder Story for Ladies* は、原題 *Before the Fact* の副題である。

(70)『断崖』の原題（およびフランス語題）*Suspicion*（*Soupçon*）は、「疑惑」という意味である。

(71) 原語 « répondant » は、ミサで司祭に答唱する「ミサ答え」役をも指す。

(72) 帰謬法、または間接証明とも。論理学用語で、ある命題を証明しようとするとき、その命題を偽と仮定すると矛盾が生じてくるのを示すことによって、原命題を証明する方法。

(73) 原語 « révélé » には「(神によって)啓示された」の意味がある。直前の「偶然」の語と合わせて、「天啓」という含意がある。

(74) 訳注13を参照。

(75) 代父《ゴッドファーザー》あるいは代母《ゴッドマザー》として立ち会ったもとで、洗礼を受け、洗礼名を授かった子。

(76) 原語 « personnes » はラテン語 "persona"(仮面、役柄)に由来し、キリスト教の三位一体の教義において、本質的には一つの存在である神が持つとされる、父と子と精霊という三つの存在様式をも指す。日本語では「位格」と訳される。

(77) François Truffaut, « Une trousseau de fausses clés », *Cahiers du cinéma*, n°39, octobre 1954, pp. 45–52.(フランソワ・トリュフォー「合い鍵の束」、千葉文夫訳、『シネアスト1 ヒッチコック』所収、青土社、一九八五年、三三一―四一頁。)

(78) 戯曲『わが町』はソーントン・ワイルダーの代表作。『わが町』、鳴海四郎訳、ハヤカワ演劇文庫、二〇〇七年(原著一九三八年)。

(79) 神が全能であり、善であり、愛であるならば、神の創造した世界になぜ悪が存在するのかという問いは、古代神学から、神の存在を否定しない立場の近現代哲学に至るまで大きな問題であり続けている。キリスト教神学においては、伝統的に悪は実体ではなく(善なる神から実体としての悪は由来し得ない)、善の欠如として捉えられてきたが、それでも、なぜそのような欠如を神が許すのかが問題となる。多様な立場があるが、いずれの立場も、世界は神が創造したものである以上、悪が世界の構成要素として存在することは必然であらねばならない、という点で共通している。

(80) フランス語で普通名詞を大文字で書き始めると典型化する。本訳書では〈 〉を付して表した。

(81) 原語 « élément » には「要素」という意味以外に、「次元、相」「(好みの)環境、活動領域」の意味もある。これは古代ギリシアのエンペドクレスに由来する四元素論において、四大《しだい》である火、空気(風)、水、土がこの順序で高低(次元)を成しているという考え方による。

(82) パスカル『パンセ』のいわゆる「賭けの断章」(ブランシュヴィック版断章四一八、ラフュマ版断章二三三)に、神の存在ひいては生き方をめぐって「[……]賭けなければならない。それは自発的な[自由意志による]ものではない。あなたはもう船に乗り込んでいるのだ」という記述がある。パスカルはジャンセニストであり、ここの前後の文章は彼を意識したものだろう。なお、ロメールの映画『モード家の一夜』（一九六九）は、「賭けの断章」を根幹にして作られている。

（83） Bazin, « Hitchcock contre Hitchcock », op. cit., p. 31.（バザン「ヒッチコック vs. ヒッチコック」、前掲、三三二頁。）

（84） 今後の議論を追う参考に、ピューリタンと、ジャンセニストおよびアウグスティヌス主義と、イエズス会の関係を整理しておく。

ピューリタン（清教徒）は、イギリス国教会における宗教改革の不徹底を批判し、カルヴァンの教えを受け継いで、聖書に従った厳しい規律を市民生活に求めたイギリス・プロテスタントの一派である。救済に関しては、カルヴァンの教えに倣って、誰が最後の審判の際に救済されるかは神によって定められている、という（救霊）予定説を採り、神の恩寵（恩恵 grâce）への信頼を重視した。

ジャンセニストは、ピューリタニズムの影響を受けてカトリックの中に現れた対抗宗教改革（反宗教改革）運動の一派であり、十七世紀から十八世紀において特にフランスで興隆した。名称はオランダの司教コルネリウス・ヤンセン（一五八五―一六三八、フランスではジャンセニウスと呼ばれる）に由来し、その遺著『アウグスティヌス』（一六四一年に出版）の影響下に、人間の能力・努力の限界と根源的罪深さを強調し、救済における神の恩寵の不可欠性・不可抗性を主張した。こうした主張は、対抗宗教改革運動の最も有力な一派で人間の自由意思を強調したイエズス会との間で、激しい対立と政治的な抗争をもたらし、ジャンセニスムはカトリック内部で異端とされたが、その影響力は十八世紀末にまで及んだ。

（85） 各種資料によれば、撮影順は『闇の逃避行』が先で、『マダガスカルの冒険』が後である。例えば下記を参照。ヒッチコック／トリュフォー『映画術』、前掲、一五〇頁。スポトー『ヒッチコック』、前掲、上巻四一六―四一七頁。Patrick McGilligan, *Alfred Hitchcock: A Life in Darkness and Light*, Regan Books, 2003, p. 347.

（86） フランシス・ビーディング『白い恐怖』、山本俊子訳、早川書房、二〇〇四年（原著一九二七年）。邦訳の題名は映画に合わせて『白い恐怖』だが、直訳すると『エドワーズ医院』である。

（87） 原題 *Spellbound* は直訳すると「魔法にかけられて」、あるいは「呪文に縛られて」の意味。

（88） 罪障コンプレックスとも。無意識の内に潜在する罪責感（罪悪感）、そしてそれが強まった、自分の知らない内に罪を犯したのではないかという強迫観念、さらには、犯していない罪を犯したと思い込む妄想。

（89） 一九八九―一九八二。フランスの高級娼婦、女スパイ、後に政治家。

(90) テツラフは撮影監督である。訳注19参照。
(91) ムルナウの「室内劇」である『最後の人』(一九二四)と『タルチュフ』(一九二五)の脚本家。他の脚本作品に、ムルナウ『サンライズ』(一九二七)、ロベルト・ヴィーネ『カリガリ博士』(一九二〇)等。
(92) トランスアトランティック・ピクチャーズの映画としては、第一作に『山羊座のもとに』が、第二作にケーリー・グラント主演の現代版『ハムレット』が予定されていた。Cf. McGilligan, *Alfred Hitchcock*, op. cit., p. 387.
(93) 原語 « coup de grâce » の « grâce » は、神の恵み、恩寵をも意味する。
(94) 原語 « onctueux » は、カトリックにおける塗油(洗礼、堅信、叙階等の祭式において信者に聖油を塗ること)を意味する « onction » を意識して用いられている。なお「メシア」(救世主)は古代ヘブライ語において「塗油された者」の意味であり、そのギリシア語訳が「キリスト」である。
(95) 原著では「キーン夫人」となっているが、明らかな誤記につき訂正した。
(96) 「無上の喜び」の原語は « délices » であるが、« jardin des délices » (« jardin » は「庭、庭園」の意)と言えば「地上の楽園(エデンの園)」を意味する。直前の「失墜」「林檎」といった語句も、エデンの園からの追放(堕罪)を示唆する。
(97) オーソン・ウェルズの『市民ケーン』(一九四一)、ウィリアム・ワイラーの『偽りの花園』(一九四一)等。ここでは、アンドレ・バザンによる長回しに関する議論が意識されている(「禁じられたモンタージュ」一九五七年、「映画言語の進化」一九五〇—五七年等参照。いずれも以下に所収。『映画とは何かII——映像言語の諸問題』、小海永二訳、美術出版社、一九七五年)。
(98) 訳注64を参照。
(99) 古典的ハリウッド映画(広くは一九一〇年代後半から一九六〇年頃まで、狭くは一九三〇年代半ばから一九五〇年代初頭)では、ショットをつなぐ代表的な技法の一つとして、「視線つなぎ」(eyeline match, eyeline-match cut)が用いられる。これは、何かを見る人物を映したショットの後に、その人物が見ているもの(時に人)を、同じ側から示すショットをつなぐ技法である。このようにすると、見ている人と見られているものとの左右関係が一定に保たれて、ショットのつなぎがスムーズになり、観客に理解しやすい。
(100) 実際には、映写用リールも通常は三百メートルであり、『ロープ』での計四回の視線つなぎは二十分ごとに出てくるわけではない。
(101) 訳注34を参照。

（102）ポーの短篇"The Imp of the Perverse"のこと。日本語訳では「天邪鬼」、「邪鬼」と題されている（「天邪鬼」、中野好夫訳、『ポオ小説全集４』所収、創元推理文庫、一九七四年）。

（103）原語《agapes》は親しい友人同士の会食・宴会を指すが、元々は、初期キリスト教徒が最後の晩餐を記念して行った会食である愛餐《あいさん》（アガペー）を意味する。

（104）原語《rendant la monnaie à son maître》という表現は、以下のイエスの挿話を想起させる。イエスを罠に掛けようとして、ローマ皇帝に税金を払うべきか否かを尋ねた者に（ユダヤ教の教えに厳格に従うと、異教徒の支配者に税金を支払うべきではないが、そう答えるとローマ帝国支配下のユダヤでは、イエスはローマへの反逆者となってしまう）、皇帝の肖像が描かれたデナリオン銀貨を持って来させて、「皇帝のものは皇帝に、神のものは神に返しなさい」とイエスが応えた（『マタイによる福音書』22章15―22節ほか）。

（105）線描と色彩を対比する議論は古来行われてきたが、とりわけ十八世紀以降、線描を理性と、色彩を感性とそれぞれ結びつけた上でどちらがより重要であるかを問う議論が盛んとなった。ここでの言い回しは、そうした対立を意識している。

（106）西洋のバロック音楽における、特殊な演奏習慣を伴う低音パートのこと。低音パートは、簡略な楽譜に基づきつつ即興的に演奏され、高音パートを和声的に支えた。「通奏」の名称は、低音パートが楽曲を一貫して演奏されることに由来する。

（107）原語《nimbe》は、元々は、宗教画においてキリストや聖人の頭部に付けられる光輪を指す。

（108）Claude Mauriac,《Les trois unités》, *L'amour du cinéma*, Editions Albin Michel, 1954, pp. 140–142.

（109）André Bazin,《Panoramique sur Hitchcock》, *L'Ecran français*, 23 janvier, 1950, repris dans *Le cinéma de la cruauté*, Flammarion, 1975, p. 134.（アンドレ・バザン「ヒッチコックの全貌」、『残酷の映画の源流』所収、佐藤東洋麿・西村幸子訳、新樹社、二〇〇三年、一四二頁。）

（110）ここでは「等位（coordination）」とは複数のショットが等置されていることを指し、「従属（subordination）」とは、主である長回しの移動ショットの内に、従属する実質的に複数のショットが含まれている事態を指す。用語は直接には、文法用語の「等位節」と「従属節」に由来するが、こうした考え方の背景には、エイゼンシュテインのモンタージュ論の影響を強く受けつつ長回しをもモンタージュ理論で説明しようとした一部の映画批評家・理論家が、長回しのショットの内に実質的に複数のショットが含まれ、一つのショットの内でもモンタージュが行われているると主張していたことがある。

(111) アンドレ・バザンは論考「演劇と映画」(一九五一年。『映画とは何かIV——映画と他の諸芸術』所収、小海永二訳、美術出版社、一九七七年)の中で、ジャン・コクトーの『恐るべき親達』(一九三八)について、劇的な場面であっても登場人物の主観的な視点からではなく、場の外側すなわち「鍵穴」から見るかのように映し出していることを論じ、「映画とは鍵穴を通して見られた出来事だ」というコクトー自身の発言に言及している。

(112) シネマスコープに関する先行的な議論としては、『カイエ・デュ・シネマ』三一号(一九五四年一月)が小特集を組んでいる。「モンタージュの終焉」を寄稿したバザンは、現実を断片化してしまう「古典的な」演出を打開するための技術として、これまではルノワール『ゲームの規則』(一九三九)、ウェルズ『市民ケーン』、ロッセリーニ『ヨーロッパ一九五一年』(一九五二)のようにディープフォーカスが用いられていたが、これからはシネマスコープが決定打になるだろうとの期待を書き記す。一方ロメールは「シネマスコープの枢要徳」において、「空間の連続性」という視点からすれば『ゲームの規則』、『偉大なるアンバーソン家の人々』(ウェルズ、一九四二)、そして『ロープ』といった作品の画面の内に既にシネマスコープは潜在しており、モンタージュによってもその連続性は実現可能だと指摘している。

(113) ヒッチコックは一九三八年のエッセイ「監督が抱える問題」(*The Listener*, Feb. 1938)の中で、『サボタージュ』においてシルヴィア・シドニーがオスカー・ホモルカを刺し殺す場面に関して、二人の表情やナイフのクロースアップが重要であり、この場面を引き(ロングショット)で撮る(したがってある程度の長回しで撮る)のは問題外で「小部分を重ねて作るべきだ」と述べている(『ヒッチコック映画自身』所収、鈴木圭介訳、筑摩書房、一九九九年、二二〇頁)。また一九三七年の「監督の仕事」(*Sight and Sound*, 1937 Summer)でも次のように語っている。「私は自分の映画を一つのまとまりとしてスクリーン上で見せたいとは思うが、ひと続きの長い舞台演技という形でのまとまりを単純に撮影するつもりはない。[……]映画は映画独自の言語、新たに発明された自分自身の言葉で語るべきなのだ。そしてそのためには演じられたシーンを生の素材として扱い、それを分解し小部分に分けた上で、視覚的表現力を備えたまとまりへと改めて織り上げてゆくべきなのである」(『ヒッチコック映画自身』所収、同前、三〇〇頁)。

(114) 『山羊座のもとに』の撮影中に、バーグマンはロベルト・ロッセリーニと映画を撮る計画を進めていた。彼女はハリウッドの人工性に嫌気がさしていて、よりリアルなものを求めていたのである。バーグマンが実際にロッセリーニと会うのは『山羊座のもとに』の完成直前であるが、二人の関係はやがて恋愛へと発展し、二人にはそれぞれ配偶者がいたため、『ストロンボリ』（一九五〇）の撮影中にバーグマンの妊娠が報道されると一大スキャンダルとなった。

（115）Jacques Rivette, « *Under Capricorn* d'Alfred Hitchcock », *La Gazette du cinéma*, n°4, 1950, sans pagination.

（116）Jean Domarchi, « Le chef-d'œuvre inconnu », *Cahiers du cinéma*, n°39, octobre 1954, pp. 33–38.

（117）ちなみにシャブロルは一九八一年に、これを原作にしたテレビドラマ『親和力』*Les Affinités électives* を演出している。

（118）ドストエフスキー『やさしい女 白夜』、井桁貞義訳、講談社文芸文庫、二〇一〇年、五六―五七頁。この中篇小説（邦訳によっては『おとなしい女』）の映画化については、ロベール・ブレッソンのものがあり（一九六九年）、またロメールも一九六〇年に企画したが資金難で実現しなかった（「エリック・ロメール 幻の映画『やさしい女』を語る」、「『やさしい女』エリック・ロメール台本より二箇所の抜粋」、いずれも細川晋訳、『WAVE 35』所収、ペヨトル工房、一九九二年、一九三―一九六頁および一九七―一九九頁参照）。

（119）「第四の壁」は元々は演劇理論用語であるが、ここでロメールとシャブロルが言及しているのは、古典的ハリウッド映画における空間の三方向性の原則である。すなわち、特にセット撮影においては、観客の認識を混乱させないために、空間は三つの方向（右・左・手前から奥）の範囲内（180°以内）でのみ撮影され、第四の方向（奥から手前を撮る方向）は原則として用いられない。セットの壁も三つのみ作られ、手前の壁は存在しないことが通例である。

（120）Truffaut, « Une trousseau de fausses clés », op. cit., p. 52.（トリュフォー「合い鍵の束」、前掲、四〇頁。）

（121）*Man Running* に加筆して出版されたのが、*Outrun the Constable*（一九四八）である。この二作を並列に原作として挙げる文献があるが、両者の根幹部分は同一である。

（122）アレクサンドル・アストリュックによる『舞台恐怖症』への批判（« Alibis et ellipses », *Cahiers du cinéma*, n°2, pp. 50–51）において、登場人物は嘘をついてもいいが、演出家が映像に嘘をつかせることは許されないと主張されているのに対して、ロメールとシャブロルは反論していると考えられる。

（123）パトリシア・ハイスミス『見知らぬ乗客』、青田勝訳、角川文庫、一九九八年（原著一九五〇年）。

（124）『見知らぬ乗客』冒頭では、駅でそれぞれタクシーを降りた主人公ガイと悪役ブルーノの歩く足がカットバックで示されるが、最初に登場するブルーノの足が常に画面左向きに、後から登場するガイの足は常に右向きに移動し、最後に列車内で、先に座ったブルーノの足にガイの足が触れることで二人は出会う。これは長い距離に隔てられていた二人が次第に近づいて出会うように見える。

(125) ドストエフスキーは、主人公の前にもう一人の自分が現れる小説『二重人格』(小沼文彦訳、岩波文庫、一九八一年)を書いている。

(126) 「ベレニス」、大岡昇平訳、『ポオ小説全集1』所収、創元推理文庫、一九七四年。この短篇小説において主人公は、ベレニスの歯に魅了され、それを「観念」だと狂信してある行為に及ぶ。なおロメールは、一九五四年にこれを原作にした短篇映画『ベレニス』*Bérénice* を撮っている。

(127) フランスで一八五六年に出版された、シャルル・ボードレール編・翻訳による、一八三〇—四〇年代のポーの短篇小説集。「モルグ街の殺人」「盗まれた手紙」「黄金虫」「メエルシュトレエムに呑まれて」他十三篇を収録。

(128) 「叶える」の原語 « exaucer » は、神が願いや祈りを聞き入れる、という意味で使われることが多い。

(129) 旧約聖書『創世記』の冒頭で、神が「光あれ。」と言って存在せしめた光のこと。

(130) ポーの著作『ユリイカ』の副題は「物質的ならびに精神的宇宙についての論文」であり、重力・万有引力は物質的宇宙を支配する原理とされる(「ユリイカ」、牧野信一・小川和夫訳、『ポオ 詩と詩論』所収、創元推理文庫、一九七九年)。なお、「メエルシュトレエム」という語もポーからの引用である(訳注127を参照)。

(131) 原著には「ポール・タボリ」とあるが修正した。また、ジョージ・タボリ(一九一四—二〇〇七)はハンガリー出身の俳優・劇作家であり、小説家(romancier)ではない。五〇—六〇年代にはハリウッドで脚本家として活躍し、『私は告白する』以前にも『危機の男』(一九五〇)の原案、『東方の雷鳴』(一九五二)の脚色の仕事がある。

(132) カトリック教会において、司祭になろうとする者が、司教の按手(頭の上に手を置いて神の祝福を祈ること)によって聖別され、聖職者としての権能を与えられる儀式。秘蹟の一つとされる。

(133) Alfred de Vigny, *Cinq-Mars ou une conjuration sous Louis XIII*, Louis Conrad, 1913 (1ère éd. 1826), p. 521. 『サン=マール』は、十九世紀のロマン主義文学者アルフレッド・ド・ヴィニーの小説。ルイ十三世の寵臣サン=マール侯爵が一六四二年に企てた陰謀の史実に基づいている。リヴェットの指摘する注には、聴罪司祭による告解者の告白の秘匿が絶対的であるために、両者の間に聖なる友情が成立する、という内容が書かれている。なおこの注は第二版以降にヴィニーが付け加えたものであり、版によっては収録されていない。邦訳（「サン＝マール」、松下和則訳、『ヴィニー　ミュッセ（世界文学全集18）』所収、筑摩書房、一九六七年）にも未収録。

（134）Jacques Rivette, « L'Art de la fugue », *Cahiers du cinéma*, n°26, août-septembre 1953, p. 50. なお引用に際しては、細部の異同があり、また明示されている以外の省略もあるが、大意に関わるものではない。

（135）代表作『ル・シッド』（一六三六）で描かれる、法的な義務と恋との葛藤などが念頭に置かれていると思われる。

（136）十字架上で既に死を迎えたイエスの脇腹を兵士の一人が槍で刺した、というエピソード（『ヨハネによる福音書』19章34節）を意識した言い回しである。

（137）旧約聖書の『創世記』3章において、アダムが罪を犯して、人間が原罪を背負う身となった事態を指す。アダムは、食べることを神から禁じられていた善悪の知識の木の実を、蛇に唆されたエバ（イヴ）に渡されて、彼女に続いて食べ、二人してエデンの園から追放される。

（138）ジョルジュ・ベルナノス著『田舎司祭の日記』（一九三六年。一一八頁に前出の通り、ブレッソンはこれを映画化した）の主人公の司祭は、教区の人々を悪から救い出そうとして逆に非難されることについて、キリストの受難に比べながら、「不正の犠牲」と「聖なる人間性」という観点から反省する（渡辺一民訳、春秋社、一九八八年、二四五―二四七頁参照）。

（139）プラトン（『パイドン』『パイドロス』『饗宴』等）によれば、魂は元々天上界（知性界）で真実在（真善美のイデア）を観照する歓びの内にあったが、邪な思いに惑わされて地上界（感性界）に転落し肉体という牢獄に囚われた。魂は、地上の事物の内に天上の事物との類似性を時に見出し、真実在を想起してそれに焦がれる。ここから生まれる営みが哲学《フィロソフィア》＝愛知である。

（140）原語 « au jour du jugement » は、「裁判」の意味の « jugement » の j を大文字にすれば、「最後の審判の日に」の意となる。

（141）キリストが十字架を背負ってエルサレムからカルヴァリオの丘まで歩いたことを指し、また、（一般には十四枚からなる）礼拝堂内に飾られるその姿を描いた受難図（像）を指す。キリストの受難を偲んで、それぞれの絵（像）に礼拝して回る儀式もまたそう呼ばれる。なおここで言及されている「十字架の道行きの図像」とは、ローガンが警察に出頭する直前に街をさ迷っていると現れる、十字架を背負う巨大なキリスト像のこと。

(142) 古典的ハリウッド映画においては、ショットとショットのつなぎを滑らかにし、スムーズにつないでショット間の切断(カット)を目立たせないことが重視された。これは映画業界では「見えない編集」(invisible editing)、今日の映画学用語では「コンティニュイティ・エディティング」(continuity editing)と呼ばれる。本文のこの箇所で問題とされているのは、一つながりの動作の最中にショットをつなぐ技法である「動作つなぎ」(match on action, match-on-action editing)で、見えない編集を代表する技法の一つであった。

(143) 聖アントニウス(アントワーヌ)が、欲望を象徴する様々な怪物たちに誘惑されるという絵画の主題。

(144) バランス、釣り合い(原語は « équilibre »)は司法において最も重要とされるものであり、天秤ばかり(balance)は西洋を中心に司法の象徴と見做されている。

(145) フランスで一九八六年以降発行されているポッシュ版(Editions Ramsay)では、「特殊眼鏡(lunettes spéciales)」と変更されているが、この変更がロメールとシャブロルの承認を受けたものであるかについては説明されていない。

(146) フランスでは、ナチス占領下にレジスタンス参加者への死刑が濫用されたことに対する反発から、第二次大戦後は死刑の執行が大幅に減少し、年に数件、あるいは行われない年もあるなど、死刑は極めて例外的なものであった(死刑廃止は一九八〇年)。対してイギリスでは、第二次大戦後も死刑は決して例外的なものではなく、また死刑判決から刑の執行までが極めて短く、数週間程度であることも珍しくなかった(死刑廃止は一九六九年)。

(147) カントにおける「批判」の根本は「純粋理性批判」であるが、それは、理性の能力、その範囲と限界について、理性自体によって徹底的に根拠を問い、吟味することである。「言葉のカント的な意味での反省的で批判的な作品」とは、『裏窓』が映画それ自体によって映画のあり方を根底的に問い直していることをまずは指している。

(148) ドイツ語では"apodiktisch"。カントが『純粋理性批判』第一篇第一章第二節において、判断の様相を三つに分類した内の一つ。他の二つは「蓋然的」と「実然的」である。「確然的」は、命題Sが成り立つときに、論理的に思考すると必ず命題Pが成り立つようなあり方を指す。

(149) 以下に「推論する」「推論」と訳出した原語は « déduire » « déduction » である。一四九頁では「演繹(的)」としたが、ここでは「推論」の訳語を優先する。哲学的な意味での「推論」とは、ある前提から論理的な手続きに従って結論を導き出すことを言い、曖昧な推量ではなく、厳密なものである。

(150) 「単子」とも訳され、ライプニッツが『モナドロジー（単子論）』（一七一四）を中心として用いた哲学用語。原子《アトム》を物質的な次元での最小単位とすれば、モナドは精神的・形相的な次元における最小単位であり、「自然の真のアトム」である。モナドは、形相的な単純実体で相互に独立しており、その内部を何か他のものにより変質・変化されることがない。その意味で、モナドには、何かが出入りできる窓はない。ただし、モナドには、それぞれ異なる性質を持った多様なものが存在するとともに、それぞれのモナドはそれぞれの視点から一なる自らの内に多様なる宇宙を表現する。

（151）プラトンが『国家』第七巻一章から五章で展開した洞窟の比喩では、人間は洞窟の奥の壁に向かって手足や首を縛られて座らされており、背後で何者かたちが様々な物の像を動かしていて、洞窟の入口から入ってくる光に照らされて壁にそれらの影が映るのを、現実だと思い込んで生きている。『国家』の別の箇所で、真理（イデア、エイドス）が太陽に喩えられていることを考えれば、様々なものの像は個物に、洞窟の壁に映るそれらの影は我々が個物について抱く認識あるいはイメージに相当する。

（152）「汝の隣人を愛せよ（Love thy neighbour.）」（『マタイによる福音書』22章39節等、なお元々は「汝の隣人を自分のように愛せよ（Thou shalt love thy neighbour as thyself.）」）に基づくセリフが、まず看護婦ステラ（セルマ・リッター）により言われ、この言葉自体をリザ（グレース・ケリー）が口にし、飼い犬を殺された女性が隣人のあり方について語る。

（153）訳注84を参照。

（154）訳注137を参照。

（155）パスカル『パンセ』ブランシュヴィック版断章四五八、ラフュマ版断章五四五には、「すべて世にあるものは、肉の欲、目の欲、生活のおごりである。感じようとする欲［libido sentiendi］、知ろうとする欲［libido sciendi］、支配しようとする欲［libido dominandi］」とある。この箇所の前半は新約聖書の『ヨハネの第一の手紙』2章16節からの引用であり（カトリックで伝統的に用いられてきたウルガタ聖書のラテン語訳を経由していて、新共同訳とは若干の違いがある）、後半はヤンセン（ジャンセニウス）の『アウグスティヌス』第二巻第八章冒頭からの引用である（ただしパスカルは、アウグスティヌス『神の国』における用語法に倣って、“libido excellendi” を “libido dominandi” と変更している）。ヤンセンは新約聖書の「目の欲」を「知ろうとする欲」と言い換えているのである。なお、アウグスティヌスはこれら三つの欲について『告白録』や『真の宗教』でしばしば取り上げて議論し、時に「目の欲」を「好奇心」と換言している。

(156) 原語は«délectation morose»。元々はラテン語の概念で"delectatio morosa"あるいは"morosa delectatio"。過去に犯した罪において得られた快楽の記憶によって内的な情念(欲情等)が掻き立てられ、それによって生じる快楽を、理性的には悪いことだと分かっているのに、退けることができない事態を指す。トマス・アクィナス『神学大全』II—1部、第74問第6項(『神学大全12』、稲垣良典訳、創文社、一九九八年、一〇九—一一一頁)を参照。なお、同訳書の訳注(四〇三頁、注二五五)によれば、こうした意味での"morosa"(「残存的」)はトマス(一二二五頃—一二七四)の時代には神学用語として定着していたが、残存的快楽に相当するものについての議論は、トマスも引用・参照しているように、アウグスティヌス(三五四—四三〇)に既に見られる。

(157) 古典的ハリウッド映画では、子供ができない夫婦がしばしば子犬を飼っている。例えば『新婚道中記』(レオ・マッケリー、一九三七)。

(158) 「枢要徳」とはカトリックの教義において、人間的徳の要を成す賢明・正義・勇気・節制を指す。

(159) ポンティオ・ピラト(?—三七)。イエスが十字架につけられた際に、ローマ帝国の直轄領とされたユダヤの総督だった。ユダヤの祭司長たちや長老たちから逮捕されたイエスを引き渡されたが、彼を十字架につけて死刑に処せと民に要求されると、水で手を洗って、イエスの死については自分には責任がなく、ユダヤ人の問題であると述べた上で、イエスを鞭打たせてから、十字架につけるために民に引き渡した(『マタイによる福音書』27章15節から26節等)。イエスの死刑に関して、総督たるピラトが決定権を持っており、その発言は責任逃れでしかない。

(160) 訳注38を参照。

(161) パスカル『パンセ』ブランシュヴィック版断章一四三、ラフュマ版断章六八九「人間の心というのは、なんとうつろで、汚物に満ちていることだろう」。

(162) 「純粋主義」の原語は«angélisme»で、文字通りに訳すと「天使主義」。肉体あるいは人間の現実的な条件を離れて、純粋で精神的なものを希求する態度。

(163) 一九五四年に、20世紀フォックス社の「シネマスコープ」への対抗策としてパラマウント社が開発したワイドスクリーンの一方式。商標名としては「ビスタビジョン」。35ミリ・フィルムを水平に走行させるヴィスタヴィジョン・カメラによって、通常の二コマ分に一つの画面を撮影し、これを縦にプリントして、拡大映写時に天地をマスクしてワイドスクリーン(標準的には1.85:1)とした。現在日本で「ビスタ」と言われているものは、4:3のスタンダード(アカデミー・アパーチャ)のフレームの上下をマスキングし、「ビスタ」用のレンズを使用して上映している場合がほとんどである。
（164）デヴィッド・ドッヂ『泥棒成金』、田中融二訳、早川書房、一九五五年（原著一九五二年）。
（165）原語の«conte bleu et rose»は文字通りに訳すと「青色とバラ色のお話」であり、映画の色彩を意識した表現である。
（166）原語の«le faux coupable»は『間違えられた男』のフランス語題。
（167）コートダジュールの海岸線沿いの断崖道路。
（168）正確にはプロジェクション・バックグラウンド・プロセス。あらかじめ撮影した風景を、通常は半透明のスクリーン裏側から投影して、スクリーン手前の被写体と一緒に撮影し、合成する撮影法。リア・プロジェクション、バック・プロジェクションとも言う。
（169）アンリ・ベルクソン（一八五九―一九四一）の哲学用語。「動的図式」、「運動スキーム」とも訳される。一定の感覚刺激の知覚と、それに対する一定の反応とを結びつけるパターン。空間内での行動に関係し、またそこに記憶が介在するという点で、空間と時間の両方に関わりを持ち、精神と物質（身体）を仲介するものである。ただし、ロメールとシャブロルは«schème moteur»とすべきところを«schéma moteur»と誤記しており、ここにやはりベルクソンの概念である「力動図式（schéma dynamique）」が混入している可能性があるのだが、両概念が実質的に同じ内容なのか否かをめぐってはベルクソン研究者の間でも意見が分かれている。アンリ・ベルクソン『物質と記憶』第二章第三節（竹内信夫訳、『新訳ベルクソン全集2』、白水社、二〇一一年、一三六―一七九頁）および「知的努力」（『精神のエネルギー』所収、竹内信夫訳、『新訳ベルクソン全集5』、白水社、二〇一四年）を参照。
（170）セルゲイ・M・エイゼンシュテインが一九二三年に発表した、演劇をめぐる同名のマニフェストにおいて提唱した概念。エイゼンシュテインの映画監督・理論家としての活躍とともに、実作および理論において映画への適用が広く試みられた。アトラクションとは「演劇のあらゆる攻撃的契機〔モメント〕」、「知覚する側に一定の情緒的なショックを与えるよう綿密に計算され経験的に選りすぐられた要素」であり、「この情緒的ショックが集積して、提示されるものの思想的側面、つまり究極のイデオロギー上の結論が受容できるようになる」（浦雅春訳、『エイゼンシュテイン解読』、岩本憲児編、フィルムアート社、一九八六年、四〇頁。〔　〕内は浦による補足）。
（171）ここでロメールとシャブロルが「前日の屑籠」と呼んでいるのは、フランソワ・トリュフォーが『カイエ・デュ・シネマ』一九五四年一月号掲載の「フランス映画のある種の傾向」の中で糾弾した、戦後から一九五〇年代にフランス映画において主流であった「文芸映画」（主に古典的名作を原作に作られた脚本重視の映画）を念頭に置いていると思われる（山田宏一訳、『ユリイカ　ヌーヴェル・ヴァーグ30年』所収、青土社、一九八九年十二月臨時増刊、八一―三〇頁）。なお、原文では「宝箱」は単数であり、映画史という宝庫を指すのに対して、「屑籠」は複数であり、あちこちにゴミ屑が捨てられたままになっている状況を表している。

（172）訳注142を参照。

（173）Chabrol et Truffaut, «Entretien avec Hitchcock», op. cit., p. 19.（シャブロル、トリュフォー「アルフレッド・ヒッチコックに聞く　その1」、前掲、二三一頁。）

（174）実際には、『ハリーの災難』は一九五四年中には撮影が終わっており、『ヒッチコック劇場』の最初のエピソード「生と死の間」（"Breakdown"）の撮影が行われたのは五五年九月上旬である。

（175）J・T・ストーリイ『ハリーの災難』、田中融二訳、早川書房、一九六二年（原著一九四九年）。

（176）短縮法（遠近短縮法）とは、量体、特に人体を画表面と斜交もしくは直交させるように配置し、透視図法的に形体が縮減して見えるようにする絵画技法。死せるキリストの姿を描く際に用いられることも多い。ちなみに、映画中で画家サムが描く死体の顔の絵は、ジョルジュ・ルオーの描くキリスト像とよく似ているとの指摘がある。

（177）『ガリヴァー旅行記』全篇における糞尿をめぐる記述の数々や、巨人国篇における巨大な蛙や蠅をめぐる記述、あるいは巨大な人間の肌の醜悪さをめぐる記述等々を想起されたい。またスウィフトは、アイルランドの貧困状況に対する政府の無策を諷刺して、政治的パンフレット『貧家の子女がその両親並びに祖国にとっての重荷になることを防止し、かつ社会に対して有用ならしめんとする方法についての私案』（深町弘三訳、『ちくま文学の森6　恐ろしい話』所収、安野光雅ほか編、ちくま文庫、二〇一一年）で、アイルランド貧民の赤ん坊を地主階級用の食肉として提供すれば、美味で名物料理ともなり、親は収入が得られて貧困状況は改善し、カトリック信徒の数が減らせ、闇堕胎も減らせると痛烈な提案をしている。

（178）トマス・ド・クインシー（一七八五―一八五五）は、イギリスの批評家・文筆家・小説家。自伝的な作品『阿片常用者の告白』（一八二二）で文名を確立し、ボードレールにも強い影響を与えたが、ここでロメールとシャブロルが意識しているのは「藝術の一分野として見た殺人」（鈴木聡訳、『トマス・ド・クインシー著作集I』所収、国書刊行会、一九九五年）であろう。「第一論攷」（一八二七）では、架空の語り手が、素人の殺人愛好家《ディレッタント》・

品評家の集まりにおいて、殺人の芸術性を問題とすることができ、またそうすべきであることを講演し、「第二論攷」（一八三九）では、やはり架空の語り手がクラブのメンバーのために催したディナーの場での議論や常軌を逸した興奮ぶりが語られ、「補遺」（一八五四）では、現実に起きた連続一家惨殺事件について、語り手が事実に憶測も交えつつ詳述する。なお「補遺」には、訳注177で触れたスウィフトの『貧家の子女が……』や『ガリヴァー旅行記』への言及がある。

（179） チャールズ・アダムス（一九一二―一九八八）は、『ザ・ニューヨーカー』を中心に活躍したイラストレーター、漫画家《カートゥーニスト》。お化けや怪物等の奇っ怪なキャラクターと、ブラック・ユーモアを込めた作風で人気を博した。『ザ・ニューヨーカー』で描いたキャラクターを基にして『アダムス・ファミリー』がテレビドラマ化、映画化された。

（180） ソール・スタインバーグ（一九一四―一九九九）は、『ザ・ニューヨーカー』を中心に活躍したイラストレーター、画家、漫画家《カートゥーニスト》。細密で鋭利な線を用いた軽妙な画風の中に不気味な皮肉を込めた作品（例えばニューヨーク市民の独善性を皮肉った「9番街からの世界観」）で知られている。『ハリーの災難』では、クレジットされていないが、タイトル画を描いた。

（181） マーク・トウェインは、短篇ともエッセイともつかないスケッチ「あるインタビュアーとの出会い」（Mark Twain, "An Encounter with an Interviewer", in *Lotos Leaves; Original Stories, Essays, and Poems* edited by John Brougham and John Elderkin, William F. Gill & Co., 1875, pp. 25–32. なお "Lotos" は "Lotus" の誤りではない）の中で次のようなエピソードを語っている。トウェインには双子の弟がいたが、生後二週間の時に二人はバスタブで溺れ、一人が死んだ。だが、溺れ死んだ赤ん坊の左手の甲には自分にあるはずの痣があったので、溺れ死んだのは自分かもしれない。実際にはマーク・トウェインには双子の兄弟はいなかったのだが、彼は好んでこのエピソードを様々な場で語っていたという。

（182） 本作のフランス語題 *Mais ... qui a tué Harry ?* は、「でも、誰がハリーを殺したのか」の意味である。

（183） Jean Domarchi, « Humain, trop humain », *Cahiers du cinéma*, n°58, avril 1956, p. 39.

（184） Jacques Rivette, « Faut-il brûler Harry », *Cahiers du cinéma*, n°58, avril 1956, p. 41. ただし引用においては細部に異同がある。

（185） 『知りすぎていた男』の公開は一九五六年五月である。同年二月にはソ連共産党大会においてフルシチョフ第一書記の秘密報告を契機にスターリン批判が行われ、その執政下における大粛清が暴露されたが、このスターリン批判は西側諸国にはまだ伝わっていない。しかしソ連における粛清の実態は、様々な形でソ連国外に知られつつあった。また、アメリカの「赤より独裁」という方針による支援の下で、社会主義化しつつある民主主義国家の首相や大統領を軍部が粛清して軍事独裁政権を樹立する場合もあり、そうした場合には国外での暗殺という手段が用いられることもしばしばであった。映画では国名は明示されていないが、以上のような時代背景のもとにロメールとシャブロルは「粛清」という言葉をここで用いている。

(186) 原語 « grand vicaire » は本来はカトリック用語である。ちなみに « vicaire de Jésus Christ (Saint-Pierre) » すなわち「キリスト(聖ペテロ)の代理人」と言えばローマ教皇のことを指す。

(187)「とりなし」(原語 « intercession ») はキリスト教用語。次段落の「仲介者」という語も同様にキリスト教的な意味が含まれている。キリスト教においては救いをもたらし得るのは神のみであるが、神へのとりなしを聖母マリアや諸聖人に対して祈ることはカトリックでは盛んであり、とりわけ聖母マリア信仰は多くの地域に見られる。他にもマグダラのマリアなど、信仰を集める女性聖人は少なくない。

(188)『抵抗 死刑囚の手記より』の原題は、*Un condamné à mort s'est échappé ou le vent souffle où il veut* で、直訳すると「死刑囚は逃げた、あるいは風は好きなところに吹く」となり、後半は「ケ・セラ・セラ(なるようになる)」を思わせる。

(189)『死者の中から』は、本書刊行後に『めまい』というタイトルで製作される。アンダーソンは、『めまい』の脚本に関わったが、クレジットされていない。

(190) 以下の『ライフ』誌の記事のこと。Herbert Brean, "A Case of Identity," *Life*, 29 June 1953, pp. 97–107.

(191) 旧約聖書『ヨブ記』において、ヨブは神を畏れる無垢な正しい人で、沢山の子供と多くの財産(家畜)、使用人に恵まれた富豪だった。しかし、ヨブの信仰を褒める神をサタンが挑発すると、サタンは神の了解を基に、ヨブからすべての家畜と使用人、子供を奪い、さらにはヨブの全身を酷い皮膚病に冒させる。それでもヨブは神への信仰を捨てない。だが、友人たちが見舞いに来ると、ヨブは自らの生を呪い、神の仕業に疑義を差し挟む。友人たちの反論にも、ヨブは自らの無垢と潔白を主張し続ける。最後には神がヨブの前に現れ、自らの全能を語り掛け、ヨブは神に疑いを抱いた非を認めて全面的に服従する。神はヨブを元の境遇に戻し、その財産を二倍にし、ヨブは再び沢山の子供をもうけ、長寿を保つ。

(192) 訳注141を参照。

(193) 映画の冒頭にヒッチコックが監督として登場し、これは実話だと述べていることを指す。

(194) コルネイユは、『ル・シッド』(一六三七)、『オラース』(一六四〇)を始めとして、例外的な歴史的与件から悲劇を生み出している。ここで指摘されている「原則」は、コルネイユの『三劇詩論』(一六六〇)を参照している(*Trois discours sur le poème dramatique*, GF Flammarion, 1999, p. 127)。

(195) オーヴェルニュ地方のシャンボン湖を臨む岩峰ダン・デュ・マレ(Dent du Marais)、通称「乙女の投身(Saut de la Pucelle)」にまつわる伝説のことと思われる。

(196) Charles Bitsch et François Truffaut, « Rencontre avec Alfred Hitchcock », *Cahiers du cinéma*, n°62, août-septembre 1956, p. 3.

(197) 原語の « panier à salade » は、元々はサラダ用の水切りかごを指す。「囚人護送車」の意は俗語的用法。

アルフレッド・ヒッチコック フィルモグラフィ

▽奥さんにはいつでも正直に Always Tell your Wife 一九二三年［未］ シーモア・ヒックス作品（英） 製作・監督・主演：シーモア・ヒックス 監督協力：アルフレッド・ヒッチコック

▽第十三番 Number Thirteen 一九二二年［未］ 未完 製作会社不詳 製作・監督：アルフレッド・ヒッチコック 出演：クレア・グリート

▽女対女 Woman to Woman 一九二三年［未］ バルコン＝フリードマン＝サヴィル作品（英） 製作：マイケル・バルコン 監督：グレアム・カッツ 助監督・脚本・美術：アルフレッド・ヒッチコック 原作：マイケル・モートンの同名戯曲 出演：ベティ・カンプスン

▽白い影 The White Shadow 一九二三年［未］ バルコン＝フリードマン＝サヴィル作品（英） 製作：マイケル・バルコン 監督：グレアム・カッツ 助監督・脚本・美術：アルフレッド・ヒッチコック 原作：マイケル・モートンの小説 *Children of Chance* 出演：ベティ・カンプスン

▽淑女の転落 The Prude's Fall 一九二三年［未］ バルコン＝フリードマン＝サヴィル作品（英） 製作：マイケル・バルコン 監督：グレアム・カッツ 助監督・脚本・美術：アルフレッド・ヒッチコック

▽街の恋人形 The Passionate Adventure 一九二四年 ゲインズボロー作品（英） 製作：マイケル・バルコン 監督：グレアム・カッツ 脚本：マイケル・モートン 助監督・脚本・編集：アルフレッド・ヒッチコック 原作：フランク・ステイトンの同名小説

▽与太者 The Blackguard 一九二五年［未］ ゲインズボロー作品（英） 製作：マイケル・バルコン 共同製作：エーリッヒ・ポマー（UFA、独） 監督：グレアム・カッツ 助監督・脚本・美術：アルフレッド・ヒッチコック

▼**快楽の園** The Pleasure Garden 一九二五年［未］ ゲインズボロー＝エメルカ作品（英独合作） 製作：マイケル・バルコン 監督：アルフレッド・ヒッチコック 脚本：エリオット・スタナード 原作：オリヴァー・サンディスの同名小説 出演：ヴァージニア・ヴァリ（パッツィ）、カーメリータ・ゲラフティ（ジル）、マイルズ・マンダー（レヴェット）

▼**山鷲** The Mountain Eagle ［米 Fear o' God］ 一九二六年［未］ ゲインズボロー＝エメルカ作品（英独合作） 製作：マイケル・バルコン 監督：アルフレッド・ヒッチ

コック　脚本：エリオット・スタナード　出演：マルカム・キーン（「神のおそれ Fear o'God」と呼ばれているジョン・フルトン）、ニタ・ナルディ（女教師）

▼**下宿人** The Lodger: A Story of the London Fog ［米 The Lodger］ 一九二七年［未］ ゲインズボロー作品（英） 製作：マイケル・バルコン　監督：アルフレッド・ヒッチコック　脚本：エリオット・スタナード　原作：ベロック・ローンズ夫人の小説 *The Lodger*　撮影：バロン・ヴェンティミリア　出演：イヴォー・ノヴェロ（下宿人）、ジューン（ディジー）、マルカム・キーン（刑事ジョー）マリー・オールト（下宿のおかみ）

▼**ダウンヒル**［下り坂］ Downhill ［米 When Boys Leave Home］ 一九二七年［未］ ゲインズボロー作品（英） 製作：マイケル・バルコン　監督：アルフレッド・ヒッチコック　脚本：エリオット・スタナード　原作：デイヴィッド・レストレンジ（コンスタンス・コリアーおよびイヴォー・ノヴェロの偽名）の同名戯曲　撮影：クロード・マクダネル　出演：イヴォー・ノヴェロ（ロディ・バーウィック）

▼**ふしだらな女** Easy Virtue 一九二七年［未］ ゲインズボロー作品（英） 製作：マイケル・バルコン　監督：アルフレッド・ヒッチコック　脚本：エリオット・スタナード　原作：ノエル・カワードの同名戯曲　撮影：クロード・マクダネル　出演：イザベル・ジーンズ（ラリータ・フィルトン）、ロビン・アーヴィン（ジョン・ホイッテカー）、フランクリン・ダイオール（フィルトン氏）

▼**リング** The Ring 一九二七年［未］ ブリティッシュ・インターナショナル・ピクチャーズ作品（英） 製作：ジョン・マックスウェル　監督・脚本：アルフレッド・ヒッチコック　構成：アルマ・レヴィル　撮影：ジャック・コックス　出演：カール・ブリッソン（ジャック・サンダース）、リリアン・ホール＝デイヴィス（ネリー）、イアン・ハンター（ボブ・コービー）

▼**農夫の妻** The Farmer's Wife 一九二八年［未］ ブリティッシュ・インターナショナル・ピクチャーズ作品（英） 製作：ジョン・マックスウェル　監督・脚本：アルフレッド・ヒッチコック　脚色：エリオット・スタナード　原作：イーデン・フィルポッツの同名戯曲　撮影：ジャック・コックス　出演：ジェームスン・トマス（農場主スイートランド）、リリアン・ホール＝デイヴィス（女中アラミンタ）

▼**シャンパーニュ** Champagne 一九二八年［未］ ブリティッシュ・インターナショナル・ピクチャーズ作品（英） 製作：ジョン・マックスウェル　監督・脚色：アルフレッド・ヒッチコック　脚本：エリオット・スタナード　原案：ウォルター・C・マイクロフト　撮影：

ジャック・コックス　出演：ベティ・バルフォア（娘）、ゴードン・ハーカー（その父）

▼**マンクスマン** The Manxman　一九二九年［未］　ブリティッシュ・インターナショナル・ピクチャーズ作品（英）　製作：ジョン・マックスウェル　監督：アルフレッド・ヒッチコック　脚本：エリオット・スタナード　原作：サー・ホール・ケインの同名小説　撮影：ジャック・コックス　出演：カール・ブリッソン（ピート）、マルカム・キーン（フィリップ）、アニー・オンドラ（ケイト）

▼**恐喝**［ゆすり］ Blackmail　一九二九年［未］　ブリティッシュ・インターナショナル・ピクチャーズ作品（英）　八五分　製作：ジョン・マックスウェル　監督・脚色：アルフレッド・ヒッチコック　脚本：ベン・W・レヴィ　原作：チャールズ・ベネットの同名戯曲　撮影：ジャック・コックス　出演：アニー・オンドラ（アリス）、ドナルド・カルスロップ（ゆすり屋トレイシー）、ジョン・ロングデン（刑事フランク）、シリル・リチャード（画家）
※サイレント版とトーキー版が現存。本作以降はすべてトーキー作品。

▽**エルストリー・コーリング** Elstree Calling　一九三〇年［未］　ブリティッシュ・インターナショナル・ピクチャーズ作品（英）　八六分　監督：エイドリアン・ブルネル　スケッチおよびエピソード：アルフレッド・ヒッチコック

▼**ジュノーと孔雀** Juno and the Paycock　一九三〇年［未］　ブリティッシュ・インターナショナル・ピクチャーズ作品（英）　九五分　製作：ジョン・マックスウェル　監督・脚色：アルフレッド・ヒッチコック　脚本：アルマ・レヴィル　原作：ショーン・オケイシーの同名戯曲　撮影：ジャック・コックス　出演：セーラ・オールグッド（ボイル夫人〝ジュノー〟）、エドワード・チャップマン（ボイル船長）

▼**殺人！** Murder!　一九三〇年［未］　ブリティッシュ・インターナショナル・ピクチャーズ作品（英）　一〇八分　製作：ジョン・マックスウェル　監督・脚色：アルフレッド・ヒッチコック　脚色：ウォルター・マイクロフト　脚本：アルマ・レヴィル　原作：クレメンス・デーンとヘレン・シンプソンの戯曲 *Enter Sir John*　撮影：ジャック・コックス　出演：ハーバート・マーシャル（ジョン・メニアー卿）、ノラ・ベアリング（ダイアナ・ベアリング）、フィリス・コンスタム（ダルシー・マーカム）　※ヒッチコック監督による別キャストのドイツ語版 *Mary*（一九三一年　八〇分）がある。

▼**スキン・ゲーム**［いかさま勝負］ The Skin Game　一九三一年［未］　ブリティッシュ・インターナショナル・

ピクチャーズ作品（英）八八分　製作：ジョン・マックスウェル　監督・脚色：アルフレッド・ヒッチコック　脚本：アルマ・レヴィル　原作：ジョン・ゴールズワージーの同名戯曲　撮影：ジャック・コックス　出演：C・V・フランス（ヒルクレスト氏）、ヘレン・ヘイ（ヒルクレスト夫人）、エドマンド・グウェン（ホーンブロワー氏）

▼**リッチ・アンド・ストレンジ［金あり怪事件あり］** Rich and Strange［米 East of Shanghai］一九三二年［未］ブリティッシュ・インターナショナル・ピクチャーズ作品（英）九二分　製作：ジョン・マックスウェル　監督・脚色：アルフレッド・ヒッチコック　脚本：アルマ・レヴィル、ヴァル・ヴァレンタイン　原案：デイル・コリンズ　撮影：ジャック・コックス、チャールズ・マーティン　出演：ヘンリー・ケンドール（フレッド・ヒル）、ジョーン・バリー（エミリー・ヒル）、パーシー・マーモント（ゴードン中佐）、ベティ・アマン（王女）

▼**第十七番**［十七番地］Number Seventeen　一九三二年［未］ブリティッシュ・インターナショナル・ピクチャーズ作品（英）六四分　製作：ジョン・マックスウェル　監督・脚本：アルフレッド・ヒッチコック　脚本：アルマ・レヴィル、ロドニー・アクランド　原作：J・ジェファーソン・ファージョンの同名戯曲　撮影：ジャック・コックス、ブライアン・ラングレー　出演：レオン・M・ライオン（ベン）、アン・グレイ（若い娘）、ジョン・スチュアート（刑事）

▽**キャンバー卿の夫人たち** Lord Camber's Ladies　一九三二年［未］ブリティッシュ・インターナショナル・ピクチャーズ作品（英）八〇分　製作：アルフレッド・ヒッチコック　監督・脚本：ベン・W・レヴィ　原作：ホレス・アネスリー・ヴァッシェルの戯曲 *The Case of Lady Camber*

▼**ウィーンからのワルツ** Waltzes from Vienna［米 Strauss' Great Waltz］一九三三年［未］ゴーモン・ブリティッシュ作品（英）八一分　製作：トム・アーノルド　監督：アルフレッド・ヒッチコック　脚本：アルマ・レヴィル、ガイ・ボルトン　原作：ハインツ・ライヒャールト、A・M・ヴィルマー、エルンスト・マリシュカ　撮影：グレン・マックウィリアムズ　出演：ジェシー・マシューズ（ラジ）、フェイ・コンプトン（伯爵夫人）、エドマンド・グウェン（ヨハン・シュトラウス一世）

▼**暗殺者の家** The Man Who Knew Too Much　一九三四年ゴーモン・ブリティッシュ作品（英）九五分　製作：マイケル・バルコン　共同製作：イヴォール・モンタギュー　監督：アルフレッド・ヒッチコック　脚本：エドウィン・グリーンウッド、A・R・ローリンソン　原案：チャールズ・ベネット、D・B・ウィンダム＝ルイ

ス　撮影：クルト・クーラン　出演：レスリー・バンクス（ボブ・ローレンス）、エドナ・ベスト（ジル・ローレンス）、ピーター・ローレ（アボット）、ノーヴァ・ピルビーム（ベティ・ローレンス）

▼三十九夜 The 39 Steps　一九三五年　ゴーモン・ブリティッシュ作品（英）　八六分　製作：マイケル・バルコン　共同製作：イヴォール・モンタギュー　監督：アルフレッド・ヒッチコック　脚本：チャールズ・ベネット　構成：アルマ・レヴィル　台詞：イアン・ヘイ　原作：ジョン・バカンの小説 *The Thirty-Nine Steps*　撮影：バーナード・ノウルズ　出演：ロバート・ドーナット（ハネイ）、マデリン・キャロル（パメラ）、ゴッドフリー・タール（ジョーダン教授）、ペギー・アシュクロフト（農夫の妻）

▼間諜最後の日 Secret Agent　一九三六年　ゴーモン・ブリティッシュ作品（英）　八六分　製作：マイケル・バルコン　共同製作：イヴォール・モンタギュー　監督：アルフレッド・ヒッチコック　脚本：チャールズ・ベネット　構成：アルマ・レヴィル　台詞：イアン・ヘイ、ジェシー・ラスキー・ジュニア　原作：サマセット・モームの短篇小説集『アシェンデン』に基づくキャンベル・ディクソンの同名戯曲　撮影：バーナード・ノウルズ　出演：ジョン・ギールグッド（アシェンデン）、ピーター・ローレ（将軍）、マデリン・キャロル（エルサ）、ロバート・ヤング（マーヴィン）

▼サボタージュ Sabotage［米 The Woman Alone］　一九三六年［未］　ゴーモン・ブリティッシュ作品（英）　七六分　製作：マイケル・バルコン　共同製作：イヴォール・モンタギュー　監督：アルフレッド・ヒッチコック　脚本：チャールズ・ベネット　構成：アルマ・レヴィル　台詞：イアン・ヘイ、ヘレン・シンプソン　原作：ジョゼフ・コンラッドの小説 *The Secret Agent*　撮影：バーナード・ノウルズ　出演：シルヴィア・シドニー（ヴァーロック夫人）、オスカー・ホモルカ（夫）、デズモンド・テスター（ヴァーロック夫人の弟）、ジョン・ローダー（刑事テッド）

▼第3逃亡者 Young and Innocent［米 The Girl Was Young］　一九三七年　ゴーモン・ブリティッシュ・ピクチャーズ作品（英）　八四分　製作：エドワード・ブラック　監督：アルフレッド・ヒッチコック　脚本：チャールズ・ベネット、エドウィン・グリーンウッド、アンソニー・アームストロング　構成：アルマ・レヴィル　台詞：ジェラルド・セイヴォリー　原作：ジョゼフィン・テイの小説 *A Shilling for Candles*　撮影：バーナード・ノウルズ　出演：ノーヴァ・ピルビーム（エリカ）、デリック・デ・マーニー（ロバート）、パーシー・マーモント（バーゴイ

ン大佐）、エドワード・リグビー（ウィル爺さん）

▼**バルカン超特急** The Lady Vanishes 一九三八年 ゲインズボロー・ピクチャーズ作品（英） 九六分 製作：エドワード・ブラック 監督：アルフレッド・ヒッチコック 原作：エセル・リナ・ホワイトの小説 *The Wheel Spins* 脚本：シドニー・ギリアット、フランク・ローンダー 構成：アルマ・レヴィル 撮影：ジャック・コックス 出演：マーガレット・ロックウッド（アイリス・ヘンダーソン）、マイケル・レッドグレーヴ（ギルバート）、ポール・ルーカス（ハルツ博士）、デイム・メイ・ウィッティ（ミス・フロイ）

▼**巌窟の野獣** Jamaica Inn 一九三九年 メイフラワー・ピクチャーズ作品（英） 一〇八分 製作：エーリッヒ・ポマー、チャールズ・ロートン 監督：アルフレッド・ヒッチコック 脚本・台詞：シドニー・ギリアット 脚本：ジョーン・ハリソン 原作：ダフネ・デュ・モーリアの小説 *Jamaica Inn* 構成：アルマ・レヴィル 台詞：シドニー・ギリアット 撮影：ハリー・ストラドリング、バーナード・ノウルズ 出演：チャールズ・ロートン（ハンフリー・ペンガラン卿）、モーリン・オハラ（メアリー）、レスリー・バンクス（ジョス）、マリー・ネイ（ペイシャンス）

▼**レベッカ** Rebecca 一九四〇年 セルズニック・インターナショナル・ピクチャーズ作品（米） 一三〇分 製作：デイヴィッド・O・セルズニック 監督：アルフレッド・ヒッチコック 脚本：ロバート・E・シャーウッド、ジョーン・ハリソン 原作：ダフネ・デュ・モーリアの同名小説 撮影：ジョージ・バーンズ 音楽：フランツ・ワックスマン 出演：ローレンス・オリヴィエ（マクシム・ド・ウィンター）、ジョーン・フォンテーン（ド・ウィンター夫人）、ジョージ・サンダース（ジャック・ファヴェル）、ジュディス・アンダーソン（ダンヴァース夫人）

▼**海外特派員** Foreign Correspondent 一九四〇年 ウォルター・ウェンジャー作品（米） 一二〇分 製作：ウォルター・ウェンジャー 監督：アルフレッド・ヒッチコック 脚本：チャールズ・ベネット、ジョーン・ハリソン 台詞：ジェームズ・ヒルトン、ロバート・ベンチリー 撮影：ルドルフ・マテ 音楽：アルフレッド・ニューマン 出演：ジョエル・マックリー（ジョン・ジョーンズ）、ラレイン・デイ（キャロル・フィッシャー）、ハーバート・マーシャル（スティーヴン・フィッシャー）、ジョージ・サンダース（フォリオット）

▼**スミス夫妻** Mr. and Mrs. Smith 一九四一年 RKO作品（米） 九五分 製作総指揮：ハリー・E・エディントン 監督：アルフレッド・ヒッチコック 原案・脚本：

ノーマン・クラスナ　撮影：ハリー・ストラドリング　出演：キャロル・ロンバード（アン・スミス）、ロバート・モンゴメリー（デイヴィッド・スミス）、ジーン・レイモンド（ジェフ・カスター）

▼断崖 Suspicion　一九四一年　RKO作品（米）九九分　製作：ハリー・E・エディントン　監督：アルフレッド・ヒッチコック　脚本：サムソン・ラファエルソン、ジョーン・ハリソン、アルマ・レヴィル　原作：フランシス・アイルズの小説 *Before the Fact*　撮影：ハリー・ストラドリング　音楽：フランツ・ワックスマン　出演：ケーリー・グラント（ジョン・アイガース）、ジョーン・フォンテーン（リナ・マクレドロー）、ナイジェル・ブルース（ビーキー）

▼逃走迷路 Saboteur　一九四二年　ユニバーサル作品（米）一〇九分　製作：フランク・ロイド　共同製作：ジャック・H・スカーボール　監督：アルフレッド・ヒッチコック　脚本：ピーター・ヴィアテル、ジョーン・ハリソン、ドロシー・パーカー　原案：アルフレッド・ヒッチコック　撮影：ジョゼフ・ヴァレンタイン　出演：プリシラ・レイン（パット）、ロバート・カミングス（バリー）、オットー・クルーガー（トビン）、ノーマン・ロイド（破壊工作員）、ヴォーン・グレイザー（盲人ミラー）

▼疑惑の影 Shadow of a Doubt　一九四三年　ユニバーサル作品（米）一〇八分　製作：ジャック・H・スカーボール　監督：アルフレッド・ヒッチコック　脚本：ソーントン・ワイルダー、アルマ・レヴィル、サリー・ベンソン　原案：ゴードン・マクダネル　撮影：ジョゼフ・ヴァレンタイン　音楽：ディミトリ・ティオムキン　出演：テレサ・ライト（姪チャーリー）、ジョゼフ・コットン（叔父チャーリー）、マクドナルド・ケリー（刑事グレアム）、ヘンリー・トラヴァース（ジョゼフ・ニュートン）、パトリシア・コリンジ（エマ・ニュートン）

▼救命艇 Lifeboat　一九四四年［未］20世紀フォックス作品（米）九七分　製作：ケネス・マッゴウワン　監督：アルフレッド・ヒッチコック　原案：ジョン・スタインベック　脚本：ジョー・スワーリング　撮影：グレン・マックウィリアムズ　音楽：ヒューゴー・W・フリードホーファー　出演：タルラ・バンクヘッド（女性記者コンスタンス・ポーター）、ウィリアム・ベンディックス（船乗りガス）、ウォルター・スレザック（ドイツ人ウィリー）、メアリー・アンダーソン（看護婦アリス）、ジョン・ホディアク（技師コヴァク）、ヘンリー・ハル（実業家リトンハウス）、ヘザー・エンジェル（イギリス人女性）、ヒューム・クローニン（船乗りスタンリー）、カナダ・リー（黒人ジョー）

▼闇の逃避行［ボン・ヴォアヤージュ］ Bon Voyage　一

九四四年［未］　イギリス情報省作品（英）　二六分　監督：アルフレッド・ヒッチコック　脚本：J・O・C・オートン、アンガス・マックフェイル　原案：アーサー・コールダー＝マーシャル　撮影：ギュンター・クランプフ　出演：ジョン・ブライス、モリエール・プレイヤーズ（イギリス亡命中のフランス人俳優たちが結成した劇団）

▼**マダガスカルの冒険**　Aventure malgache　一九四四年［未］　イギリス情報省作品（英）　三二分　監督：アルフレッド・ヒッチコック　撮影：ギュンター・クランプフ　出演：モリエール・プレイヤーズ

▼**白い恐怖**　Spellbound　一九四五年　セルズニック・インターナショナル・ピクチャーズ作品（米）　一一一分　製作：デイヴィッド・O・セルズニック　監督：アルフレッド・ヒッチコック　脚本：ベン・ヘクト　原作：フランシス・ビーディングの小説 *The House of Dr. Edwardes*　脚色：アンガス・マックフェイル　撮影：ジョージ・バーンズ　音楽：ミクロス・ロージャ　悪夢のシークエンスの美術：サルバドール・ダリ　出演：イングリッド・バーグマン（コンスタンス・ピーターセン）、グレゴリー・ペック（ジョン・バランタイン）、ミケル・チェーホフ（アレックス・ブルロフ博士）、レオ・G・キャロル（マーチソン博士）

▼**汚名**　Notorious　一九四六年　RKO作品（米）　一〇一分　製作・監督：アルフレッド・ヒッチコック　共同製作：バーバラ・キオン　監督：アルフレッド・ヒッチコック　脚本：ベン・ヘクト　原案：アルフレッド・ヒッチコック　撮影：テッド・テツラフ　出演：イングリッド・バーグマン（アリシア・ヒューバーマン）、ケーリー・グラント（デヴリン）、クロード・レインズ（アレクサンダー・セバスチャン）

▼**パラダイン夫人の恋**　The Paradine Case　一九四七年　セルズニック・インターナショナル・ピクチャーズ作品（米）　一三二分［一二五分、一一九分、一一五分の再公開版あり］　製作：デイヴィッド・O・セルズニック　監督：アルフレッド・ヒッチコック　脚本：デイヴィッド・O・セルズニック　構成：アルマ・レヴィル　原作：ロバート・ヒチェンスの同名小説　撮影：リー・ガームス　出演：アリダ・ヴァリ（マッダレーナ・パラダイン夫人）、グレゴリー・ペック（アントニー・キーン）、アン・トッド（ゲイ・キーン）、チャールズ・ロートン（ホーフィールド判事）、ルイ・ジュールダン（アンドレ・ラトゥール）

▼**ロープ**　Rope　一九四八年　トランスアトランティック・ピクチャーズ作品（米）　八〇分　テクニカラー　製作・監督：アルフレッド・ヒッチコック　製作：シド

ニー・バーンスタイン　脚本：アーサー・ロレンツ　脚色：ヒューム・クローニン　原作：パトリック・ハミルトンの戯曲 *Rope*（アメリカでの出版タイトルは *Rope's End*）　撮影：ジョゼフ・ヴァレンタイン、ウィリアム・V・スコール　音楽：レオ・F・フォーブスタイン（フランシス・プーランク作曲のピアノ組曲『無窮動』より第一番のテーマによる）　出演：ジェームズ・スチュアート（ルパート・カデル）、ファーリー・グレンジャー（フィリップ）、ジョン・ドール（ブランドン）

▼**山羊座のもとに** Under Capricorn　一九四九年［未］　トランスアトランティック・ピクチャーズ作品（英）　一一七分　テクニカラー　製作：シドニー・バーンスタイン　製作・監督：アルフレッド・ヒッチコック　脚本：ジェイムズ・ブライディ　原作：ヘレン・シンプソンの同名小説　脚色：ヒューム・クローニン　撮影：ジャック・カーディフ　音楽：リチャード・アデンセル　出演：イングリッド・バーグマン（ヘンリエッタ・フラスキー）、ジョゼフ・コットン（サム・フラスキー）、マイケル・ワイルディング（チャールズ・アデア）、マーガレット・レイトン（ミリー）

▼**舞台恐怖症** Stage Fright　一九五〇年　ワーナー・ブラザーズ作品（英）　一一〇分　製作：フレッド・アハーン　製作・監督：アルフレッド・ヒッチコック　脚本：ホイットフィールド・クック　原作：セルウィン・ジェプソンの小説 *Man Running*　構成：アルマ・レヴィル　撮影：ウィルキー・クーパー　出演：マレーネ・ディートリッヒ（シャーロット・ギル）、ジェーン・ワイマン（イヴ）、マイケル・ワイルディング（刑事スミス）、リチャード・トッド（ジョナサン）、アラステア・シム（コモドア・ギル）

▼**見知らぬ乗客** Strangers on a Train　一九五一年　ワーナー・ブラザーズ作品（米）　一〇一分　製作・監督：アルフレッド・ヒッチコック　脚本：レイモンド・チャンドラー、チェンチ・オーモンド　脚色：ホイットフィールド・クック　原作：パトリシア・ハイスミスの同名小説　撮影：ロバート・バークス　音楽：ディミトリ・ティオムキン　出演：ファーリー・グレンジャー（ガイ・ヘインズ）、ルース・ロマン（アン・モートン）、ロバート・ウォーカー（ブルーノ・アントニー）、パトリシア・ヒッチコック（バーバラ・モートン）

▼**私は告白する** I Confess　一九五三年　ワーナー・ブラザーズ作品（米）　九五分　製作・監督：アルフレッド・ヒッチコック　共同製作：バーバラ・キオン　脚本：ジョージ・タボリ、ウィリアム・アーチボルド　原作：ポール・アンテルムの戯曲 *Nos Deux Consciences*　撮影：ロバート・バークス　音楽：ディミトリ・ティオムキン　出

演：モンゴメリー・クリフト（マイケル・ローガン神父）、アン・バクスター（ルース・グランファール）、カール・マルデン（ラルー警視）、O・E・ハッセ（オットー・ケラー）

▼**ダイヤルMを廻せ！** Dial M for Murder　一九五四年　ワーナー・ブラザーズ作品（米）　一〇五分　ナチュラルヴィジョン［3D］、ワーナーカラー　製作・監督：アルフレッド・ヒッチコック　脚本：フレデリック・ノット　原作：フレデリック・ノットの同名舞台劇　撮影：ロバート・バークス　音楽：ディミトリ・ティオムキン　出演：レイ・ミランド（トニー・ウェンディス）、グレース・ケリー（マーゴ・ウェンディス）、ロバート・カミングス（マーク・ハリデイ）

▼**裏窓** Rear Window　一九五四年　パラマウント作品（米）　一一二分　テクニカラー　製作・監督：アルフレッド・ヒッチコック　脚本：ジョン・マイケル・ヘイズ　原作：コーネル・ウールリッチの同名短篇小説　撮影：ロバート・バークス　音楽：フランツ・ワックスマン　出演：ジェームズ・スチュアート（L・B・ジェフリーズ）、グレース・ケリー（リザ・フレモント）、セルマ・リッター（ステラ）、レイモンド・バー（ソーウォルド）

▼**泥棒成金** To Catch a Thief　一九五五年　パラマウント作品（米）　一〇六分　ヴィスタヴィジョン　テクニカラー　製作・監督：アルフレッド・ヒッチコック　脚本：ジョン・マイケル・ヘイズ　原作：デイヴィッド・ドッジの同名小説　撮影：ロバート・バークス　音楽：リン・マレイ　出演：ケーリー・グラント（ジョン・ロビー）、グレース・ケリー（フランシー・スティーヴンス）、シャルル・ヴァネル（ベルタニ）、ブリジット・オーベール（ダニエル・フッサール）、ジョン・ウィリアムズ（保険組合の調査員）

▼**ハリーの災難** The Trouble with Harry　一九五五年　パラマウント作品（米）　九九分　ヴィスタヴィジョン　テクニカラー　製作・監督：アルフレッド・ヒッチコック　共同製作：ハーバート・コールマン　脚本：ジョン・マイケル・ヘイズ　原作：ジャック・トレヴァー・ストーリーの同名小説　撮影：ロバート・バークス　音楽：バーナード・ハーマン　出演：エドマンド・グウェン（〝船長《キャプテン》〟アルバート・ウィルズ）、ジョン・フォーサイス（サム・マーロウ）、シャーリー・マクレーン（ジェニファー）、ジェリー・マザーズ（アーニー少年）

▼**知りすぎていた男** The Man Who Knew Too Much　一九五六年　フィルワイト・プロ／パラマウント作品（米）　一二〇分　ヴィスタヴィジョン　テクニカラー　製作・監督：アルフレッド・ヒッチコック　共同製作：ハー

バート・コールマン　脚本：ジョン・マイケル・ヘイズ　原案：チャールズ・ベネットとD・B・ウィンダム＝ルイス　撮影：ロバート・バークス　音楽：バーナード・ハーマン　挿入歌："Whatever Will Be" "We'll Love Again" 作詞・作曲ジェイ・リヴィングストン、レイ・エヴァンズ、歌ドリス・デイ　カンタータ"Storm Cloud"作曲アーサー・ベンジャミン、作詞D・B・ウィンダム・ルイス、演奏ロンドン交響楽団、指揮バーナード・ハーマン　出演：ジェームズ・スチュアート（ベン・マッケンナ）、ドリス・デイ（ジョー・マッケンナ）、ダニエル・ジェラン（ルイ・ベルナール）、ブレンダ・デ・バンジー（ドレイトン夫人）、バーナード・マイルズ（ドレイトン氏）

※『暗殺者の家』（一九三四）のリメイク。

▼**間違えられた男**　The Wrong Man　一九五六年　WB作品（米）　一〇五分　画面比率1.85:1（技術方式不詳）　製作・監督：アルフレッド・ヒッチコック　共同製作：ハーバート・コールマン　脚本：マックスウェル・アンダーソン、アンガス・マックフェイル　原作：マックスウェル・アンダーソン脚色のノンフィクション　撮影：ロバート・バークス　音楽：バーナード・ハーマン　出演：ヘンリー・フォンダ（クリストファー・エマヌエル・バレストレロ）、ヴェラ・マイルズ（ローズ・バレストレロ）、アンソニー・クェイル（弁護士オコンナー）

本書刊行後のヒッチコック長篇監督作品

▼**めまい**　Vertigo　一九五八年

▼**北北西に進路を取れ**　North by Northwest　一九五九年

▼**サイコ**　Psycho　一九六〇年

▼**鳥**　The Birds　一九六三年

▼**マーニー**　Marnie　一九六四年

▼**引き裂かれたカーテン**　Torn Curtain　一九六六年

▼**トパーズ**　Topaz　一九六九年

▼**フレンジー**　Frenzy　一九七二年

▼**ファミリー・プロット**　Family Plot　一九七六年

※年代は原則として公開年である。［未］は日本未公開作品。サイレント映画の上映時間は、映写速度によって大きな差が出るため、記載していない。

ヒッチコック、新たな波――ロメール&シャブロル『ヒッチコック』の成立状況とその影響

小河原あや

本書『ヒッチコック』はフランスで一九五七年に上梓された、世界で初めてのアルフレッド・ヒッチコック研究書である。今ではヒッチコックは批評・研究の対象として取り上げられることの最も多いと言われる映画作家だが、当時は彼について書かれたモノグラフィと言えばイギリスの映画批評誌『サイト・アンド・サウンド』の付録『アルフレッド・ヒッチコック作品目録』のみであった(1)。本書の初版は、B6判ほどのサイズに黄緑色の表紙で、簡易なオフセット印刷によってEditions d'Aujourd'huiから世に出た。評判を呼び、同年中には学術書を専門とするEditions Universitairesから、映画理論家ジャン・ミトリ監修のもとに「映画の古典」シリーズの一つとして、写真入りのポッシュ版で刊行される。本シリーズが他に取り上げたのは、ジョン・フォード(一九五四)、エイゼンシュテイン(一九五五)、チャップリン(一九五七)らであり、ヒッチコックが一定の芸術的境地に達した名匠として評価されたのが伺える。

著者のエリック・ロメール(一九二〇―二〇一〇)とクロード・シャブロル(一九三〇―二〇一〇)は、フランスを代表する映画作家である。気鋭の映画批評家から監督になった二人は、世界の映画の流れを変える「ヌーヴェルヴァーグ」の中核を担い、生涯映画を作り続けた。本書には、刊行の時点で駆け出しの実作者でもあった二人の視点が存分に発揮されている(2)。彼らは、出版時までのヒッチコック監督作四十四本を一本ずつ取り上げ、画面の光、色彩、ショット構成、カメラワーク、音楽といった視-聴覚的演出を細部まで分析する。そして各作品に一

貫したヒッチコック独自の演出を発見して「形式」と呼び、その「形式」に具現された思想を小説、絵画、音楽、建築等の諸芸術やキリスト教神学、哲学を参照しながら考察する。彼らの見出す思想は「罪」「善悪」「運命」「意志」といった生の根幹に関わるものであり、ヒッチコックが人間の本性や、生きていく上で際会する困難、そこからの救いを鋭く抉り出していることが明らかにされる。本書に、映画批評家アンドレ・バザンは惜しみない賛辞を贈った[3]（『カイエ・デュ・シネマ』八六号、一九五八年八月）。「ロメールとシャブロルのこの卓越せる小著は、映画批評の頂点であるだけでなく、ここ数年来のフランス文芸における芸術批評の中で間違いなく最高のものの一つである」。

本書『ヒッチコック』はいかなる要請の下に書かれ、読まれたのだろうか。そもそもヒッチコック映画はいかに見られていたのか。本書の成立過程と影響関係をたどろう。

1
「ヒッチコック問題」
――ヌーヴェルヴァーグ批評の核心へ

主題か演出か――一九四〇年代後半の論争

ヌーヴェルヴァーグの映画作家たち――ロメールとシャブロルの他にフランソワ・トリュフォー、ジャン＝リュック・ゴダール、ジャック・リヴェットら――は、第二次大戦後の自由な空気が流れる一九四〇年代後半から五〇年代のパリで、名画座やシネクラブ、シネマテーク等々でサイレント映画や様々な国の映画を大量に観て、一九五〇年前後から映画批評を著した。彼らはヒッチコックを熱烈に評価したが、激しい反論があり、彼らの活動の拠点『カイエ・デュ・シネマ』誌を中心に、当時「ヒッチコック問題（le cas Hitchcock）」、あるいは後世の映画史家からは「ヒッチコック事件（l'affaire Hitchcock）」と名付けられる論争が繰り広げられた。

そもそもこの「問題」は、一九四〇年代フランスの映画批評界における論争の延長にある。簡単に概観しておこう。(4) まず一九四四年のパリ解放後にハリウッド映画が次々と封切られるのに伴い、『レ・レットル・フランセーズ』誌のジャン＝シャルル・タシェラやロジェ・テロンを代表に、「新ハリウッド主義者（néo-hollywoodien）」と呼ばれる批評の流れが生まれた。軽視されていたハリウッドのヒッチコックやハワード・ホークスの映画を、演出面から弁護したのである。

演出重視の点に関しては、アレクサンドル・アストリュックの影響もある。元々小説家である彼は、ジャン・ルノワールやロベール・ブレッソン、オーソン・ウェルズらを例に、カメラを万年筆に準えて、映画の善し悪しは原作によってではなく、監督が万年筆＝カメラで書くその演出スタイルで決まると論じた（『レクラン・フランセ』一九四八年三月三十日号）。これに賛同して、前述のアンドレ・バザンも主題を出発点として重視しつつ、その演出による表現面を盛んに論じた。後にこの二人も加わり『カイエ・デュ・シネマ』誌が創刊され、同誌でヌーヴェルヴァーグの批評家たちが活躍することになる。

演出重視の批評家たちに、ルイ・ダカンが反対した（『レクラン・フランセ』一九四九年三月八日号）。彼によれば、彼らは実体に基づかない不毛な抽象論を弄する「形式主義者」であり、そうした議論は人間性を歪める資本主義的なものである。映画に建設的で現実的な価値を与えられるのは、主題（sujet）のみだ。社会主義者のダカンを始めとして、レジスタンスの記憶も生々しい当時は、左翼的思想を唱える映画批評家が多かった。彼らは主に、革命志向や政治・社会的主題が明確なソヴィエト映画を評価した。

これに抗してバザンは、主題だけでなく「形式」も必要だと唱え、例として『市民ケーン』（オーソン・ウェルズ、一九四一）のディープフォーカスを挙げた（『レクラン・フランセ』一九四九年三月二十九日号）。この演出には複数の出来事が一ショット内に映し出されて、曖昧多様な現実の姿が保存されている。つまりバザンが示唆するのは、現実の客観的提示とそのための演出の重要性である。こうした考えの背景には、映画の本性を「存在論的レアリスム」

と見做すバザンの映画観が潜んでいる。それによれば、映像とはカメラが客観的に対象を映すことから成り立ち、ゆえに映像には、聖骸布にキリストの顔、ひいては魂が刻印されたのと同様に、現実が精神まで刻まれている。[5] ここには、カトリシスム的思想が反映されている。

一九四〇年代後半の論争の対立軸は、主題か、それとも演出かであり、その根底には、社会主義か、カトリシスム（反対陣営からみれば資本主義のブルジョワ）かという思想の相違があった。これは一九五〇年代に持ち越される。

ヒッチコック映画の擁護と顕揚
――『カイエ・デュ・シネマ』誌上の論争

ヌーヴェルヴァーグの批評家たちは、前述の通り映画を大量に、時には字幕なしで観た経験から、映画は脚本に依拠して台詞や物語を中心に作られるのではなく、映像そのものによって構築され得るという認識を持っていた。彼らは、『田園交響楽』（ジャン・ドラノワ、一九四六）や『禁じられた遊び』（ルネ・クレマン、一九五二）等のフランスで当時主流の文芸映画を、気取った台詞と紋切り型の演出によって登場人物の心情を表す「心理的な」「脚本家の映画」と非難し、それを「良質の伝統」と皮肉った。この流れを踏まえて本書でも、当時のフランス映画が「前日の屑籠」と揶揄され（一六二頁）、ヒッチコック作品に関して『サボタージュ』に辛辣な評価が与えられるときも「心理的な映画」だと言われている（六一頁）。

その上で彼らは、映像に監督の演出スタイルが刻み込まれた映画を支持し、アストリュックに倣って、そうした演出を行う監督を「作家（auteur）」と呼んだ。[6] 本書に散見される「作品（œuvre）」「作家」「ヒッチコックの宇宙」といった言葉は、これに則っている。彼らはジャン・ルノワール、ロベルト・ロッセリーニ、オーソン・ウェルズ等々の「芸術」映画の監督に加えて、ヒッチコックやホークスら「娯楽」映画の監督を称揚する文章を繰り返し著し、さらに「作家」本人にインタビューを行って、「作家主義［作家政策］（politique des auteurs）」という一大キャンペーンを展開した。中でも「作家」からは最も遠いと見做されてきたヒッチコックとホークスへの称賛は、自分たちのテーゼを過激に認めさせようとする、「作家主義」の核心的な態度であった。(7)

最も激しかったのは、ホークス以上にヒッチコックをめぐる論争であった。『カイエ・デュ・シネマ』の編集部においてさえ支持者とそうでない者に二分され、一度は支持者主導の下にヒッチコック特集号が組まれるが、今度はそれが他誌の批評家たちから猛烈に批判される。反対陣営を説得しようとヌーヴェルヴァーグの批評家たちは、自らの映画観・世界観を賭けてヒッチコック論を著し、それがまたいっそう自分たちの思索を深めていく。書籍『ヒッチコック』刊行までの五年以上に亙る、同誌上での論争をここからは追っていこう。

一九五一年四月の創刊号では、イングリッド・バーグマン主演の二作品を取り上げたアストリュックによる映画評の中で、ヒッチコックのタイトルが鮮烈な形で挙げられているのが目に付く。「私はモーリス・シェレール［ロメールの本名で当時の筆名］と同じく、『ストロンボリ』［ロッセリーニ、一九五〇］の全体を『山羊座のもとに』のただ一つのショットに等しいものと見做そう。このショットにおいて、一人の女の顔が突然、海よりも限りなく広くなるのだから」。一つの顔の映像に、映画一本と同じ価値をみる。ヒッチコックのただ一つの映像、そこに映された一つの「顔」に対して最大級の賛辞が与えられている。

しかし六号（一九五一年十一十一月）掲載の「ニューヨーク通信」では、ハーマン・G・ウェインバーグが『見知らぬ乗客』について、技法によって観客を欺いていると貶す。一方ロメールは一〇号（一九五二年三月）の、「ありのままの事物」とタイトルに掲げた前衛映画論において、同じ『見知らぬ乗客』に一言触れ、既存の技法の見事な統御ぶりを指摘しつつ、新たな技法的探求が目されているわけではないと言う。(8)

ウェインバーグは前述の記事で、ヒッチコックには確たる主題が欠落しているとも言い放っていた。他方ゴダールが、ロメールと同じ一〇号で「主題の優位性」という表題の下に、同じく『見知らぬ乗客』について擁護する。(9) ゴダールは、ゲーテやドストエフスキーらの文学に匹敵する、堕落や救済といった主題がこの映画に描かれていることを説き、ヒッチコックの「作家」性を強調する。そして演出にとって重要なのは例えば「自然の中に雑然と抛り出されている事物を美しく見せる」ことだと述べ、あの荒地、あの屋敷、ボート、遊歩道……と列挙している。

形而上学的主題と映画的形式——継続する論争

　こうした議論に、一二号（一九五二年五月）では、一九四〇年代から活躍してきた映画批評家で、ヌーヴェルヴァーグの先輩格のピエール・カストが矛先を向ける。彼は、「作家主義」一派の最年長でヒッチコック支持派の先頭と目されていたロメールを名指し、また前述のゴダールの主張を暗に否定して、彼らが言うような「主題（sujet）」は、映画そのものを台無しにしてしまうものだと退ける。そして、映画の成熟のために必要なのはコンラッドの小説だと提言しつつ、『アフリカの女王』（ジョン・ヒューストン、一九五一）を肯定的に論ずる。植民地や戦争等の社会派の「内容（contenu）」が物語に顕著な作品を評価しているのである。

　ロメールも負けていない。まさに同じ一二号で、『バルカン超特急』を中心にヒッチコック論を展開し、カストが「内容」に拘泥したのに反するかのように、脚本内の要素を浮かび上がらせるヒッチコック演出に、映画の真価を求める。彼によればその演出スタイルは、あれこれの技巧にではなく、「事物の生《なま》の力」を見せることにある。素速いモンタージュよりも、カメラに向かって走る列車の映像によって「速度の観念」が提示される。事物を映すその映像の内に観念そして主題が感得されることを強調しており、先述のゴダールの議論がさらに明確になっている。またゴダールと同様にドストエフスキーを引き合いに出しながら、「疑惑」というヒッチコック映画に共通の主題を明らかにしている。

　さらにロメールは翌年の二六号（一九五三年八—九月）で、今度は自らカストの名を挙げて「左翼」

との言葉も持ち出した上で、「作品の映画的な価値を一種の社会的要求の激烈さと同一視する」傾向に釘を刺す[10]。そうした社会的内容の代わりに、西洋芸術が取り上げてきた普遍的な主題としてロメールが挙げるのが「身体と精神［霊］との間の親和力の感覚」、あるいは人間と自然、物質と精神、等々の二つの秩序の対立である。これをロッセリーニの『ヨーロッパ一九五一年』（一九五二）、ルノワールの『黄金の馬車』（一九五二）、そしてヒッチコックの『私は告白する』（一九五三）に等しく見出した上で、次のように明言する。「我々の芸術［映画］の特権は、それを極めて直接的に表現することであり、ゆえに明証性の持つ無媒介性が、記号による仲介に取って代わる[11]」。つまり映画の観客は、映像をひたすら見ることで、記号的な理解を介さずして、そうした主題を直感する。わけてもヒッチコックについては、「あれほど非難された形式が、無益な装飾というわけでは全くなく、内容（contenu）とあまりに緊密に結びついているため、映画的表現以外のいかなる表現も、彼にはまるで考えも及ばない」（強調は引用者）と特筆している。例えば、『私は告白する』の造形的配慮が、無表情な主人公の微かな感情の形跡に注意を向けて、その聖職者としてのあり方の脆さを表現するのに奉仕する。ロメールは、より具体的に演出を検討し、論敵の用いる「形式」の語を肯定的な意味に転じて、内容と不可分で、かつ、内容を直接的に表現するものとして「形式」を捉え直している。そしてヒッチコックの演出・「形式」に、西洋芸術の普遍的な主題表現という、いっそう深い意義を論じ始めたのである。

　同様の議論は、同じ二六号に掲載されたリヴェットの批評にもみられる[12]。彼も『私は告白する』を取り上げて、告白、罪、運命、神といったカトリシスム的な「主題（sujets）」を論じる。その際に、「根源的に映画たるもの、それは外的なものと秘められたものとの結びつきであり、予期せぬ身振りが、説明抜きに、その結びつきを露にする」と述べ、ロメールと同様に、映画の精髄が、記号的・言語的な説明なくして、映像そのものの外観のうちに主題や理念を表出させることにあると示唆する。

議論の変遷をまとめよう。まず、顔や列車等の、映像上の事物を際立たせるヒッチコックの演出が称えられる（創刊号のアストリュック、一〇号のロメール）。そして、ヒッチコック映画には主題と言うべきものが確実にあり、とりわけ事物を映し出す際の演出を通じて表されているのだと論じられる（一〇号のゴダール、一二号のロメール）。さらに、その主題とは外面（身体）と内面（精神）の親和性という西洋芸術に普遍のテーマであり、それを映像上の事物そのものにおいて直接的に観客に感じ取らせる点にこそ映画の本領は存する。その傑出例としてヒッチコックが称揚される（二六号のロメールとリヴェット）。この段階でカトリシスム的な、後に肯定的にも批判的にもヌーヴェルヴァーグを指して使われる「形而上学的な」世界観・映画観が確固として示されている。最後に、そうした映画の本分を全うするヒッチコック的演出に「形式」という視座が加わる。「形式」において内容が具現される。ゆえに、その造形的配慮が分析される（二六号のロメール）。

こうした論争の中でヌーヴェルヴァーグの批評家たちは、分析の目を磨き、映画の本性と目的にまで思慮の範囲を広げて、演出と主題いずれの考察も深めながら、映画観・世界観を築いていきた。そして三九号（一九五四年十月）ではロメールを編集責任者にヒッチコック特集が組まれ、一連のヒッチコック論の要諦を一段と明確にする。

ヒッチコック特集号とその波紋

この特集号の緒言はアストリュックが担当し、ヒッチコック作品の一貫した主題とその「作家」性を認めさせようという、本号の目論見を宣言する。[13]「二人の人物が三十年に亙り五十の映画を通じて、ほとんどいつも同じ物語——悪に囚われた魂の物語——を語り、このただ一本の線に沿って、登場人物たちを丸裸にして様々な感情《パッション》の抽象的な宇宙に投ずるという模範的な方法から主として成る同一のスタイルを保っているのだから、結局この産業「映画」において存在する非常に珍しいもの、すなわち映画作家に例外的に自分たちは向き合っているのだと認めないことは難しいように思われる」。

本書の著者二人の論考をみよう。「誰のせいなのか？」と題した巻頭論考でロメールは、ヒッチコックが正当に評価されていないのは誰ゆえかとセンセーショナルに問題提起しながら、批評家たちがヒッチコックひいては映画をしかるべく論じるためには何が必要かを説明していく。[14] それはヒッチコックについて誰もが認める技術的な巧みさではなく、「形式」である。「形式」とは「空間的な諸関係を介してのみ表現を行う」その演出であり、空間上のあらゆるポイントに方向性を与え、そのとき移動がそれ自体多くの意味を担う。『私は告白する』の主人公の厳かで長い歩行がドラマの強烈な瞬間に中断されるときのように。ロメールはこうして造形面の分析からヒッチコックに迫る。映画とは外観・肉体を手段として精神に至るのであり、その外観においてヒッチコックは「疑惑」の主題、「魂と魂の間の影響関係」を表現するのだから、外観（つまりは「形式」）を問うてなぜいけないのかとロメールは挑発的に問う。

シャブロルは「悪を前にしたヒッチコック」という論考で、ヒッチコック映画におけるカトリシスム的思想を「悪」の主題から考察している。[15]『私は告白する』の倒れる自転車等々の「悪」の徴を数え上げ、悪人とは「悪魔に取り憑かれた人々」に他ならず、ゆえに悔悛、告白を行うか否かをめぐる人間の自由意志によって、救済の機会が訪れることを論述する（『ロープ』の教師の悔恨等）。本書にたびたびみられる「悪」についての記述は、実際に上掲の例が引き継がれているように（一四四頁、一三八頁）、シャブロルによるところが大きいと考えられる。

この特集への反発は大きかった。同誌は四四号（一九五五年二月）で、シャブロルとトリュフォーのヒッチコック・インタビュー[16]に付すかたちで、当時編集長を務めていたバザンによるヌーヴェルヴァーグの批評家たちを擁護する文章、「人はいかにしてヒッチコック＝ホークス主義者であり得るのか」を掲載する。[17]「［ヒッチコック特集号によって］我々は何通もの辛辣な投書を受け取っただけでなく、我々の同業者の何人か（ジョルジュ・サドゥールやドゥニ・マリオンら）によって、またつい最近は『サイト・アンド・サウンド』誌上でリンゼイ・アンダーソンによって、激しく非難されるはめになった」とバザンは冒頭で語っている。『ポジティフ』誌一四―一五号（一九五五年十一月）ではルイ・スガンが「アルフレッド・ヒッチコックのためのちょっとした総括」という記事で、ヒッチコックを礼賛する一部の批評を「俗悪」と言い、ヒッチコックを激しく謗る。「イエズス会派〔偽善者〕のヒッチコックは、偽って曖昧にしたモラルについての様々の不愉快な波瀾をちらつかせたり、時たまはっきりと示したりすることしかできなかったし、できていないし、これからもできないだろう」。そして記事を過激に締めくくる。「そうだ、おそらくアルフレッド・ヒッチコックを軽蔑しなければならない」。

こうした批判に屈することなく、シャブロルは四五号（一九五五年三月）で本書と同様に（七三頁以下）、アメリカ時代の作品への転回点として『レベッカ』を評し、四六号（同年四月）では『裏窓』を取り上げて、やはり本書に受け継がれるように（一五一頁以下）、主人公が向かいのアパートの様々な部屋、すなわち「兎小屋」に自分の関心を投影して見ていること、そこから孤独、愛の不在の主題が描かれることを論じている。ロメールも五三号（同年十二月）において、『裏窓』の主人公が当の映画の観客の立場と相同的な位置を占めるのだが、彼そして観客が見ているものは、「プラトンの洞窟」と同様に虚像なのだという、本書に連なる議論をした上で（一五一―一五二頁）、「芸術と人生がその絆を強める」と明言する。五八号（一九五六年四月）では『ハリーの災難』についてロメール、リヴェット、ドマルキらが寄稿し、六二号（一九五六年八―九月号）では再びヒッチコック特集が組まれる等、『カイエ・デュ・シネマ』誌上でのヒッチコック賛美は続いた。

その中で五二号（一九五五年十一月）には、後にナラトロジー（物語理論）の文学理論家として名を馳せるジェラール・ジュネットの投稿が掲載される。「主人公たちに向き合うヒッチの態度は、犯罪の社会学（『暗黒街の顔役』のホークスのような）にも、〈悪〉の倫理学（フリッツ・ラングのような）にも拠ることなく、まさに罪の形而上学、ある見方に立てば、恩寵の弁証法に帰するような形而上学に属すと思われる」。ジュネットは続けて、ヒッチコックの映画にはピューリタンやプロテスタントでも、パスカルの批判する世俗的なイエズス会でもなく、アウグスティヌスやトマス・アクィナスの伝統を後継するジャンセニスム的な形而上学が見られると論じる。本書で展開されるヒッチコックの形而上学的なテーマの議論を、あらかじめ総括し擁護するかのようだ。この長文の投稿はそのまま全文取り上げられ、投稿欄の責任者トリュフォーは、「この実に見事な論証によって、ヒッチコック解釈の問題に終止符が打たれた」と追記している。

出来事の客観的提示か、観念の「形式」的抽出か
――バザンに比べて

『カイエ・デュ・シネマ』誌上の熱気の中で、バザンのヒッチコックに対する態度は複雑であった。ロメールとリヴェットが形而上学的主題とそれを映し出す「形式」という論点を前景化させた、その次の号（二七号、一九五三年十月）でバザンは、一度は若き批評家たちに賛同して、ヒッチコックを「形式の発明者」という点でジョン・ヒューストンの上位に置いた上で、次のように続ける。「それでもなお［ヒューストンの］『アフリカの女王』『勇者の赤いバッジ』［一九五一］や『ロープ』や『見知らぬ乗客』より遥かに評価に値する作品だと考える。なぜなら主題（sujet）もやはり重要なのだから！」。つまり彼は、少なくとも「ヒッチコック問題」に関しては左翼的な批評家たちと同様に、戦争や植民地等の社会的主題が物語に明確な映画の方を評価するのである。前述のヒッチコック特集号（三九号）でもバザンは、ヌーヴェルヴァーグの批評家たちを擁護しながらも、彼らの努力がいまだ「私にアルフレッド・ヒッチコック、とりわけそのアメリカ時代の作品における完璧な才能を納得させるに至ったと言うことはできない」と留保をつけている。もっともバザンは彼らの信念を理解していた。四四号の「人はいかにしてヒッチコック＝ホークス主義者であり得るのか」においては、彼らが演出につい

て力説するのは、「映画のマチエールそのもの、人間と事物の有機的構造」を演出の内に看取し、そこに「精神的かつ美的な意味」が孕まれているからだと弁護している。

両者の見解はいかに異なるのか。共通点と相違点をまとめよう。まず、カメラによる現実の事物の機械的・客観的提示を重視する点で、両者は共通する。ロメールが一二号で、列車の映像に感知される速さを「観念」と捉えていた根底には、創刊号のアストリュックが称えた顔の、一〇号のゴダールが挙げた屋敷やボートの、二六号のリヴェットが取り上げた身振りの議論とともに、前述したバザンの「存在論的レアリスム」――聖骸布のように、フィルムに映し出された事物の裡に、観念が、精神が刻まれる――に通底する思想がある。映画は、自分たちの弾劾する「心理的な映画」のような紋切り型の演技や演出から成る虚構の世界ではない、というのが彼らの信念であった。

まさにこの映画観に端を発して、両者は主張を違える。バザンの所論は、観客が映画を把握する出発点としての物語・主題の重視を、いまだ色濃く残している。これに対してヌーヴェルヴァーグの新鋭たちは、物語の記述からは零れ落ちるであろう精神的・理念的なものを、映像に捉えられた事物そのものに見出す。だからこそ二六号のロメールは、異なる物語の映画三本に共通して、映像上の人物に身体と精神の親和性の主題が直接的に提示されるという議論をしたのである。

演出についても評価の相違が生じる。バザンはカメラの客観性を尊重するゆえに技巧は不必要と考え、現実に介入しない「形式」として、複数の出来事を一度に映し出すディープフォーカスに価値を認めたのだった。対照的にヌーヴェルヴァーグの批評家たちは、精神的・理念的なものを微細にすくい取るために、造形面で現実を整序することを肯定した（二六号のロメール）。彼らにとって、それは決して現実を疎かにするものではなく、むしろ現実の一様相を抽出するための、映画に特権的な演出だったのだ。

作家主義／ヌーヴェルヴァーグの結晶としての『ヒッチコック』

一九五七年、ついに本書『ヒッチコック』が出版される。バザンは本書を『カイエ・デュ・シネマ』八六号（一九五八年八月）で紹介し、いまだヒッチコックについては自らの見解を譲らないものの、本稿の冒頭で引用した通り、著者ロメールとシャブロルの力量を褒め称えた。だが本書の内容の奥深さは、二人のみに由来するのではない。本書には、ヒッチコック論争の渦中に執筆された『カイエ・デュ・シネマ』からの引用・参照が、陰に陽に散見される。この点で本書は、ヌーヴェルヴァーグの若き批評家たちが相互に影響を与えながら深めたヒッチコック論の結晶であり、ヒッチコック理解のためのみならず、彼らが共に深めた世界観・映画観に触れてヌーヴェルヴァーグを内側から捉えるためにも貴重である。

その世界観・映画観の精髄に触れよう。元来カトリック信徒が多数派を占めるフランスで、その影響力が薄らいでいない時代に育った彼らは、熱心なカトリック信徒であるヒッチコックの主題を看破した。本書の著者ロメールもシャブロルも、信仰の篤さやキリスト教に対する態度についての違いは様々にあるにせよ、カトリック信徒であった。ヌーヴェルヴァーグの批評家たちは、身体と魂、秘密と告白、運命と意志、堕罪と救済といった主題を、繰り返しヒッチコック映画について論じ（上記のゴダール、リヴェット、ドマルキの批評もこれに含まれる）、本書でロメールとシャブロルはそれに真っ向から取り組んだ。この点で本書には、ヌーヴェルヴァーグの映画作家たちが共に感受し、後に自作で示した世界観の源がある。

また本書において「形式」の理解が具体的かつ決定的にされ、その掉尾でヒッチコックが「形式の発明者」であると確言される。そもそも「形式」という言葉は「内容（fond）」と対の、芸術一般に用いられる語であり、『カイエ・デュ・シネマ』誌上でもしばしばみられる。とはいえホークス論では「形式」よりも「演出」の語が使われるのに、ヒッチコックに対しては特別な意味で「形式」が用いられるのはどういうことか。それは、ヒッチコックが一本の映画に一貫した細密な造形的配慮を、「形式上の公準」と言われるほど厳密に施すからである。本書はこうした画面の造形性に鑑みて、バザンが対立させた『市民ケーン』とヒッチコックの『ロープ』とが、実は映像表現としては同じ空間感覚を実現していると主張する（一一四―一一五頁）。そして本書は、ヒッチコック作品において「形式」が内容を創造する様を次々と例証していく。『ダウンヒル』では下降する道程に「失墜」の主題が体現され（一九頁）、『山羊座のもとに』ではカメラがバーグマンの顔に皺を刻み込んだり、ぼかしたりして、言葉に尽くしがたいほどの様々な感情を映す（一二二頁）。『見知らぬ乗客』においては、直線上の往来（歩行等）が罪の「交換」の観念を描出し、円の回転（メリーゴーランド等）がそうした直線的往来による「交換」を遮ると共に、観客に「めまい」の感覚を共有させて、めまぐるしく旋回する世界の原理を知らしめる（一三〇頁以下）。こうした「形式」は、本書がヒッチコックの演出の「単純」さにたびたび言及する通り（二四頁、一〇二頁、一八六頁等）、決して大仰な技巧ではなく、現実の中に潜む線・形・運動を活かした造形である。映画において映像を重視するヌーヴェルヴァーグの批評家たちが磨いてきた、画面の隅々までを仔細に分析する鑑識眼が、こうした指摘の一つ一つに遺憾なく発揮されている。

本書の議論はそこからさらに深化する。ヒッチコックが観客を映画に誘い込んで主題を提示する、という議論のことである。『断崖』では、カメラがヒロインの主観的な視点をとって「疑惑」ひいては罪の「交換」の主題を観客に感じ取らせ（八二頁）、『裏窓』では、観客は覗き魔の主人公と同等の立場に置かれて、映画という視覚芸術ならではの仕方で、人の欲望のあり方を問いかけられる（一四九―一五二頁）。とりわけ後者は、映画の「形式」（外観）とそこに具体化される精神性・理念性との関係を、身体と精神の親和性というカトリシスム的主題にとどまらず、「プラトンの洞窟」の比喩にも準じる、表象とイデアの関係の映画的提示にまで深めて考察するものである。「形式」に活かされた映画の本性に根ざして、実に「形而上学的」議論がされているのだ。この点で本書は、「形式」の語をヒッチコック論に用いる意義を確かなものにしながら、映画を思考の場とする先駆性を獲得しているのである。

2　ヒッチコック映画とヌーヴェルヴァーグ

映画と人生をつなぐ

ロケーション撮影をはじめとする現実を活かした撮影法で、商業映画ならば省くであろう細部まで人々の生きる営みを映し出し、カメラ目線等を用いて観客と映画の間にある壁を取り去ろうとし、最終的には状況の解決も分かり易いメッセージも公然としないままに映画を終わらせて、観客に思考を促す。ヌーヴェルヴァーグ作品の特徴をひとまずはこのように言えるだろう。トリュフォーの『大人は判ってくれない』（一九五九）、ゴダールの『勝手にしやがれ』（一九六〇）、リヴェットの『パリはわれらのもの』（一九六一）等々を思い起こそう。本書『ヒッチコック』の議論を経由したとき、実は同じような様相が、ヒッチコック作品に見えてきはしないだろうか。

例えば「真実主義《ヴェリズモ》」。少なからぬ観客にとってヒッチコックと言えば壮大な犯罪物語が思い出され、これと反対の印象を持っているかもしれない。だが本書はヒッチコック映画に、ロケーション撮影による背景の真実性、出来事の細やかな描写、撮影時の制約を活用した演出、等々を発見する（八六頁、一七八―一八〇頁、一八四頁等）。あるいは、映画への観客の参加。本書によれば、前述の通り観客は、『断崖』ではヒロインに同一化して事態を誤解し、『裏窓』では主人公と共に殺人を期待する。『見知らぬ乗客』では悪人と同じ欲望を抱くのであり、ヒッチコックにおいて、スクリーンは現実とフィクションとを完全には隔ててくれない（一三四頁）。さらには、曖昧な結末。一般的にヒッチコックは商業面に配慮してハッピー・エンドを採用しているように思われるだろうが、本書が解き明かすには、『裏窓』の道徳は照らし出されるだけで終わり（一五五頁)、『間違えられた男』では結末の「奇跡」に対してさえも私たちの判断の自由が残される(一八二頁)。

ヒッチコック映画とヌーヴェルヴァーグの現代的な映画という、一見全く異なる作品同士が、映画と観客の生をつなぐという理念とその具現において、重なるのである。ヌーヴェルヴァーグの映画観や世界観がヒッチコック評に反映され、それが今度は彼らの映画に反響する。そういった映画と映画の、映画と批評との絶え間なき相互作用こそ、まさにヌーヴェルヴァーグ的な事態であるはずだ。『ヒッチコック』の刊行を経て長篇デビューした著者二人の作品群について、ここからは見ていこう。

シャブロル、罪の交換と悪の魅惑

ロメールとシャブロルの作品には、より具体的に本書の影響が見られる。本書の「結論」では、ヒッチコック的な二つの主題として「悪魔の陰謀という魅惑」と「摂理」が記されているが(一八二—一八三頁)、ひときわ前者を引き継いだのが、ヒッチコックと同じく犯罪映画を数多く撮ったシャブロル、後者が、偶然の織りなす日常を数々の映画で見せたロメールである。

シャブロルの初長篇『美しきセルジュ』(一九五八)は、実際の村で撮影され、主人公が朝起きてから家を出るまでの動作を一々カメラが映すように、「真実主義《ヴェリズモ》」が強く見られる。また公開当時ロメールは本作を、「例のヒッチコック流「交換」を手本としながら、主人公二人の内面にある善と悪の微妙な配分の操作に専念している」と評したが[18](『アール』一九五九年二月十一—十七日号)、その罪の「交換」は、寒村で酒浸りの生活を送るセルジュと、病ゆえに帰郷したフランソワという、二人の主人公の間で為される。後者は前者を自堕落な生活から救おうとするが、自分も心の欠落を抱えていることと、一見「悪」に堕したセルジュが自分たちの中で最も苦しむ者であることに気づく。次第に、『私は告白する』の「十字架の道行きの図像」を想起させるごとく(一四二頁)、フランソワの背後の窓枠が十字架のように見え始め、松明が光輪を作る。映画は、彼が倒れ、セルジュが自分の赤ん坊の産声を聞いて笑い（だがこの子には生命の危機が予想される）、その笑顔のクロースアップが霞むところで終わる。彼らは一体「救済」されたのかという結論が、観客の思考に委ねられる。

視点の演出でもヒッチコックの影響が見受けられる。本書は『スミス夫妻』について、夫婦の一方の主観的な視点が他方のそれへと急に変わることを明らかにするが（七九―八〇頁）、それに則した演出が『美しきセルジュ』に見られるのだ。フランソワがセルジュを窓から見下ろす場面で、カメラは前者の視点から後者を撮るが、横に動くと、視点の主であるはずのフランソワ自身を映す。つまり、カメラが人物の主観的な視点と、彼を見つめる客観的な視点とを行き来する。こうした演出に関してはシャブロル自身が「客観化された主観」と呼び、主人公二人がいずれも主体であり客体であるための「形式」として用いたと述べている（『カイエ・デュ・シネマ』八三号、一九五八年五月）。

ヒッチコック的「交換」や善悪の曖昧さは、次作の『いとこ同士』（一九五九）にも認められる。続く『二重の鍵』（一九五九）や『気のいい女たち』（一九六〇）では、「悪の魅惑」の主題を体現するような、狂気を帯びた魅力的な人物たちが罪を犯す。特に後者では、一人の青年の顔が幾度となくクロースアップで映され、彼を見る若い女性と私たち観客は、その判然としない人物像に、恋する男という解釈を与える。それが最後に手酷く裏切られるとき、ヒッチコックの『裏窓』と同様に、私たちが見ているのは自己の欲望の投影に他ならないことが暴かれ、本書の「形而上学的」な思索が思い起こされるのだ。目にしているものの欺瞞性を観客に実感させ、最終的には一切を宙吊りにしてしまう演出が、シャブロル作品にはいつも何かしらの形で見られるだろう。

その後『女鹿』（一九六八）で再び「交換」のテーマが明確に取り上げられ、二人のヒロインが外見的な交換さえ行う。『不貞の女』（一九六九）では、妻の姦通を知った夫がその相手を殺し、今度は夫の罪を知った彼女がそれを受け入れて、二人の間で「罪」が秘かに「交換」され、最後には『汚名』さながらの愛の「告白」によって精神的な結びつきも果たされる(一〇一頁)。「交換」と「悪」の主題を前面に出した『肉屋』(一九七〇)では、感じが良く魅力的な、連続殺人犯の肉屋が、愛する女性に、本能的に殺人を止められないのだと「告白」する。この長い「告白」は、彼がほとんどカメラ=観客の方を眼差すクロースアップ・ショットにおいて行われる。これを聞いて「罪」を「交換」するのは、彼女に加えて観客でもあるのではないだろうか。映画はラストで途方に暮れた彼女の表情を映すが、彼女も私たちも、『疑惑の影』の姪チャーリーと同様に、「悪」の「告白」を聞いて「無垢」を失い、「悪」とは何かと自問せずにはいられない(八九頁)。

シャブロルは後年も、『主婦マリーがしたこと』(一九八八)のヒロインが戦時下で罪の意識なく堕胎や売春業を行い、快楽を享受する姿を通じて「悪」の概念を問い直す。二人のヒロインがブルジョワ一家に対する恨みと罪を共有する『沈黙の女/ロウフィールド館の惨劇』(一九九五)、祖母と孫が時を越えてそっくり同じ罪を犯す『悪の華』(二〇〇三)、主人公が妻に疑惑を抱きながら、弟とさらには犯罪者との不可解な罪の交換を為す遺作の『刑事ベラミー』(二〇〇九)等々、ヒッチコック的主題と演出をシャブロルは繰り返し見せた。

ロメール、摂理と意志の間で

ロメールの初長篇『獅子座』(一九六二)は、音楽家の主人公が遺産相続するところから始まる。星占いを信じる彼は、この幸運を獅子座の月に生まれた自分に与えられた「摂理」と考えている。だが相続は実際には為されず、一文無しになった彼は浮浪者同然にパリを彷徨う。この「失墜」は、彼が汗をかき、底のはがれた靴で歩くといった細部に丹念に描かれる。最後には、彼が自分の「意志」を奮ってカフェでバイオリンを奏でると、「運命」的にもその場にいた親友の耳にその調べが届き、「救済」の場面となる。これは『知りすぎていた男』において、誘拐された息子に母親の歌声が聞こえて「救済」されるのと同じ構造をしている。本書はこのヒッチコック映画について、まさに『獅子座』に該当するように、こう述べている。「救済は、〈運命〉(だがむしろ〈摂理〉ではないか〉と〈意志〉が組み合わさった働きと引き換えにしか得られない」（一七三頁）。『獅子座』のラストショットは、再相続を聞いて喜ぶ主人公が去った後に、カメラが傍らの教会から空へと上昇し、星々を映すというものである。観客は、主人公の人生が星座の「摂理」の下にあるのかと問うことになるだろう。

こうした「摂理」に準じた偶然と、人の「意志」とは、ロメールの映画全てに見られる主題である。次の「六つの教訓物語」シリーズ（一九六三―一九七二）では、主人公が姦通の罪へと「堕落」しそうなところを救う偶然の出会いと、その偶然を信じる彼の「意志」が鍵になる。後の「喜劇と格言劇集」シリーズ（一九八一―一九八七）でも、恋人が元愛人と歩いているのを偶々見かけた主人公が、『裏窓』のカメラマンよろしく推論を重ねた後に、全く予期していなかった真相が偶然の中で明らかになる『飛行士の妻』（一九八一）や、ある瞬間に偶々「緑の光線」が見えるのに命運を賭ける女性を主人公とする『緑の光線』（一九八六）といった例がすぐさま思い浮かぶ。「四季の物語」シリーズ（一九九〇―一九九八）においても、不幸にも別れた恋人との偶然の再会を信じて生きるヒロインが『冬物語』（一九九二）には登場する。いずれの作品も、恋愛における身体と魂の関係性が主題の一つである点もまた、ヒッチコック的である。さらには、あの映画的な「プラトンの洞窟」の比喩に関しても、上述の『飛行士の妻』のように多かれ少なかれいつも見られる主題である。顕著な例として、目隠しをされたドン・キホーテの絵が登場する『クレールの膝』（一九七〇、「六つの教訓物語」第五作）で、主人公が双眼鏡から覗いた光景を自分に都合よく解釈するのだが、その真偽に関わる別の光景がラストショットで観客に提示されることを挙げておこう。

以上のような一連のロメール＝ヒッチコック的主題をめぐって典型的と言えるのが、「六つの教訓物語」第四作の『モード家の一夜』（一九六九）である。ここでは熱心なカトリック信徒である主人公が、パスカルの『パンセ』中の「賭けの断章」を参照しながら、全てを賭けた真の信仰について友人たちと語り合うが、本書にはこの断章を含めて『パンセ』を意識した重要な記述が繰り返される（訳注82、155、161参照）。主人公は教会で一人の女性を見初め、数日後に再び彼女を見かける。この遭遇は、車を運転する彼の主観的な視点から映されながらも、車窓という限定された視野に不意に彼女が現れる点で、神慮の下に起こっているようだ。彼は、彼女が妻になると確信するが、別の魅力的な女性モードと一夜を過ごすことになり、「摂理」によって定められた将来の妻を心に抱きながら姦通の罪を犯すのかと、「意志」が試される。何とか罪を逃れた彼は、自分が上手く選択できるのは偶然の「機会（chance）」が与えられるからであり、自由意志と恩寵は両立するのだと語る。これは、本書の『私は告白する』についての議論を思い起こさせる（一三七―一三八頁）。さらにこの映画には、「告白」をめぐる二つの重要な場面がある。一つは、最初の遭遇から数年後に主人公が、今や妻である彼女のかつての姦通に気づくが、彼女は口を閉ざすという、為されない「告白」である。ラストショットは、主人公夫婦が子供と笑顔で海に走って行く姿を見せるものの、それが幸せな家族像なのか、それとも「告白」ひいては「救済」が為されないゆえの上辺の幸せなのか、曖昧なままだ。もう一つは、モードがかつての恋人の死、そして自分の運のなさを「運命」と語るときである。この「告白」の間、彼女の顔は長回しで、映画中最大のクロースアップで映される。ヒッチコック映画において感嘆された、あのバーグマンの顔に準じるかたちで「告白」が演出されているのだ。

ロメールの晩年の作品『三重スパイ』（二〇〇四）ではヒッチコックの『断崖』に倣った夫婦間の「疑惑」の主題と演出が見られ、遺作『我が至上の愛～アストレとセラドン～』（二〇〇七）でも「疑惑」をきっかけに別れた恋人たちが、外見的な欺瞞や信仰の末に真相を見出して、愛を告白しあうところで終わる。本書で論じられたヒッチコック的な主題と演出は、ロメール自身の思想とその映画的表現に反響し続けていると言えよう。

こうしてロメールもシャブロルも、ヒッチコックと同様に、自分の作品群に一貫性をもたせた「作家」としてフィルモグラフィを完成させた。付け加えておけば、ロメールは『O公爵夫人』（一九七六）でシャブロルの「悪」の理論に倣うように、悪魔に取り憑かれて罪を犯した主人公（フュースリの画《夢魔》を模した画面がある）が、長い「悔悛」を経て最後の「告白」に至るまでを描き、またシャブロルは『刑事ベラミー』で、主人公が工事中の道路で落下しそうなところを妻に助けられ、ロメール映画の人物さながらに自らの「運（chance）」の良さを語る場面を、本筋には大きく関係しないながらも、感動的に演出している。これらは、本書が決して二人別々の考えを適宜張り合わせただけのものではなく、各々の内に新たな思考そして作品を生じることになった、一つの幸福な機会であったことを教えてくれる。

3 『ヒッチコック』以後

本書は、こうした監督たちへの影響に加えて、ヒッチコックが批評・研究の対象として本格的に取り上げられる大きなきっかけとなった。それを国際的に後押ししたのが、一九六六年刊行の、トリュフォーによるヒッチコックへのインタビュー集成『映画術』である。[19] 当時までに作られたヒッチコックの全作品一本ずつについて対話されているこの本は、世界中で読まれてきた。実はそこで展開されるトリュフォーのヒッチコック観は、本書の議論を踏まえたものである。彼は、序文において本書の最後の段落から長い引用を行い、インタビューの中では本書を引き合いに出して、ヒッチコック作品における「魅力的な悪役」や『白い恐怖』の当初の意図について質問する。さらに本書と同様に、ヒッチコックのトリック撮影をイジー・トルンカの人形アニメーションに擬えたり、『リング』における指輪と原罪の関係、『三十九夜』におけるムルナウ的な場面、『救命艇』における「人は誰をも裁けない」という道徳、『私は告白する』における「バランス」に象徴される正義や裁きの観念、それから『見知らぬ乗客』、『私は告白する』、『泥棒成金』における

「罪の移動」を指摘したりする。

トリュフォーが『アール』誌（一九五七年十二月四日―十日号）に寄せた本書の書評の題名は、まさに「ヒッチコックはこの時代の「形式の最も偉大な発明者」である」だった。この「形式」への注目を受け継いだのが、一九六七年に出版された、『カイエ・デュ・シネマ』の批評家ジャン・ドゥーシェによる『ヒッチコック』である。[20]ドゥーシェは本書の議論を前提とし、本書刊行後のヒッチコック監督作を中心に、そのカトリック的世界観と「形式」をさらに論じている。あるいは、ジャン＝リュック・ゴダールが自作『映画史』4A「宇宙のコントロール」（一九九八）の中で、「ヒッチコックは二十世紀の形式の最も偉大な発明者だった」というフレーズを画面外から語っていたのも思い起こされるだろう。ゴダールは、ヒッチコック映画の物語は忘れても、「形式」を通じて示された『汚名』の鍵束、『断崖』のミルク、『見知らぬ乗客』の眼鏡等々は覚えている、それによってヒッチコックはナポレオンもヒトラーも成し得なかった「宇宙のコントロール」を果たしたのだ、と述べる。このようにヒッチコックと言えば「形式」の語が持ちだされるのも、本書がヒッチコック論争の到達点として決定的だったからこそそのものだろう。

英語圏では、一九六五年に高名な映画批評家ロビン・ウッドによってヒッチコック論が刊行される。[21]彼は本書を、本格的なヒッチコック論の先駆とまずは評価しながらも、作品を理論的骨組みおよびカトリック映画に還元していると留保を付し、自ら作品を分析するにあたって乗り越えるべき先行議論として引用・参照している。ウッドの議論は、この映画作家についての批評が英語圏で進展するのに不可欠だったと言われ、増補改訂を重ねて今も読み継がれている。そして一九六七年に『映画術』の英訳が、一九七九年に本書の英訳が出版されて、影響が広がった。欧米で活躍する哲学者スラヴォイ・ジジェクは、精神分析学を基盤に、ヒッチコック映画における「罪の移動」を研究する。[22]アメリカの哲学者・映画学者ウィリアム・ロスマンは、本書の『裏窓』論に倣うように、ヒッチコック映画の「見ること」

や「欲望」のテーマを取り上げながら、愛や性についての思想と、「純粋映画の技（art of pure cinema）」とを考察し、「娯楽」映画について映画の本性と哲学的思想とを論じる点でアメリカでは記念碑的と見做されている著作をものした[23]。近年では二〇〇七年出版のアンソロジー『ヒッチコックと哲学』に、本書の内容を継承し多方面に展開したと言えるいくつかの論文がみられ[24]、本書がいまだ古びていないことが察せられる。

最新の話題としては、批評家ケント・ジョーンズが目下制作中のドキュメンタリー映画 *Hitchcock/Truffaut*（二〇一五年完成予定）では、トリュフォーの『映画術』から受けたインパクトについて、スピルバーグ、スコセッシ、フィンチャー、さらには、リンクレイター、J・グレイ、W・アンダーソン、黒沢清といった錚々たる現役監督たちがインタビューを受けていると伝え聞く。今やヒッチコックは、世界中の映画作家たちから敬愛されており、それがヌーヴェルヴァーグに由来することも忘れられていない。ヌーヴェルヴァーグによって再び見出されたヒッチコックに新たな波が到来し、その波は今も寄せ続けている。

＊　＊　＊

最後に本書の味わいに触れたいと思う。本書には、ヒッチコック映画の様々な情景が時に小説のような文体で、美しく、鋭く、迫力をもって描かれる。『舞台恐怖症』の若者たちがにわか雨の中で恋心を育む情景や、『私は告白する』の主人公たちが眼差しによって対決する情景の描写等々である。こうした描写から、私たちは登場人物の心情《エモーション》を痛いほどに感じずにはいられない。ロメールとシャブロルは、まさにここから出発して、ヒッチコック映画の最深部へと私たちを誘う。『間違えられた男』の主人公の不幸を描き出し、その中に「不運と同じだけの幸運」をみて、奇跡と意志を問い直す。人間存在の在り方に根源的に切り込んで生を捉えようとするこうした議論には、宗教も時代も越えて、訴えかける力がある。本書には、映画に描かれた罪深くも懸命に生きる人々の、ひいては私たち読者の、生きていることそのものを抱擁し愛する思想が端々から感じ取られるのである。本書を読みながら私たちは、ヒッチコック映画を想起すると共に、自分の生を省みるのではないか。このとき本書は、ヒッチコックが映画において志向したのと同じく、私たちの人生につながっていくだろう。

（1） Peter Noble, *Index to the Work of Alfred Hitchcock, Sight and Sound*, Special Supplement Index Series no. 18, 1949 (repr., Gordon Press, 1979).

（2） ロメールは一九五〇年から本書刊行時までに短篇・中篇を四本監督している。シャブロルはジャック・リヴェット監督『王手飛車取り』（一九五六）に脚本、製作、出演で参加し、本書刊行年からは自らの初長篇『美しきセルジュ』に取り掛かっている。

（3） バザン「『ヒッチコック』」（« *Hitchcock* par Eric Rohmer et Claude Chabrol »）、『残酷の映画の源流』所収、佐藤東洋麿・西村幸子訳、新樹社、二〇〇三年、一九二―二〇一頁。*Le Cinéma de la cruauté* の原書・訳書ともに出典を九月号としているが、八月号が正しい。以下、引用・参照にあたっては、煩瑣を避けるため、本文中に掲載誌を付記するに留め、邦訳がある場合のみその書誌を注に掲げておく。また、引用は既訳を参照しつつ、訳語との整合性等のため適宜変更を加えていることをお断りする。

（4） 以下の議論は次の文献に詳しい。Antoine de Baecque, *Histoire d'une revue*, Tome I, *Les Cahiers à l'assaut du cinéma (1951–1959)*, Cahiers du cinéma, 1991. Id., *La Cinéphilie : invention d'un regard, histoire d'une culture 1944–1968*, Fayard, 2003. Id., "Bazin in Combat," Dudley Andrew et al., eds., *Opening Bazin*, Oxford University Press, 2011, pp. 225–233. Emile Bickerton, *A Short history of* Cahiers du cinéma, Verso, 2009.

（5） バザン「映画言語の進化」（一九五〇―五七年）、「写真映像の存在論」（一九四五年）を参照。いずれも以下に所収。『映画とは何かII――映像言語の諸問題』、小海永二訳、美術出版社、一九七五年。

（6） ここから以下は、注4で挙げたものに加えて、次の文献にも詳しい。Rabourdin Dominique, « Pourquoi rééditer le premier livre sur Hitchcock », Eric Rohmer et Claude Chabrol, *Hitchcock*, Ramsay poche cinéma, 2006, pp. 7–11. 野崎歓「ヌーヴェルヴァーグの映画批評」、『ヌーヴェルヴァーグ〝新しい波〟の奇蹟』所収、ネコ・パブリッシング、一九九七年、一三―二二頁。細川晋「ヌーヴェル・ヴァーグ再考」、『ヌーヴェル・ヴァーグの時代』所収、遠山純生編、紀伊國屋書店、二〇一〇年、六—三〇頁。

（7）作家主義については、『カイエ・デュ・シネマ』三一号（一九五四年一月）に掲載された、トリュフォー「フランス映画のある種の傾向」（« Une Certaine tendance du cinéma français »）も参照。山田宏一訳、『ユリイカ ヌーヴェル・ヴァーグ30年』所収、青土社、一九八九年十二月臨時増刊、八—三〇頁。

（8）ロメール「イズー、あるいはありのままの事物——アヴァンギャルドについての意見」（« Isou ou les choses telles qu'elles sont »）、『美の味わい』所収、梅本洋一・武田潔訳、勁草書房、一九八八年、六七—七三頁。

（9）ゴダール「主題の優位性」（« Suprématie du sujet »）、『ゴダール全評論・全発言1』所収、奥村昭夫訳、筑摩書房、一九九八年、一一四—一二〇頁。

（10）ロメール「三本の映画作品と、ある一つの流派について」（« De Trois films et d'une certaine école »）、『美の味わい』所収、前掲、七四—八五頁。

（11）ここで言われている西洋芸術全体のテーマと、それを映画が明証性を以て示すことについては、本書でも『山羊座のもとで』に関して同様の記述がされている（一一八—一一九頁）。

（12）本書でもこの論考から引用されている（一一八頁以下）。

（13）この号には、ロメール、シャブロル、ジャン・ドマルキ、トリュフォーによる論考の他に、ある短篇推理小説集にヒッチコックが寄せた「序文」のフランス語訳、シルヴェット・ボドロ（『泥棒成金』のスクリプト・ガール）の撮影日記、トリュフォーとシャブロルによるヒッチコックへのインタビュー報告（シャブロル執筆）、バザンによる別のインタビュー報告、ヒッチコックのフィルモグラフィが掲載されている。ドマルキとトリュフォーによる論考は本書でも参照されている（前者は一一八頁以下、後者は八七—八八頁、一二二頁）。後述するロメールとシャブロルによる論考を除いて、邦訳のあるものは以下の通り。トリュフォー「合い鍵の束」、千葉文夫訳、『シネアスト1 ヒッチコック』所収、青土社、一九八五年、三二—四一頁。シャブロル「ヒッチコック会見記」、鈴木圭介訳、『シネアスト1』所収、前掲、一一六—一二一頁。バザン「ヒッチコック vs. ヒッチコック」、鈴木啓二訳、『ヒッチコックを読む』所収、フィルムアート社、一九八〇年、三二〇—三三四頁。

（14）ロメール「誰のせいなのか？」（« A Qui la faute? »）、野崎歓訳、『ユリイカ ヌーヴェルヴァーグ30年』所収、前掲、三一—三七頁。

（15）シャブロル「悪を前にしたヒッチコック」（« Hitchcock

devant le mal »)、野崎歓訳、同前、三八―四五頁。

(16) シャブロル、トリュフォー「アルフレッド・ヒッチコックに聞く その1」(« Entretien avec Hitchcock »)、『作家主義』所収、奥村昭夫訳、リブロポート、一九八五年、二三一―二五四頁。

(17) バザン「ひとはどうしてヒッチコック＝ホークス主義者でありうるのか」(« Comment peut-on être Hitchcocko-Hawksien ? »)、『作家主義』所収、奥村昭夫訳、リブロポート、一九八五年、五三五―五三八頁。ここから「作家主義」を標榜する者は、「ヒッチコック＝ホークス主義者(hitchcocko-hawksien)」とも呼ばれた。

(18) ロメール「『美しきセルジュ』――真の新しさ」(« *Le Beau Serge* : vraie nouveauté »)、細川晋訳、『ヌーヴェル・ヴァーグの時代』所収、前掲、五〇―五一頁。

(19) François Truffaut, Alfred Hitchcock, avec la collaboration de Helen Scott, *Hitchcock/Truffaut*, édition définitive, Ramsay, 1966 ; 1985.(『定本 映画術』、山田宏一・蓮實重彥訳、晶文社、一九九〇年。)

(20) Jean Douchet, *Hitchcock*, Petite bibliothèque des Cahiers du cinéma, 1967 ; 2006.

(21) Robin Wood, *Hitchcock's Films*, A.Zwemmer, 1965. Id., *Hitchcock's Films Revisited*, Columbia University Press, 1989 (Revised Edition 2002). なおウッドは共著でシャブロル論も出版しており、本書に基づきながらシャブロル作品における「交換」の主題と悪人像を詳述している(Robin Wood and Michael Walker, *Claude Chabrol*, Praeger, 1970)。

(22) Slavoj Žižek, dir., *Tout ce que vous avez toujours voulu savoir sur Lacan sans jamais oser le demander à Hitchcock*, Navarin, 1988. Id., ed. *Everything You Always Wanted to Know about Lacan (But Were Afraid to Ask Hitchcock)*, Verso, 1992.(『ヒッチコックによるラカン――映画的欲望の経済《エコノミー》』、露崎俊和ほか訳、トレヴィル、一九九四年。『ヒッチコック×ジジェク』、鈴木晶・内田樹訳、河出書房新社、二〇〇五年。)

(23) William Rothman, *Hitchcock: The Murderous Gaze*, Harvard University Press, 1982. 二〇一二年には新しい章を加えて再版されている。

(24) David Baggett and William A. Drumin, eds., *Hitchcock and Philosophy: Dial M for Metaphysics*, Open Court, 2007.

訳者後書き

木村建哉

本書は、Eric Rohmer & Claude Chabrol, *Hitchcock*, Editions d'Aujourd'hui, 1957 の日本語訳である。ヒッチコックについての初の本格的なモノグラフィである本書は、ヒッチコックについて書かれた歴史上最高の一書であると言っても過言ではない。後にヌーヴェルヴァーグを、あるいは二十世紀後半から二十一世紀初頭を代表する名監督となる若き二人の批評家が、映画史上最高の監督の一人について縦横に論じ尽くした本格的な評論として、映画ファン必読の書であると言って良い。

原著は本文百五十頁ほどで、分量的には小著というべきものであるが、内容としては、ヒッチコックの真価を世に知らしめようというロメールとシャブロルの意気込みもあって、様々なジャンルの芸術が引き合いに出され、また哲学・神学を援用した、一見すると衒学的とも思える議論が展開される。翻訳にあたっては、読み易さを重視しつつも、ロメールとシャブロルの意欲や身構えから来る文体のいささかのこわばり・堅さをも敢えてできるだけ残したいと考えた。訳文がただ堅苦しいだけのものになっていないことを願う。

本書の特徴について簡単に述べておきたい。本書は、ヒッチコックにおけるキリスト教（特にカトリックの教義）の影響にまつわる議論が核心を成すので、キリスト教に馴染みの薄い読者の中には、いささかに近寄りがたい本であるとの印象を受ける方もいるのではないかということをまず恐れる。キリスト教にまつわる議論は、特にヒッチコックにおける罪あるいは冤罪の問題や、人間の自由意思と神の意志（摂理）との関係を突き詰めて考察する上で極めて有効であると思う。それは、人間の本性を深く掘り下げるものであり、キリスト教自体には必ずしも馴染みがないであろう多くの日本の読者にとっても、ヒッチコック映画の深遠さと壮大さとをよりはっきりと認識する大きな助けとなるだろう。ヒッチコック作品の奥底には、キリスト教、とりわけカトリックの教えが強調する人間の根源的な罪深さに対する自覚があり、そして同時に、神を恐れ罪を逃れようとする人間が、罪や悪（人）の魅惑に引きつけられてしまうというパラドックスがある。

このように書くと、本書がヒッチコック映画の物語について神学的な議論を繰り広げているのだと誤解されかねない。しかしそれは違う。ロメールとシャブロルは、ヒッチコック映画の映像と音声を徹底的に分析し、その演出に現れる「形式」を明らかにしようとする。今し方述べたようなキリスト教的な世界観は、そうした形式によって初めて表現が可能となるものである。言い換えれば、表現の形式的な分析から、ヒッチコックの精神的宇宙がどのように構築されているかを明らかにすることが本書の目的である。ロメールとシャブロルの分析の中に見られる様々な卓見に、そして首尾一貫して表現から精神世界へと至ろうとするその態度に、この本を読む者は深く感銘を受けずにはいられないことを確信する。

一九五七年出版の本書は、ヒッチコック作品の中で、一九五六年公開の『間違えられた男』までしか取り上げていない。『めまい』（一九五八）、『北北西に進路を取れ』（一九五九）、『サイコ』（一九六〇）、『鳥』（一九六三）といった、ヒッチコック円熟期の傑作が扱われていないことは本書の欠点だろうか。確かにこの点は残念ではあるのだが、本書から出発して『めまい』以降の映画について考える自由が我々読者に残されていることをむしろ喜ぶべきであろう。例えば、罪を自ら告白し得るかが『めまい』の焦点の一つであることが、本書を読めば理解できるだろう。また『めまい』と合わせ鏡のようになった『裏窓』をめぐる議論を読みながら、『めまい』における眼の快楽や好奇心といったことを考えてみても良い。『三十九夜』や『第3逃亡者』や『逃走迷路』に関する記述は、濡れ衣を着せられて警察に追われつつ真犯人を追うというヒッチコック作品の典型的な構造と、そうした展開に働く神の意志（摂理）を論じる点で、『北北西に進路を取れ』を理解する大きな助けとなるであろうし、『サイコ』に関して罪と罰の問題や必然的な存在としてこの世にある悪の問題をめぐる本書の議論を思い出すのも有意義であろう。あるいは、『間違えられた男』についての摂理の測りがたさを主題とする議論が、『鳥』にも当てはまりはしないかと考えられたりもしよう。

本書の議論は閉じてはおらず、取り上げられていない『めまい』以降の映画（来たるべきヒッチコック作品）にも開かれているのである。こうした開かれた議論を可能としているのは、後に名監督となるロメールとシャブロルの確かな観察眼と見識とであろう。二人は既に映画監督としての眼で、ヒッチコック作品を観ているのである。二人による映画の場面についての記述は具体的で生き生きとしており、読みながら映画を思い出させずにはいない。本書は、ロメールとシャブロルの二人がヒッチコックから受けた影響を改めて自覚的に捉え直している書でもあり、彼らがヒッチコック作品について行っている議論は、彼ら自身の作品にも当てはまることになるだろう。この点に関しては、より詳しくは小河原の付論を参照されたい。

本書はロメールとシャブロルの連名で著されているが、二人の間で執筆に関してどのような役割分担があったかは不詳である。シャブロルはこの点に関して、フランソワ・ゲリフによるインタビュー『不完全さの醍醐味——クロード・シャブロルとの対話』（大久保清朗訳、清流出版、二〇一一年、二九頁）で、自分がイギリス時代を、ロメールがアメリカ時代を担当し、一本だけ担当する作品を入れ替えたと語っている。とはいえ、本書出版前にシャブロルがヒッチコックのアメリカ時代の作品について書いた文章が各所に取り入れられていることからも分かる通り、事態はそれほど単純ではない。小河原が付論で指摘するように、二人の本書以外での議論や映画作品から、自由意志と神の意志（摂理）の関係をめぐる議論がおそらくロメールの主導の下に行われ、悪（人）の魅惑に関する、あるいは悪人に最後に与えられる選択の機会に関する議論はシャブロルが中心的に展開したのではなかったかと推測されるが、二人が亡くなってしまった今となっては、管見するところではははっきりとしたことは分からない。

蛇足ではあろうが、本書の読み進め方についても一言述べておく。イギリス時代の作品についての本書の論述は決して体系的ではなく、作品そのものが多くの読者の方々には必ずしも馴染み深いものではないことも手伝って、いささか読み進めにくいかもしれない。イギリス時代をめぐる議論には、『リング』、『マンクスマン』、『リッチ・アンド・ストレンジ』など、未だに十分な注目を集めているとは言いがたい作品を正当に評価する注目すべき部分も多いのだが、読み進めにくいという場合には、読者のそれぞれの馴染みのある作品のところから読み始めるというのも一つの読み方であろう。例えば、イギリス時代の『暗殺者の家』や『三十九夜』に関する箇所から、あるいは第二章、アメリカ時代第一作の『レベッカ』をめぐる記述から読み始めるという読み方をしてみてはいかがだろうか。これは、ピアノのレッスンのように手順を守って進まなければいけないというロメールとシャブロルの主張には反するのだが、特に第二章から読み出すのはかなり有効な読み方ではないかと思う。

訳注は、煩瑣を避けようと心掛けたが、キリスト教関係と哲学関係の注は日本の一般的な読者の便宜を考えて少し詳しめに付けたこともあり、結果としてかなりの量となってしまった。必要な範囲で御参照頂ければ幸いである。

キリスト教に関して言えば、本書には、敢えて瀆神的とも思える言葉遣いをしているところが散見される。悪人の振る舞いに関して、キリスト教で神や聖人にまつわって使われる語句が多用されているのである。これは、おそらくは、ヒッチコック映画の中で神をも恐れず振る舞う者の身振りを言語的に模倣しようとしたものであり（ヒッチコック作品中では彼らを破滅が待っている）、ロメールとシャブロル自身が瀆神的であろうとしているわけでは決してない。日本語では伝わらないそうした語句の使用については、重要と思われる場合には訳注を付した。

また、ロメールとシャブロルは、ビデオが普及する以前に、スクリーンで観た映画の記憶に基づいて本書を書いたのであり、映画の記述に関しては様々な誤りや記憶違いが本書中には存在するが、それらを一々訳注で指摘したり訂正したりすることはしなかった。日本版ビデオの出ていない『快楽の園』と現存しない『山鷲』の最初の長篇二本、そして内容についてはほとんど触れられていない『ウィーンからのワルツ』を除けば、本書で取り上げられている他のヒッチコック監督作品はビデオで（時にスクリーンで）観ることが可能であるからであり、また、場合によっては、誤りそれ自体の内に意味があるからである（例えば、『泥棒成金』の仮装舞踏会をロメールとシャブロルが「仮面舞踏会」としてしまうとき、この誤りには大きな意味がある）。そうした細部の誤りを超えて、時にそれらも含んで、本書は極めて高い水準のヒッチコック論となっている。是非ビデオで、あるいはスクリーンで、実際にヒッチコック映画を見つつ、あるいは見直しつつ本書を読み進めて頂きたい。理解もより深まるであろうし、またヒッチコック作品についての様々な発見・再発見の機会ともなれば、訳者両名としてはそれ以上の喜びはない。

いささか個人的な事情を書くことをお許し頂ければ、私は事あるごとに本書の日本語訳の必要を複数の編集者に訴えてきたが、「それなら訳して下さい」と言われると、その任にあらずと断っていた。ではなぜ今回、本書の日本語訳に携わることになったかと言えば、二〇一〇年一月十一日のロメールの死が大きなきっかけである。また、敬虔なカトリック信徒であった父がその後三月に亡くなり、葬儀ミサ等に際して改めてキリスト教について色々と考えたことも本書を翻訳しようと決めた大きな理由となった。熱心なカトリック信徒であったヒッチコックとは違って、私自身は、幼児洗礼を受けたカトリック信徒でありながら、もう三十年以上も教会からは足が遠のき、映画学研究者であると同時に哲学研究者の端くれでもある身として（木村の元来の専門は、映画理論・映画美学であり、美学は哲学の一部門である）、時に懐疑論的な立場に立ち、時にドゥルーズやニーチェに助けられて自分はキリスト教を「克服した」などと不遜なことを考えたりもしていた。だが、キリスト教は奥が深く、そう簡単に「清算」してしまえるようなものではあり得なかった。ヒッチコックの映画を観て、ロメールとシャブロルのヒッチコック論を繰り返し読むにつれ、私は自分がなぜヒッチコックに魅了されてきたのか、ヒッチコック映画がなぜ私の深奥を強く揺さぶるのかを考えずにはいられなかった。父の洗礼名がアウグスチノ（アウグスティヌスのイタリア語名）であったことを久々に思い出したことも、私の背中を押した。アウグスティヌス主義を継承したとするジャンセニスムのヒッチコックに対する決定的な影響が、本書の重大なテーマなのである。

分量的には小著であるとはいえ、先ほど触れたように、諸芸術や神学・哲学をめぐる様々な議論を援用・展開していることもあって、本書の翻訳はいささかに困難である。私は、エリック・ロメールの研究者であり、ヌーヴェルヴァーグ全般についても、監督たちの若き批評家時代のことも含めて広く調査・研究している小河原あやに共訳を呼び掛け、即座に賛意を得た。編集者の了解を得ると、四月の上旬から早速翻訳の仕事に取り掛かった。小河原が作成した最初の訳稿を、木村との両名による検討会で繰り返し検討し、改訂していった。そうしている間に、今度はクロード・シャブロルも亡くなってしまった（同年九月十二日）。一刻も早く日本語訳を完成させたいという気持ちに木村・小河原の両名は突き動かされたが、翻訳はゆっくりとしか進まず、訳稿は最終的には七稿を数え、訳注の作成も含めてまさに亀のような歩みであった。本訳書の出版をお待ち頂いていた方々にはお詫びのしようもない。

草稿全体に目を通し、有益な御意見を下さった訳者両名の畏友矢橋明郎氏、映画監督・筒井武文氏には心から感謝する。ただし、最後まで手を入れ続けたこともあって、お二人には目を通して頂いていない訳文の修正や訳注が多数あることをお断りしておく。言うまでもないが、翻訳の最終的な責任は訳者両名にある。

翻訳の底本として用いたのは、冒頭に掲げた初版の Editions Universitaires による複製版（一九七六年発行）であるが、五七年の Editions Universitaires によるポッシュ版、八六年発行（二〇〇六年再版）の Editions Ramsay によるポッシュ版（現行版、Dominique Rabourdin による序文付き）等も参照した。ただし、現行版と初版とでは、訳注で断った一箇所を除けば、表記の仕方等以外では異同はない。なお、日本語訳に際しては、英訳 *Hitchcock: The First Forty-four Films*, translated by Stanley Hochman, Frederick Ungar Publishing Co., 1979 も参照した。訳者たちの管見するところでは、他にドイツ語訳（二〇一三年）、イタリア語訳（一九八六年）、スペイン語訳（二〇一〇年）、韓国語訳（二〇〇四年）が存在する。ドイツ語訳とイタリア語訳については訳注から教えられたところが少なくない。

途中諸事情により計一年ほどの中断を挟みつつ、実質三年半余りの時間を掛けて丁寧な仕事を心掛けたつもりである。とはいえ、もとより、訳者両名は浅学非才の身である。思わぬ間違いがあることを恐れる。諸賢の御指摘・御批判を待ちたい。

……… 65, 67
ロッセリーニ、ロベルト Roberto Rossellini ……… 116, 118, 178
ロマン、ルース Ruth Roman ……… 65
ロンバード、キャロル Carole Lombard ……… 65, 78–80
ワイマン、ジェーン Jane Wyman ……… 65
ワイラー、ウィリアム William Wyler … 74, 114
ワイルダー、ソーントン Thornton Wilder ……… 85, 89
ワイルディング、マイケル Michael Wilding ……… 119

III｜映画以外の作品

アシェンデン Ashenden（サマセット・モーム、1928）……… 56
異常な物語集 Histoires extraordinaires（エドガー・アラン・ポー、1856）……… 133, 152
エドワーズ医院 The House of Dr. Edwardes（フランシス・ビーディング、1927）……… 95
オノリーヌ Honorine（オノレ・ド・バルザック、1843）……… 118
サー・ジョン登場 Enter Sir John（クレメンス・デーン、ヘレン・シンプソン、1928）……… 37
三人の人質 The Three Hostages（ジョン・バカン、1924）……… 52
サン＝マール Cinq-Mars（アルフレッド・ド・ヴィニー、1826）……… 139
車輪［運命］は廻る The Wheel Spins（エセル＝リナ・ホワイト、1936）……… 66
審判 Der Prozess（フランツ・カフカ、1925）……… 180
親和力 Die Wahlverwandtschaften（ヨハン・ヴォルフガング・フォン・ゲーテ、1809）118
創世記 ……… 141, 152
チャタレー夫人の恋人 Lady Chatterley's Lover（D・H・ローレンス、1928）……… 103
罪と罰 Prestupleniye i nakazaniye（フョードル・ドストエフスキー、1866）……… 121
テンペスト The Tempest（ウィリアム・シェイクスピア、1611初演）……… 8
トリスタンとイゾルデ Tristan und Isolde（リヒャルト・ワーグナー、1865初演）……… 41
逃げる男 Man Running（セルウィン・ジェプソン、1947）……… 124
ねじの回転 The Turn of the Screw（ヘンリー・ジェイムズ、1898）……… 139
ハムレット Hamlet（ウィリアム・シェイクスピア、1602頃初演）……… 103
パラダイン裁判 The Paradine Case（ロバート・ヒチェンス、1933）……… 103
犯行以前 Before the Fact（フランシス・アイルズ、1932）……… 81
ふしだらな女 Easy Virtue（ノエル・カワード、1925初演）……… 20
魔経 The Devil Man（エドガー・ウォーレス、1931）……… 48
無窮動 Mouvements perpétuels（フランシス・プーランク、1918）……… 112
村の司祭 Le Curé de village（オノレ・ド・バルザック、1841）……… 118
門の中で Within the Gates（ショーン・オケイシー、1934初演）……… 37
山羊座のもとに Under Capricorn（ヘレン・シンプソン、1937）……… 39n
やさしい女 Krotkaya（ドストエフスキー、1876）……… 121
ユリイカ Eureka（エドガー・アラン・ポー、1848）……… 136
レベッカ Rebecca（ダフネ・デュ・モーリア、1938）……… 67, 72
ロウソクのために一シリングを A Shilling for Candles（ジョセフィン・テイ、1936）……… 62
わが町 Our Town（ソーントン・ワイルダー、1938初演）……… 89

ピルビーム、ノーヴァ Nova Pilbeam …… 65, 67
ファージョン、J・ジェファーソン Joseph Jefferson Farjeon …… 47
フィッツモーリス、ジョージ George Fitzmaurice …… 11
フィルポッツ、イーデン Eden Phillpotts …… 24
プーランク、フランシス Francis Poulenc …… 112
フォード、ヒュー Hugh Ford …… 11
フォンダ、ヘンリー Henry Fonda …… 179, 181, 182, 184–186
フォンテーン、ジョーン Joan Fontaine …… 65, 75, 82, 111, 148
ブラーム、ジョン John Brahm …… 15n
ブラック、エドワード Edward Black …… 62, 65
プラトン Plato …… 141, 151, 152
フラハティ、ロバート Robert Flaherty …… 149
フレゴネーズ、ヒューゴ Hugo Fregonese … 15n
ブレッソン、ロベール Robert Bresson …… 118, 175, 178
ヘイズ、ジョン・マイケル John Michael Hayes …… 145, 148, 164, 179n
ヘクト、ベン Ben Hecht …… 96, 98, 102
ペック、グレゴリー Gregory Peck …… 96, 103
ベネット、チャールズ Charles Bennett …… 30, 50, 52, 56, 62, 83
ベリー、ジョーン John Berry …… 34
ベルナノス、ジョルジュ Georges Bernanos 140
ベンソン、サリー Sally Benson …… 85
ポー、エドガー・アラン Edgar Allan Poe … 110, 131, 133, 152
ホークス、ハワード Howard Hawks …… 170
ボードレール、シャルル Charles Baudelaire 73
ホール＝デイヴィス、リリアン Lillian Hall-Davis …… 25, 65
ポマー、エーリッヒ Erich Pommer …… 67
ホワイト、エセル・リナ Ethel Lina White … 66
ボワロー、ピエール Pierre Boileau …… 179n
マーシャル、ハーバート Herbert Marshall …… 41, 42, 77
マイヤー、カール Carl Mayer …… 102
マイルズ、ヴェラ Vera Miles …… 65, 185, 186
マクダネル、ゴードン Gordon McDonell …… 85
マクレーン、シャーリー Shirley MacLaine 166
マシューズ、ジェシー Jessie Matthews …… 65
マックスウェル、ジョン John Maxwell …… 20, 21, 33, 35
マックフェイル、アンガス Angus MacPhail 95
マッケリー、レオ Leo McCarey …… 78
マッゴウワン、ケネス Kenneth MacGowan 90
マルー、アンリ＝イレネ Henri-Irénée Marrou …… 54
マルデン、カール Karl Malden …… 143
ミランド、レイ Ray Milland …… 146
ムルナウ、F・W Friedrich Wilhelm Murnau …… 41, 55, 102, 179, 184, 187
モートン、マイケル Michael Morton …… 12
モーム、サマセット W. Somerset Maugham … 56
モーリアック、クロード Claude Mauriac …… 113
モンゴメリー、ロバート Robert Montgomery …… 78
ヤング、ロバート Robert Young …… 42
ライト、テレサ Teresa Wright …… 65, 86
ライプニッツ、ゴットフリート・ヴィルヘルム Gottfried Wilhelm Leibniz …… 151
ラスキー・ジュニア、ジェシー Jesse Lasky Jr. …… 57
ラファエルソン、サムソン Samson Raphaelson …… 81
ラング、フリッツ Fritz Lang …… 52, 54
リヴェット、ジャック Jacques Rivette …… 118, 120, 122, 139, 166
リシャール、マルト Marthe Richard …… 98
ルーカス、ジョン・メレディス John Meredyth Lucas …… 163
ルノワール、ジャン Jean Renoir …… 22, 85, 116, 178
レインズ、クロード Claude Rains …… 100
レヴィ、ベン Benn W. Levy …… 49
レヴィル、アルマ Alma Reville …… 52, 81
ロイド、フランク Frank Lloyd …… 83
ロートン、チャールズ Charles Laughton …… 67–69, 85, 103, 104
ローレ、ピーター Peter Lorre …… 51, 58
ローンズ、ベロック Marie Belloc Lowndes …… 14
ローンダー、フランク Frank Launder …… 66
ロックウッド、マーガレット Margaret Lockwood

シュトラウス、ヨハン Johann Strauss …………… 49
シンプソン、ヘレン Helen Simpson …… 37, 39n
スウィフト、ジョナサン Jonathan Swift ……… 165
スカーボール、ジャック Jack H. Skirball 83, 85
スタインバーグ、ソール Saul Steinberg ……… 165
スタインベック、ジョン John Steinbeck ……… 90
スタナード、エリオット Eliot Stannard 14, 26
スチュアート、ジェームズ James Stewart … 110, 112, 113, 150, 153, 169, 172
スティーヴンス、ロバート Robert Stevens 163
スティーヴンソン、ロバート・ルイス Robert Louis Stevenson …………………………………………… 53
ストーリー、ジャック・トレヴァー Jack Trevor Story …………………………………………………… 164
ストラヴィンスキー、イーゴリ Igor Stravinsky …………………………………………………… 185
スワーリング、ジョー Jo Swerling ………………… 90
セルズニック、デイヴィッド・O David O. Selznick ……………… 67, 72, 75, 83, 90, 94, 95, 97, 98, 103, 105, 108
タボリ、ジョージ George Tabori ……………………… 139
ダリ、サルバドール Salvador Dalí ………………… 98
チャーチル、ウィンストン Winston Churchill 50
チャップマン、エドワード Edward Chapman 37
チャップリン、チャールズ Charles Chaplin 170
テイ、ジョセフィン Josephine Tey ………………… 62
デイ、ドリス Doris Day ……………………… 65, 171, 172
デイ、ラレイン Laraine Day ………………………………… 65
ディートリッヒ、マレーネ Marlene Dietrich …………………………………………………… 65, 125
ティオムキン、ディミトリ Dimitri Tiomkin 141
デーン（デイン）、クレメンス Clemence Dane …………………………………………………… 37
テツラフ、テッド Ted Tetzlaff …………………………… 101
デュポン、E・A. Ewald André Dupont ……… 22
デュ・モーリア、ダフネ Daphne du Maurier …………………………………………………… 67, 72
トウェイン、マーク Mark Twain …………………… 165
ドール、ジョン John Dall …………………………… 109, 110
ド・クインシー、トマス Thomas De Quincey …………………………………………………… 165
ドストエフスキー、フョードル Fyodor Dostoyevsky ………………………………… 121, 131
ドッジ、デイヴィッド David Dodge ……………… 156
ドマルキ、ジャン Jean Domarchi ………… 117, 118, 120, 123, 166
トリュフォー、フランソワ François Truffaut …………………………………………………… 87, 122
トルンカ、イジー Jiří Trnka ………………………………… 48
トレネ、シャルル Charles Trenet ……………………… 63
ナルスジャック、トマ Thomas Narcejac … 179n
ニーム、ロナルド Ronald Neame …………………… 35n
ノウルズ、バーナード Bernard Knowles ……… 24
ノヴェロ、イヴォー（アイヴァー） Ivor Novello …………………………………………… 15n, 17, 34, 41
ノーブル、ピーター Peter Noble ……………………… 35
ノット、フレデリック Frederick Knott ……… 146
バークス、ロバート Robert Burks ………… 24, 74, 133n, 142, 186
バーグマン、イングリッド Ingrid Bergman …. 64, 65, 75, 95, 102, 103, 111, 117, 122, 143
ハーマン、バーナード Bernard Herrmann … 187
バーンズ、ジョージ George Burns ………………… 74
バーンスタイン、シドニー Sidney Bernstein 108
ハイスミス、パトリシア Patricia Highsmith 128
パウエル、マイケル Michael Powell …………… 35n
バカン、ジョン John Buchan ……………… 47, 52, 56
バクスター、アン Anne Baxter ……… 65, 139, 144
バザン、アンドレ André Bazin …………… 22, 95n, 114, 115
ハッセ、O・E O. E. Hasse ………………………………… 139
ハミルトン、パトリック Patrick Hamilton 109
パランス、ジャック Jack Palance ………………… 15n
ハリソン、ジョーン Joan Harrison ………… 72, 81
バルコン、マイケル Michael Balcon ……… 12, 14, 20, 62
バルザック、オノレ・ド Honoré de Balzac …………………………………………………… 54, 118
バルフォア、ベティ Betty Balfour ………………… 65
バンクヘッド、タルラ Tallulah Bankhead …… 65
ビーディング、フランシス Francis Beeding 95
ピカソ、パブロ Pablo Picasso ………………………… 184
ヒチェンス、ロバート Robert Hichens ……… 103
ヒックス、シーモア Seymour Hicks ………………… 11
ヒューム、ファーガス Fergus Hume ……………… 47
ピラト、ポンティオ Pontios Pilatos ……………… 155

II｜人名

アーチボルド、ウィリアム William Archibald 139
アーノルド、トム Tom Arnold 49
アイルズ、フランシス Francis Iles 81
アウグスティヌス Augustinus 152
アダムス、チャールズ Charles Addams 165
アンダーソン、マックスウェル Maxwell Anderson 179n
アンテルム、ポール Paul Anthelme 139
イヨネスコ、ウジェーヌ Eugène Ionesco 36
ヴァレンタイン、ジョゼフ Joseph Valentine 24, 74
ヴィニー、アルフレッド・ド Alfred de Vigny 139
ウェルズ、オーソン Orson Welles 26, 65, 88, 114, 115, 178
ヴェルヌイユ、ルイ Louis Verneuil 139
ウェンジャー、ウォルター Walter Wanger 75
ウォーカー、ロバート Robert Walker 41n, 75, 130
ウォーレス、エドガー Edgar Wallace 48
エイゼンシュテイン、セルゲイ・M Sergei M. Eisenstein 115, 161, 187
エルヴィ、モーリス Maurice Elvey 15n
オーベール、ブリジット Brigitte Auber 157, 158
オールグッド、セーラ Sara Allgood 37
オールト、マリー Marie Ault 17
オケイシー、ショーン Sean O'Casey 35–37
オハラ、モーリン Maureen O'Hara 65
オフュルス、マックス Max Ophüls 69
オリヴィエ、ローレンス Laurence Olivier 122
オンドラ、アニー Anny Ondra 33, 65
カッツ、グレアム Graham Cutts 12
カフカ、フランツ Franz Kafka 166, 180
カミングス、ロバート Robert Cummings 146
カワード、ノエル Noël Coward 20, 36
ガンス、アベル Abel Gance 115
カント、イマヌエル Immanuel Kant 149
キートン、バスター Buster Keaton 170
ギールグッド、ジョン John Gielgud 58
キーン、マルカム Malcolm Keen 17
キャプラ、フランク Frank Capra 78
キャロル、マデリン Madeline Carroll 59, 65
キューカー、ジョージ George Cukor 170
ギリアット、シドニー Sidney Gilliat 66, 67
グウェン、エドマンド Edmund Gwenn 166
グールディング、エドモンド Edmund Goulding 11
クラーク、ロバート Robert Clark 124
クラスナ、ノーマン Norman Krasna 78
グラント、ケーリー Cary Grant 42, 82, 98, 157, 158, 162
クリーガー、レアード Laird Cregar 15n
グリート、クレア Clare Greet 12
グリーン、グレアム Graham Greene 53
クリスティ、アガサ Agatha Christie 53
クリスプ、ドナルド Donald Crisp 11
グリフィス、デヴィッド・W David W. Griffith 29, 41, 116
クリフト、モンゴメリー Montgomery Clift 139
グレイ、アン Anne Grey 65
グレンジャー、ファーリー Farley Granger 112, 113, 130
ゲーテ、ヨハン・ヴォルフガング・フォン Johann Wolfgang von Goethe 118
ゲッベルス、ヨーゼフ Paul Joseph Goebbels 76
ケリー、グレース Grace Kelly 65, 145, 148, 152, 153, 157, 162
ゴールズワージー、ジョン John Galsworthy 42
コックス、ジャック Jack Cox 23–25, 28
コットン、ジョゼフ Joseph Cotton 42, 86, 119
コルネイユ、ピエール Pierre Corneille 26, 140, 181
コンラッド、ジョゼフ Joseph Conrad 60
サンダース、ジョージ George Sanders 75
ジーンズ、イザベル Isabel Jeans 20
ジェイムズ、ヘンリー Henry James 139
ジェプソン、セルウィン Selwyn Jepson 124
シドニー、シルヴィア Sylvia Sidney 60
シム、アラステア Alastair Sim 127
シャーウッド、ロバート Robert Sherwood 72
ジュールダン、ルイ Louis Jourdan 103

……………… 102, **144–148**, 168
裏窓 Rear Window（1954）……… 45, **148–156**, 167, 169, 172, 173
泥棒成金 To Catch a Thief（1955）……… 42, 97, **156–162**, 164, 169
復讐 Revenge（1955、ヒッチコック劇場 Alfred Hitchcock Presents, Season 1, Eposode 1）…… **163**
ハリーの災難 The Trouble with Harry（1955）……… **163–168**
知りすぎていた男 The Man Who Knew Too Much（1956）……… 19n, 136, 162, **168–176**
間違えられた男 The Wrong Man（1956）…… 47, 136, 152, 165, 166, 175, **178–187**

——

第十三番 Number Thirteen（1922、未完成） 12
死者の中から D'entre les morts（後に『めまい』として完成）……… 179

▶ その他の映画

田舎司祭の日記 Journal d'un curé de campagne（ロベール・ブレッソン、1951）……… 118
イタリア旅行 Viaggio in Italia（ロベルト・ロッセリーニ、1954）……… 161, 178, 181
偽りの花園 The Little Foxes（ウィリアム・ワイラー、1941）……… 74
ヴァリエテ Varieté（E・A・デュポン、1925） 22
エルストリー・コーリング Elstree Calling（エイドリアン・ブルネル、1930）……… 35
奥さんにはいつでも正直に Always Tell Your Wife（シーモア・ヒックス、1923）……… 11
オセロ The Tragedy of Othello: The Moor of Venice（オーソン・ウェルズ、1952）……… 115
女対女 Woman to Woman（グレアム・カッツ、1923）……… 12
化石の森 The Petrified Forest（アーチー・メイヨ、1936）……… 72
風と共に去りぬ Gone with the Wind（ヴィクター・フレミング、1939）……… 72
奇跡 Ordet（カール・ドライヤー、1955）… 182
キャンバー卿の夫人たち Lord Camber's Ladies（ベン・レヴィ、1932）……… 49
恋多き女 Elena et les hommes（ジャン・ルノワール、1956）……… 178
子供にきちんと言いなさい Tell Your Children（ドナルド・クリスプ、1922）……… 11
最後の人 Der letzte Mann（F・W・ムルナウ、1924）……… 179
市民ケーン Citizen Cane（オーソン・ウェルズ、1941）……… 114
淑女の転落 The Prude's Fall（グレアム・カッツ、1923）……… 12
白い影 The White Shadow（グレアム・カッツ、1923）……… 12
スピオーネ Spione（フリッツ・ラング、1928）……… 54
スワンプ・ウォーター Swamp Water（ジャン・ルノワール、1941）……… 86
青春の呼び声 The Call of Youth（ヒュー・フォード、1921）……… 11
生霊の踊 Three Live Ghosts（ジョージ・フィッツモーリス、1922）……… 11
全線 Staroye i novoye（セルゲイ・M・エイゼンシュテイン、1929）……… 161
抵抗 死刑囚の手記より Un condamné à mort s'est échappé ou Le vent souffle où il veut（ロベール・ブレッソン、1956）……… 175, 178, 181
ドクトル・マブゼ Dr. Mabuse, der Spieler（フリッツ・ラング、1922）……… 52
ニューヨークの姫君 The Princess of New York（ドナルド・クリスプ、1921）……… 11
不安 La Paura（ロベルト・ロッセリーニ、1954）……… 118, 161
街の恋人形 The Passionate Adventure（グレアム・カッツ、1924）……… 12
ミスター・アーカディン［秘められた過去］Mr. Arkadin [Confidential Report]（オーソン・ウェルズ、1955）……… 115, 178, 181
屋根裏の男 Man in the Attic（ヒューゴ・フレゴネーズ、1953）……… 15n
幽谷の叫声 The Great Day（ヒュー・フォード、1920）……… 11
与太者 The Blackguard（グレアム・カッツ、1925）……… 12
羅生門（黒澤明、1950）……… 126
理由なき反抗 Rebel Without a Cause（ニコラス・レイ、1955）……… 161

索引

※本文および原注のみを対象とした。ヒッチコック監督作品については、当該作品が重点的に論じられているページのノンブルを太字にしてある。ノンブルの後に「n」が付くものは原注を指している。

I｜映画タイトル

▶ヒッチコック監督作品（公開順）

快楽の園 The Pleasure Garden（1925）………… **13**
山鷲 The Mountain Eagle（1926）………… **13–14**
下宿人 The Lodger（1927）…… **14–17**, 18–20, 30
ダウンヒル［下り坂］Downhill（1927）………… **17–20**, 104
ふしだらな女 Easy Virtue（1927）………… **20**, 36
リング The Ring（1927）‥ **21–24**, 25, 29, 36, 73
農夫の妻 The Farmer's Wife（1928）………… **24–26**
シャンパーニュ Champagne（1928） **26–27**, 78
マンクスマン The Manxman（1929）…… 17, 21, 26, **27–30**, 36, 41, 45, 47, 73, 85, 104
恐喝［ゆすり］Blackmail（1929）………… **30–35**, 36, 42, 50, 61, 65, 73
ジュノーと孔雀 Juno and the Paycock（1930）………… **35–37**, 38
殺人！ Murder!（1930） **37–42**, 45, 50, 61, 73, 110
スキン・ゲーム［いかさま勝負］The Skin Game（1931）………… **42–43**, 46
リッチ・アンド・ストレンジ［金あり怪事件あり］Rich and Strange（1932）………… 19n, 38, **43–47**, 56, 58, 67, 73, 78, 80
第十七番［十七番地］Number Seventeen（1932）………… **47–49**, 50
ウィーンからのワルツ Waltzes from Vienna（1933）………… **49–50**, 68
暗殺者の家 The Man Who Knew Too Much（1934）………… **50–52**, 54, 57, 65, 85, 168
三十九夜 The 39 Steps（1935）…… 19n, 33, 35n, 38, **52–56**, 57, 59, 73, 76, 77, 84, 129, 136
間諜最後の日 Secret Agent（1936）… 41, **56–59**, 61, 67
サボタージュ Sabotage（1936）…… 16, **59–62**, 84, 132, 154
第3逃亡者 Young and Innocent（1937）…… 19n, **62–65**, 88
バルカン超特急 The Lady Vanishes（1938）………… 19n, **65–67**, 73, 76, 105
巌窟の野獣 Jamaica Inn（1939）…… **67–69**, 85
レベッカ Rebecca（1940）…… **72–76**, 77, 82, 103, 105, 122, 136, 137, 160
海外特派員 Foreign Correspondent（1940）………… 19n, 42, **76–78**, 84, 91
スミス夫妻 Mr. and Mrs. Smith（1941）… **78–81**, 167
断崖 Suspicion（1941）………… **81–84**, 108
逃走迷路 Saboteur（1942）…… 19n, **84–85**, 158
疑惑の影 Shadow of a Doubt（1943）…… 18, 42, 64, 77, 78, **85–89**, 90, 110, 127, 135, 139, 169
救命艇 Lifeboat（1944）…… 76, **90–94**, 167, 168, 178
闇の逃避行［ボン・ヴォアヤージュ］Bon Voyage（1944）………… **94–95**
マダガスカルの冒険 Aventure malgache（1944）………… **94**
白い恐怖 Spellbound（1945）…… 19n, 42, 75, **95–98**, 100, 133
汚名 Notorious（1946）………… 64, 74, 76, 96, **98–102**, 104, 105, 108, 115n, 122
パラダイン夫人の恋 The Paradine Case（1947）…………33, 75, **103–105**, 108
ロープ Rope（1948）………… 5, 6, 35, 39, 41n, 76, 89, **108–117**, 121, 122, 132, 138, 146, 148
山羊座のもとに Under Capricorn（1949）…… 33, 35, 47, 68, 74, 85, 96, 97, 100, 101, 108, 111, **117–123**, 124, 138, 139, 143, 145, 175
舞台恐怖症 Stage Fright（1950）…… 33, **124–128**
見知らぬ乗客 Strangers on a Train（1951）…… 24, 39, 41n, 42, 75, 89, 110, **128–136**, 142, 149, 154
私は告白する I Confess（1953）…… 33, 97, 118, 123, 128, **136–144**, 145, 148, 152, 161, 186
ダイヤルMを廻せ！ Dial M for Murder（1954）

著者

エリック・ロメール（Eric Rohmer）
1920日3月21日生まれ。本名モーリス・シェレール（Maurice Schérer）。シネクラブを組織しながら1950年に『ガゼット・デュ・シネマ』誌を発刊。その後『カイエ・デュ・シネマ』誌を中心に映画評を執筆する。1957–63年、同誌編集長。『獅子座』（1962）で長篇監督デビューし、「ヌーヴェルヴァーグ」の中心的な一人となる。代表作に『モード家の一夜』（1969）、『クレールの膝』（1970）、『O侯爵夫人』（1976）、『海辺のポーリーヌ』（1983）、『緑の光線』（1986）、『春のソナタ』（1989）に始まる「四季の物語」連作（–1998）、『グレースと侯爵』（2001）、『わが至上の愛〜アストレとセラドン〜』（2007、遺作）。邦訳書に小説『六つの本心の話』（細川晋訳、早川書房、1996年）、シナリオ集『四季の恋の物語』（中条志穂ほか訳、愛育社、1999年）、映画批評集『美の味わい』（梅本洋一・武田潔訳、勁草書房、1988年）。2010年1月11日死去。

クロード・シャブロル（Claude Chabrol）
1930年6月24日生まれ。シネクラブでロメールらと出会い、『カイエ・デュ・シネマ』誌を中心に映画批評家として活躍。1958年に「ヌーヴェルヴァーグ」の長篇第一作となる『美しきセルジュ』で監督デビュー。代表作に『いとこ同士』（1959）、『不貞の女』（1969）、『肉屋』（1970）、『主婦マリーがしたこと』（1988）、『ボヴァリー夫人』（1991）、『沈黙の女／ロウフィールド館の惨劇』（1995）、『石の微笑』（2004）、『引き裂かれた女』（2007）、『刑事ベラミー』（2009、遺作）等がある。邦訳書にフランソワ・ゲリフによる『不完全さの醍醐味：クロード・シャブロルとの対話』（大久保清朗訳、清流出版、2011年）。2010年9月12日死去。

訳者

木村建哉（きむら・たつや）
1964年生まれ。映画学、美学。専門は映画理論・映画美学、古典的ハリウッド映画研究。成城大学文芸学部准教授。共編著に『甦る相米慎二』（インスクリプト、2011年）。共著に『ドゥルーズ／ガタリの現在』（平凡社、2008年）ほか。共訳書にクリスチャン・メッツ『映画における意味作用に関する試論：映画記号学の基本問題』（水声社、2005年）、スラヴォイ・ジジェク監修『ヒッチコックによるラカン：映画的欲望の経済《エコノミー》』（トレヴィル、1994年）。論文に「ヒッチコック『見知らぬ乗客』における欲望／罪の移動の視覚化：深夜の密談のシーンの分析を中心に」（『成城文藝』221–223号、2012–13年）ほか。

小河原あや（おがわら・あや）
1976年生まれ。映画学、美学。専門はフランス映画、とりわけエリック・ロメール。成城大学文芸学部非常勤講師。共著に『映像人類学《シネ・アンスロポロジー》：人類学の新たな実践へ』（せりか書房、2014年）。論文に「ヒッチコック『ロープ』の長廻し移動撮影とショット繋ぎにおける「精神／道徳的」表現：ロメール&シャブロルの議論を導き手に」（『映像学』93号、2014年）、「エリック・ロメール監督『モンソーのパン屋の女の子』における「偶然」と映画映像の「超直接性」」（『成城文藝』225号、2013年）ほか。

ヒッチコック

2015年1月10日　初版第1刷発行

著者　エリック・ロメール
　　　クロード・シャブロル
訳者　木村建哉
　　　小河原あや
編集　中村大吾（éditions azert）
装幀　間村俊一
発行者　丸山哲郎
発行所　株式会社 インスクリプト
　　　東京都千代田区神田神保町1-40　〒101-0051
　　　電話 03-5217-4686　FAX 03-5217-4715
　　　info@inscript.co.jp　http://www.inscript.co.jp/
印刷・製本　中央精版印刷株式会社

Eric Rohmer & Claude Chabrol, HITCHCOCK (1957)
traduit en japonais par Tatsuya Kimura et Aya Ogawara
ISBN978-4-900997-51-6　Printed in Japan　